Chinas Energiehunger: Mythos oder Realität?

von
Prof. Dr. Xuewu Gu
und
Maximilian Mayer (M.A.)

Oldenbourg Verlag München Wien

Bildnachweise: Kap. 1: Torsten Meier, www.photocase.com; Kap. 2: Aschwin Prein, www.sxc.hu; Kap. 3: Tim Bertram, www.photocase.com; Kap. 4: Griszka Niewiadomski, www.sxc.hu; Kap. 5: Konstantin Gastmann, www.photocase.com; Kap. 6: Andy Muir, www.sxc.hu; Kap. 7: Timo Viehl, www.photocase.com; Kap. 8: H. Assaf, www.sxc.hu; Kap. 9: Barbara Schneider, www.bariez.com/www.sxc.hu; Kap. 10: Julian Adlassnig, www.photocase.com; Kap. 11: Jeremiah Castro, www.sxc.hu; Kap. 12: Miroslav Kostic, www.sxc.hu; Kap. 13: Kandis, www.photocase.com

Bibliografische Information der Deutschen Nationalbibliothek

Die Deutsche Nationalbibliothek verzeichnet diese Publikation in der Deutschen Nationalbibliografie; detaillierte bibliografische Daten sind im Internet über <http://dnb.d-nb.de> abrufbar.

© 2007 Oldenbourg Wissenschaftsverlag GmbH
Rosenheimer Straße 145, D-81671 München
Telefon: (089) 4 50 51- 0
oldenbourg.de

Lektorat: Wirtschafts- und Sozialwissenschaften, wiso@oldenbourg.de
Herstellung: Anna Grosser
Coverentwurf: Kochan & Partner, München
Cover-Illustration: Hyde & Hyde, München
Gedruckt auf säure- und chlorfreiem Papier
Druck: Grafik + Druck, München
Bindung: Thomas Buchbinderei GmbH, Augsburg

ISBN 978-3-486-58491-2

Inhalt

Chinas Energiebedarf: Nationale Herausforderungen

Internationale Dimensionen der chinesischen Energiepolitik

Alternative Strategien: Aufbruch ins postfossile Zeitalter?

Abkürzungsverzeichnis

ADI	Ausländische Direktinvestitionen
APEC	Asia-Pacific Economic Cooperation
ASEAN	Association of Southeast Asian Nations
ASEAN plus 3	Association of Southeast Asian Nations + Japan, South Korea, China
BIP	Bruttoinlandsprodukt
BP	British Petroleum
CDM	Clean Development Mechanism
CNNC	China National Nuclear Cooperation
CNOOC	China National Offshore Oil Corporation
CNPC	China National Petroleum Corporation
EE	Erneuerbare Energien
EIA	Energy Information Administration (USA)
FOCAC	Forum on China-Africa Cooperation
FSU	Former Sowjet Union
GCC	Gulf Cooperation Council
GUS	Gemeinschaft Unabhängiger Staaten
GW	Gigawatt (= 1000 Megawatt)
GWth	Gigawatt thermisch
IAEA	Internationale Atomenergiebehörde
IEA	Internationale Energiebehörde
IMO	Internationale Seeorganisation
ITER	Internationaler thermonuklearer Experimentalreaktor
IWF	Internationaler Währungsfond
KPC	Kommunistische Partei Chinas
LNG	Liquified Natural Gas (Flüssigerdgas)
NBS	National Bureau of Statistics of China
NDRC	Nationale Entwicklungs- und Reformkommission (VR China)
NEPAD	New Partnership for Africa's Development

OPEC	Organization of the Petroleum Exporting Countries
PDVSA	Petroleos de Venezuela SA
PLA	People's Liberation Army
PLAN	People's Liberation Army Navy
PPP	Kaufkraftparität
ReCAPP	Regionales Kooperationsabkommen zum Kampf gegen Piraterie und bewaffnete Raubüberfälle gegen Schiffe in Asien
RMB	Renminbi (chinesische Währung)
SCO	Shanghai Cooperation Organization
SEPA	State Environmental Protection Administration (VR-China)
SINOPEC	China Petroleum & Chemical Corporation
SIPRI	Stockholm International Peace Research Institute
SKE	Steinkohleeinheiten
SWZ	Sonderwirtschaftszone
toe	Tons of Oil Equivalent
TPES	Total Primary Energy Supply
TWh	Terrawatt Stunden
UN	United Nations/Die Vereinten Nationen
USD	US-Dollar
WTO	World Trade Organization

Prolog.
China im Zentrum der globalen Energiedebatte

Spätestens seit dem Beginn des 21. Jahrhunderts gibt es einen weltweiten Diskurs über Chinas Energiebedarf und dessen globale Auswirkungen. Hintergrund dieser lebhaften und kontroversen Debatte ist die Tatsache, dass die Volksrepublik China innerhalb von nur wenigen Jahren beim Energieverbrauch alle westlichen Industriestaaten mit Ausnahme der Vereinigten Staaten von Amerika überholt hat. Heute rangiert das Reich der Mitte als das neue Powerhaus der Weltwirtschaft auf Platz zwei unter den größten Energiemärkten vor Russland, Japan, Indien, Deutschland, Frankreich, Großbritannien und Italien.

Da bisher keine Anzeichen sichtbar geworden sind, die in absehbarer Zeit eine Verlangsamung des chinesischen Wirtschaftswachstums vermuten lassen, wird eine anhaltende Jahreswachstumsrate von 9 bis 10 % allgemein für wahrscheinlich gehalten. Gerade angesichts dieser Prognosen entstehen zunehmend Ängste vor einem „unersättlichen" Energiebedarf der Chinesen. Denn die boomende Ökonomie ist die Hauptursache, die den chinesischen Energieverbrauch seit Mitte der 1990er Jahren in die Höhe schnellen ließ. In diesem Zusammenhang ist der Ausdruck „Chinas Energiehunger" sehr in Mode gekommen. Politiker, Kommentatoren und Wissenschaftler bedienen sich gerne dieses Begriffs, um das Ausmaß der chinesischen Energieherausforderungen zum Ausdruck zu bringen. Bewusst oder unbewusst wird die Energienachfrage Chinas mit vielen aktuellen Problemen in Verbindung gebracht: von der rapiden Preissteigerung auf den Weltölmärkten über die stockende Verbreitung der Demokratie in Afrika bis hin zum kompromisslosen Verhalten der iranischen Regierung beim Atomstreit mit der internationalen Gemeinschaft.

Ein kritischer Blick auf die aktuelle Debatte

Auffällig bei diesem internationalen Diskurs ist jedoch vor allem die asymmetrische Struktur der Argumentationen, die von allen Seiten vorgebracht werden. Trotz des offenen und pluralistischen Diskussionscharakters herrschen bislang anekdotische Klischees an Stelle von theoriegeleiteten und empirisch fundierten Analysen vor; emotionale Vorurteile überwiegen rationale Einschätzungen und egozentrische Dämonisierungen verhindern ausgewogene Bewertungen. Konkret leidet die Debatte unter folgenden „blinden Flecken":

● Erstens erscheint das Verständnis vom „chinesischen Energiehunger" noch nicht differenziert genug, um die Frage präzise beantworten zu können, was tatsächlich hinter dem chinesischen Energiebedarf steht. Wie viel seines Energieverbrauchs importiert China tatsächlich und in welchem Verhältnis steht dies zur Importabhängigkeit anderer Länder? Handelt es sich dabei nur um die Energienachfrage der chinesischen Bevölkerung oder auch um den Energiebedarf von internationalen Konzernen, die im Zuge der Globalisierung ihre Produktionsstätten nach China verlagerten? In welchem Ausmaß tragen massive Verlegungswellen zur Steigerung des „chinesischen Energiehungers" bei? Da de facto mehr und mehr Fabriken aus den Industriestaaten nach China umgesiedelt werden, um dort billiger für die Weltmärkte zu produzieren, und damit einen Teil des Energiebedarfs ihrer Heimatländer nach China „mitnehmen", besteht ein erheblicher Bedarf an einer differenzierten Betrachtung des „chinesischen Energiehungers". In diesem Zusammenhang stellt sich die Frage, ob man heute vor dem Hintergrund der wirtschaftlichen Globalisierung überhaupt noch von einem rein „nationalen Energiehunger" sprechen kann. Zumindest im Fall Chinas lässt sich der „nationale Energiehunger" nur unsauber vom „globalen Energiehunger" trennen.

● Zweitens verfügen westliche Regierungen über keine klare Definition ihres nationalen Interesses beim Umgang mit dem „chinesischen Energiehunger". Grundsätzlich stellt sich für die Industriestaaten die Frage, ob die Sicherstellung einer ausreichenden und bezahlbaren Energieversorgung für die Volksrepublik China im Interesse des Westens liegt. Wünscht der Westen ein China, das ständig um seine Versorgungssicherheit bangt oder ein China, das sich zuversichtlich auf die Versorgung des Landes durch die Weltenergiemärkte verlässt? Eine solche Interessendefinition ist insofern wichtig, als eine Grundsatzentscheidung – Eindämmung der weltweiten Expansion chinesischer Energieaktivitäten oder Integration der chinesischen Energiewirtschaft in die Weltenergiewirtschaft – davon abhängt.

Bislang wurde China zwar wegen seines weltweiten Engagements um Erdöl- und Erdgasvorkommen scharf kritisiert, doch wurden ihm kaum realistische Alternativangebote zur Verfügung gestellt, mit deren Hilfe es seinen Energiebedarf stillen kann. Die mangelnde Bereitschaft vieler Politiker und Strategen in westlichen Industriestaaten, Chinas Aufstieg als eine unaufhaltsame Realität innerlich zu akzeptieren und dieser erstarkenden Macht mehr Bewegungsraum zur Sicherung ihrer Energieversorgung zu zugestehen, ist ein deutlicher Ausdruck für die unklare Identifizierung des eigenen strategischen Interesses. Chinas „Energiehunger" kann nur dann erfolgreich begegnet werden, wenn intellektuell ausdiskutiert wird, ob ein sich energiepolitisch sicher fühlendes China im Interesse der westlichen Industriestaaten liegt und inwiefern westliche Regierungen dazu beitragen können.

● Drittens wird Chinas auf Konfrontationsvermeidung ausgerichtete Politik als Sabotageakt gegen die westliche Außenpolitik in Entwicklungsländern missverstanden. Als chinesische Ölfirmen Anfang der neunziger Jahre ins Ausland aufbrachen, waren die weltweiten Förderstätten und Produktionslizenzen bereits weitgehend unter den amerikanischen und europäischen Ölkonzernen aufgeteilt. Dem Marktnachzügler China standen nur zwei alternative Optionen zur Verfügung: entweder aggressiv in die von westlichen Ölkonzernen kontrollierten Ölfelder einzudringen – mit der Gefahr einer direkten Konfrontation – oder dieser Gefahr auszuweichen und zu versuchen, neue Märkte bzw. Marktnischen zu erschließen. So landeten die chinesischen Staatsölkonzerne größtenteils in Förderländern, die von westlichen Regierungen entweder geächtet waren oder für die Ölversorgung Europas und Nordamerikas nur eine unbedeutende Rolle spielten.

Die internationale Debatte hat bislang kaum die Überlegung berührt, ob es strategisch klug ist, China einerseits den Weg zur Integration in die Weltenergiemärkte zu versperren, wie das Scheitern der Übernahme des amerikanischen Unternehmens Unocal durch den chinesischen Staatsölkonzern CNOOC wegen massiver Einmischung des US-Kongresses zeigte, und anderseits seine Nischenstrategie als moralisch unvertretbar einzustufen. Das Reich der Mitte benötigt Zugänge zu ausreichenden Öl- und Gasquellen, um seine Energienachfrage, die zugleich eine globale Energienachfrage darstellt, abdecken zu können. Am bisherigen politischen Kurs und den strategischen Überlegungen in den westlichen Industriestaaten, und insbesondere in den USA, lässt sich jedoch noch nicht eindeutig ablesen, ob die Regierungen dieser Länder bereit sind, ihre Ölmacht mit China zu teilen, um Peking den Anreiz für seine Kooperation mit den „Schurkenstaaten" zu nehmen.

Wenn westlichen Regierungen die Menschenrechte und die Demokratie in diesen Ländern tatsächlich am Herzen liegen, sollte man alles tun, um die Chinesen zu ermutigen, ihre Erdöl- und Erdgasförderung dort aufzugeben. Dazu müsste aber im Gegenzug Chinas Verzicht durch energiepolitisches Entgegenkommen kompensiert werden. Eine Nichtverhinderungspolitik gegenüber chinesischen Ölkonzernen beim Kauf von Öl- und Gasrechten sowie Firmenübernahmen auf dem Weltmarkt wären das Mindeste, was der Westen tun kann, um das chinesische Vertrauen in eine sichere Energieversorgung durch den westlich kontrollierten Weltmarkt zu stärken. Andernfalls läuft die Kritik an Chinas Energiekooperation mit „Schurkenstaaten" Gefahr, sich als Heuchelei oder Eindämmungstaktik bloßzustellen.

- Viertens wurde bislang nicht beachtet, welche Auswirkungen Chinas Ölengagement in den von den westlichen Ölkonzernen vernachlässigten Nischen auf die globale Ölversorgung haben könnte. Jedenfalls tun viele so, als ob die chinesischen Explorationsprojekte für die Weltmärkte überflüssig oder wirkungsneutral wären. Dabei wurde offenbar übersehen, dass Chinas Überseeöl das Angebot auf dem Weltmarkt vergrößert und dadurch zur Stabilisierung von Ölpreisen beiträgt. In dem Maß, in welchem China seine Ölprodukte für sich benutzt oder verkauft, entlastet es die Weltmärkte.

So war z. B. im Sudan bis Mitte der 1990er Jahre eine solche Nische entstanden, da alle westlichen Ölkonzerne, gezwungen durch die Sanktionsmaßnahmen ihrer Regierungen und öffentlichen Druck in ihren Heimatländern, abziehen mussten. Hier investierte CNPC, das größte Ölunternehmen Chinas, seither mehrere Milliarden

US-Dollar in die Exploration, Förderung und Raffinierung von Erdöl sowie in Pipelines und Hafenanlagen. Innerhalb von zehn Jahren sorgten chinesische Ingenieure
für einen enormen Anstieg der Erdölproduktion von 0 Barrel auf 365.000 Barrel
täglich im Jahr 2006. Sudan wird voraussichtlich im Jahr 2007 mehr als 500.000
Barrel Erdöl täglich fördern.

Für die Kritiker der Volksrepublik China ist die Förderung dieses Erdöls moralisch
verwerflich, weil es aus einem Land stammt, in welchem mit Unterstützung der
Regierung massive Menschenrechtsverletzungen begangen werden (Chen 2007).
Aber für die Entspannung der Versorgungsengpässe auf den Weltölmärkten ist das
Erdöl aus Sudan ein nicht zu unterschätzender Beitrag. Zumindest bezieht die
Volksrepublik China heute ca. 5 % ihrer Erdöleinfuhren aus diesem Land, um ihren
„Energiehunger" zu stillen, der in einigen westlichen Hauptstädten als eine monst-
röse Bedrohung wahrgenommen wird.

● Fünftens ist die internationale Debatte von einer schwammigen Wahrnehmung der
chinesischen Energiepolitik geprägt. Wollen die Chinesen ihre Energieversorgung
den Märkten überlassen oder ihre Energiesicherheit durch die direkte Kontrolle von
Erdöl- und Erdgaslagerstätten im Ausland erreichen? Diese Frage konnte bis heute
nicht plausibel beantwortet werden, weil sich wenige Analysten bemüht haben, die
Energieprojekte, die chinesische Öl- und Gasunternehmen seit Mitte der 1990er
Jahre in Übersee aktiv durchführen, systematisch und differenziert zu untersuchen
und ihre Bedeutung für die gesamte Energieversorgung Chinas zu gewichten.

Für die Rohstoff- und Energieerschließung im Ausland bestehen im Wesentlichen
drei unterschiedliche Verfahrensweisen für die Ölkonzerne: Das benötigte Mineralöl kann entweder vom Weltmarkt durch (vertragliche) Liefervereinbarungen mit
den Ölproduzenten bezogen werden oder auf Basis von Förderlizenzen im Ausland
produziert werden. Alternativ können Ölkonzerne auch in Bohrprojekte, erschlossene Ölfelder oder Unternehmensbeteiligungen investieren. Nur letzteres erlaubt
jedoch eine direkte „physische Kontrolle" über bestehende Reserven sowie deren
Ausbeutung. Daher ist diese dritte Option besonders unter jenen Energiestrategen
beliebt, die großen Wert darauf legen, in internationalen Krisensituationen die lebensnotwendigen Öleinfuhren durch eine direkte Kontrolle über Öl- und Gasfelder
sicherzustellen.

Ohne dass genaue, diesen Kategorien entsprechende Datenerhebungen durchgeführt worden wären, ist in der internationalen Debatte die Einschätzung weit verbreitet, China verfolge eine so genannte „neomerkantilistische Strategie" zur Sicherung seiner Energieversorgung (Kreft 2006: 55): Diese Sichtweise unterstellt China
eine Strategie, die darauf abziele, die Energieversorgung des Landes nicht marktba-
siert, sondern durch direkte Kontrolle über Öl- und Gasproduktion in Übersee abzusichern. Als Beweise dafür werden Chinas massive Vorstöße auf den Erdöl- und
Erdgasfeldern in Afrika, Lateinamerika, in Zentralasien, aber auch in Nordamerika
herangezogen. Ferner gilt es unter vielen Experten als unumstritten, dass die chine-

sischen Ölkonzerne keineswegs profitorientiert arbeiten, sondern nichts anderes sind als die verlängerten Arme staatlicher Energiepolitik.

Grundsätzlich verdient die „neomerkantilistische" Sichtweise durchaus Aufmerksamkeit, denn sie hat den Blick auf die energische Energiepolitik Chinas im Ausland geschärft. Allerdings haben es die Theoretiker des „Neomerkantilismus" versäumt, das so genannte *equity oil*, also das Erdöl, das unter der Kontrolle chinesischer Ölfirmen im Ausland produziert wird, in Relation zum so genannten *market oil* zu setzen, das die chinesischen Unternehmen über die Weltmärkte beziehen. Nur durch eine klare Ermittlung der Anteile vom *equity oil* und *market oil* an den gesamten Öleinfuhren Chinas können sichere Aussagen über den Charakter der chinesischen Energiepolitik gewonnen werden. Ohne die Erledigung solcher substanzieller Hausaufgaben verbleibt die Theorie des Neomerkantilismus lediglich auf der Ebene der Spekulationen und Vermutungen. Das gilt in ähnlicher Weise auch für die gängige These, wonach China Öl gegen Waffen tausche, die in diesem Buch auf ihre empirische Stichhaltigkeit überprüft werden soll.

● Sechstens sind zahlreiche geopolitische Einschätzungen über mögliche internationale Spannungen und ernsthafte Konflikte infolge von Chinas „Energiehunger" geprägt von unzulässigen Vereinfachungen und bedenklichen Determinismen. Viele Meinungsführer in der Energiedebatte vertreten die Vorstellung, dass Chinas Konkurrenz um Energiereserven unvermeidlich eine weltweite Schlacht um Öl und Gas auslösen werde. Die Frage, ob der chinesische „Energiehunger" auf friedlichem Wege gestillt werden kann, wurde meistens negativ beantwortet. Selbst erfahrene Politiker und Wissenschaftler sehen im Kampf um die Kontrolle über fossile Energieressourcen den Dreh- und Angelpunkt der nationalen Interessen und der internationalen Politik.

Der steigende Bedarf Chinas an Erdöl- und Erdgasimporten und seine weltweiten Bohrprojekte berühren zweifelsohne bereits heute die Interessen anderer Importländer und bergen auch zukünftig ein beträchtliches Konfliktpotential. Allerdings sollte dieses Konfliktpotential nicht überbewertet werden: Es gibt keinen Automatismus zwischen Konkurrenz und Konflikt. Ebenso wenig schließt Konkurrenz kooperatives Verhalten aus, wie sich am Beispiel der indisch-chinesischen Zusammenarbeit erweist. Die These vom „Kampf ums Öl" schuldet uns eine stringente Erklärung, warum ein bewaffneter Konflikt zwischen China und den anderen Ölimportländern bis heute ausgeblieben ist (Mayer 2007a), auch wenn sich die globale Konkurrenz um Energiequellen in den vergangenen Jahren erheblich verschärft hat.

Unausdiskutiert erscheint auch die Frage, ob ein Marktnachzügler wie die Volksrepublik China, der inzwischen sein Ölinteresse weltweit ausgedehnt hat, aber selber über keine weltweit einsetzbaren Streitkräfte verfügt, bei der Sicherstellung seiner Erdölversorgung doch auf Kooperationen mit anderen Großmächten, insbesondere mit dem „Öl-Schutz-Service" (Klare 2006: 42) der USA, angewiesen ist. Die These vom „Kampf um Erdöl" klingt wenig überzeugend, weil sie nicht berücksichtigt, dass offenbar eine große Schnittmenge übereinstimmender Interessen zwischen China und den USA vorhanden ist. Insbesondere gehören hierzu stabile Energiepreise, freie Seewege und eine ausreichende Ölversorgung. Die Pessimisten können in der Tat bis heute nicht schlüssig erklären, warum die große Schnittmenge übereinstimmender Interessen nicht die erforderliche Kraft erzeugen kann, um einen militärischen Konflikt zwischen China und den USA zu vermeiden, aus dem beide Seiten nur als Verlierer hervorgehen können. So lange die Vertreter dieses Ansatzes nicht eindeutig nachweisen können, dass in Peking und auf amerikanischer, europäischer, japanischer und indischer Seite niemand an Kooperationsgewinnen interessiert ist, mangelt es der Konfliktthese an schlüssiger Aussagekraft.

Was sind die eigentlichen Herausforderungen?

Ohnehin vernebelt eine Debatte, die sich einseitig auf potentielle Konflikte und nationale Sicherheitsinteressen verengt, mehr als sie offen legt. Es lässt sich überzeugend argumentieren, dass die eigentlichen Risiken und Probleme des chinesischen „Energiehungers" an ganz anderen Stellen zu suchen sind: Zuvorderst sind hierbei die massiven Umweltzerstörungen zu nennen, die durch Energieproduktion und -verbrauch hervorgerufen werden. Dies liegt vor allem an der extensiven Nutzung von Kohle. In keinem Land weltweit wird mehr Kohle gefördert und verbraucht als in China. Die ungebremste Luftverschmutzung beeinträchtigt die Lebensbedingungen von Millionen von Menschen. Chinas Kraftwerke verursachen in Folge von ineffizienten Verbrennungstechniken bereits heute den zweithöchsten Kohlenstoffdioxidausstoß (nach den USA) und sind angesichts des ungebrochenen Wachstums und des steigenden Energiekonsums eine gewaltige Bedrohung für das globale Ökosystem – und das, obwohl der Pro-Kopf-Energieverbrauch in China noch immer deutlich unter dem weltweiten Durchschnitt rangiert.

Zwar kam es seit 1978 zu einer erstaunlichen Reduzierung der Energieintensität Chinas, die im Vergleich mit anderen Schwellen- und Entwicklungsländern trotz aller möglichen Datenverzerrungen außergewöhnlich ist (Smil 2004: 60ff.), doch scheint sich seit der Jahrtausendwende eine Trendwende abzuzeichnen. Laut chinesischen und internationalen Berechnungen liegt der Wert der Energieelastizität anhaltend über Eins, d. h. spätestens seit dem Jahr 2002 nahm der chinesische Energiebedarf pro Jahr prozentual schneller zu als das Bruttosozialprodukt gewachsen ist. Trotz größter Bemühungen, die Energieeffizienz durch administrative und marktbasierte Maßnahmen zu steigern sowie die Einsparung von Energie landesweit voranzutreiben, dürfte es damit zumindest schwer möglich sein, die Energieintensität wie geplant in den kommenden fünf Jahren um 20 % zu verringern.

Sozialwissenschaftler sprechen andererseits bereits von einer „ökologischen Modernisierung" in China. Aber der Aufholbedarf ist noch immer beträchtlich (Mol 2006). Umwelt- und Energiefragen befinden sich zwar an erster Stelle auf der politischen Agenda der chinesischen Führung, doch stehen Rhetorik und Praxis weiterhin in einem Missverhältnis. Eine besondere Schwachstelle ist die Umsetzung bestehender Umweltgesetze und -standards. Die Bemühungen um nachhaltige Energiestrategien können jedoch nicht darüber hinwegtäuschen, dass ein rascher Systemwechsel weg von fossilen Brennstoffen unwahrscheinlich ist. Somit ist offensichtlich, dass sich „Chinas Energiehunger" noch lange Zeit vergrößern wird. Wie gewaltig die damit einhergehende Zunahme der Treibhausgasemissionen und anderer Umweltbelastungen ausfallen wird, hängt im Wesentlichen von der Energieeffizienz chinesischer Maschinen, Kraftwerke, Fahrzeuge und Gebäude ab. Zu den drängenden Aufgaben der internationalen Gemeinschaft zählt daher, den Technologietransfer nach China mit allen zu Gebote stehenden Mitteln zu fördern.

Allerdings gibt es gleichzeitig Anzeichen dafür, dass China sich in ein Labor verwandelt, in dem in großem Umfang mit alternativen Strategien für die nachhaltige Nutzung von Energie experimentiert wird. So gibt es etwa im Bereich des Städtebaus innovative Ansätze, die dem Ideal energiesparender Konstruktionsweisen nachstreben. Die Herausforderungen für die chinesische Energiepolitik erschöpfen sich allerdings keineswegs im technologischen Bereich, sondern berühren unübersehbar wirtschafts- und gesellschaftspolitische Grundsatzfragen. Die Lehre aus Chinas Wirtschaftsentwicklung, die mit ihren negativen und positiven Konsequenzen atemberaubend erscheint, besteht in der grundlegenden Infragestellung des Wachstumspfades, der von den Industrienationen, China und anderen Entwicklungs- bzw. Schwellenländern eingeschlagen wurde (Brown 2005). Die chinesischen Energieprobleme sind nicht nur ein Spiegel für die ressourcenverschwenderische und umweltunverträgliche Lebensweise in den Industrieländern – deren Beispiel China schlicht nachfolgt – sondern auch ein unübersehbares Symbol dafür, dass dieses Wirtschaftsmodell, das nichtsdestotrotz weiterhin international propagiert und exportiert wird, auf keinen Fall eine nachhaltige Entwicklungsstrategie für die Länder außerhalb der OECD darstellt.

Aufbau dieses Buches

Das vorliegende Buch ist aus der Sorge entstanden, dass eine unpräzise Einschätzung des chinesischen Energiebedarfs und seiner globalen Auswirkungen zu einem falschen Umgang mit dem Reich der Mitte führen kann. Die mythische Übertreibung eines chinesischen „Energiehungers" und die weitgehende Unkenntnis von entscheidenden Wirkungszusammenhängen, die der chinesischen Energieherausforderung zugrunde liegen, machen beide eine erfolgreiche Bewältigung der Energieversorgungsprobleme unmöglich, von denen sowohl China als auch alle anderen Industriestaaten betroffen sind. Die Argumentation und die Datenerhebung dieses Buches setzen dort an, wo Mythos und Realität besonders stark vermischt werden, erheben jedoch keinen Anspruch auf analytische Vollständigkeit oder absolute Wahrheit.

Die Verfasser wären zufrieden, wenn *Chinas Energiehunger – Mythos oder Realität* einen bescheidenen Beitrag dazu leisten könnte, das Knäuel der in die internationale

Debatte eingebrachten Argumente durch theoretische Überlegungen und empirische Analysen zu entwirren. Damit soll der Blick auf die eigentlichen Herausforderungen des chinesischen „Energiehungers" für die internationale Gemeinschaft geschärft werden – nämlich China einerseits ohne Vorbehalte die Integration in ein marktwirtschaftlich orientiertes Weltenergieversorgungssystem zu ermöglichen und andererseits die Frage einer nachhaltigen Wirtschaftspolitik auch über die Volksrepublik hinaus ins Zentrum der öffentlichen Aufmerksamkeit zu rücken.

Chinas Energiehunger – Mythos oder Realität gliedert sich in drei große Abschnitte:

- Im ersten Anschnitt werden die Energieherausforderungen, wie sie sich auf nationaler Ebene darstellen, untersucht. Dabei liegt der Fokus auf den unterschiedlichen Energiesektoren Chinas, im Wesentlichen dem Kohlen-, dem Öl-, dem Gas- sowie dem Strommarkt. Die Energie- bzw. Ordnungspolitik der chinesischen Regierung wird analysiert, grundlegende Probleme, aber auch Zukunftsperspektiven werden aufgezeigt. Wie groß ist überhaupt der chinesische Energieverbrauch? Welche Bedeutung haben einzelne Energieträger für die Energieversorgung? Wie agieren die großen chinesischen Staatsbetriebe? Mit welchen Schwierigkeiten ist Kohleförderung in China konfrontiert? Wie stabil ist die Stromversorgung? Wird Erdgas Chinas neuer Hoffnungsträger?

- Der zweite Abschnitt des Buches richtet die Aufmerksamkeit auf die internationalen Dimensionen des chinesischen Energieverbrauchs. Untersucht werden dabei insbesondere die Entwicklung der chinesischen Ölimporte, inwieweit Chinas Außenpolitik vom „Ölhunger" beeinflusst wird sowie Chinas umstrittenes Engagement in Afrika in einer ausführlichen Fallstudie. Es handelt sich hierbei um kontrovers und oftmals unsachlich diskutierte Fragen, auf die in diesem Buch Antworten gegeben werden sollen. Wie ölabhängig ist China im internationalen Vergleich? Lehnt China den Weltölmarkt als Versorgungsinstrument ab? Versucht Peking, alle Erdölreserven unter seine Kontrolle zu bringen? Verschafft sich China mit Hilfe von Waffenlieferungen Zugang zu Bohrkonzessionen und Ölfeldern? Baut China seine militärischen Kräfte aus, um seine Energiesicherheit zu gewährleisten? Ist die chinesische Energiepolitik in Afrika „neokolonialistisch"? Untergräbt Chinas „Ölhunger" wirklich seine Bereitschaft, zukünftig international zu kooperieren? Hat bereits ein neues *great game* um die globalen Energiereserven begonnen oder ist sogar ein „Krieg um die Ressourcen" zu erwarten?

- Der dritte und letzte Abschnitt wagt einen Blick auf die Zukunft des chinesischen Energiekonsums und seine nationalen und internationalen Auswirkungen. Im Vordergrund stehen hierbei all jene Entwicklungen, die über das „fossile Zeitalter" hinaus verweisen. So entscheidend diese für die Bewältigung der chinesischen Energieherausforderungen auch sein mögen, sie geraten dennoch meist ins Hintertreffen gegenüber den Spekulationen um Ressourcenkriege und Klimakollaps. Wie groß ist das Potential regenerativer Energien für die zukünftige Energieversorgung Chinas? Erlebt die Atomkraft eine Renaissance in China? Welche Gefahren birgt der Energieverbrauch für Mensch und Umwelt? Wird Chinas Energieverbrauch weniger „intensiv"? Gibt es nachhaltige Strategien zur Gewinnung und Nutzung von Energie? Welche Bedeutung hat der „Energiehunger" Chinas für die Industrienationen?

Der werten Leserin/dem werten Leser dieses Buches bieten sich drei unterschiedliche Herangehensweisen an den nachfolgenden Text. Der Aufbau des Buchs bzw. seiner einzelnen Kapitel erlaubt alternativ zur durchgängigen Leseweise, sich entweder auf einen der drei Abschnitte zu konzentrieren oder je nach Interesse auch bestimmte Kapitel isoliert von den restlichen Inhalten zu lesen, da jedes Kapitel eine weitgehend in sich geschlossene Analyse darstellt und auf Verknüpfungen mit anderen Kapiteln hingewiesen wird.

Chinas Energiebedarf:

Nationale Herausforderungen

Kapitel 1.
Wie groß ist Chinas „Energiehunger"?

„Energiehunger" ist ein Begriff, der leicht ein beklemmendes Gefühl hervorrufen kann. Verbunden damit ist der Eindruck, dass ein Land, das an „Energiehunger" leidet, bei der Befriedigung seines Energiebedarfs wahllos alles verschlingt, was in der Welt zu bekommen ist.

Ist Chinas Energiekonsum tatsächlich so gewaltig, dass man das Land als bedrohlichen „Energieräuber" betrachten kann? Wie abhängig ist China von den Weltenergiemärkten und welche Verbraucher stehen hinter der Steigerung des chinesischen Energieverbrauchs?

Auf der Rangliste der größten Energiemärkte der Welt steht China nach den USA an zweiter Stelle. Mit einem Jahresverbrauch von etwa 1,7 Mrd. t Öleinheiten (toe) an Primärenergie bleibt China zwar noch deutlich hinter den Vereinigten Staaten (2,3 Mrd.) zurück, platziert sich jedoch mit großem Abstand vor Russland (0,7 Mrd.), Japan (0,5 Mrd.), Indien (0,4 Mrd.) und Deutschland (0,3 Mrd.). Verglichen mit den sechs größten Energiemärkten nahm die chinesische Energienachfrage am schnellsten zu. Das Volumen des chinesischen Energieverbrauchs wuchs zwischen 1994 und 2004 um 71 %. Allein von 2005 bis 2006 ist der Primärenergieverbrauch in China um 8,4 % gestiegen (BP 2007: 40).

Diese enorme Energienachfrage ist im Wesentlichen auf die rapide Entwicklung der chinesischen Volkswirtschaft zurückzuführen, die eine durchschnittliche Jahreswachstumsrate von etwa 9 bis 10 % im letzten Jahrzehnt zu verzeichnen hat. Es fällt allerdings auf, dass die ökonomische Wachstumsrate während der vergangenen 20 Jahre annähernd doppelt so hoch wie die des Energieverbrauchs war. Trotz der sprunghaften Nachfrage nach Primärenergie in den letzten Jahren betrug das Wachstum des gesamten Primärenergieverbrauchs Chinas von 1980 bis 2004 im Jahresdurchschnitt nur 5,3 %. Damit beträgt Chinas Energieelastizität, d. h. das Verhältnis zwischen der Steigerung des Energieverbrauchs und dem Wirtschaftswachstum, 0,55 (Chu et al. 2006: 138). Dieser Wert erweist sich im Vergleich zu anderen Ländern mit nachholender Industrialisierung wie Indien oder Brasilien, deren Energieelastizität meist über 1,0 liegt, als außergewöhnlich niedrig.

Diese Tatsache kann zwar nicht vertuschen, dass das Reich der Mitte mehr und mehr Energie braucht, um sein atemberaubendes Wirtschaftswachstum zu erhalten, doch sie ermöglicht einen Einblick in die Produktionsleistungen, die der chinesische Energieverbrauch hervorgebracht hat. Eine hypothetische Rechnung veranschaulicht die zugehörigen Dimensionen: Wäre Chinas Energiebedarf während desselben Zeitraums (1980 bis 2004) mit der gleichen Rate wie seine Volkswirtschaft gewachsen und hätte folglich die chinesische Energieelastizität 1,0 betragen, dann würde heute viermal mehr Energie verbraucht werden als es tatsächlich der Fall ist (Chu et al. 2006: 139). Dieser Aspekt scheint insofern interessant zu sein, als viele Länder zur gleichen Zeit nur ein sehr bescheidenes Wachstum – wenn nicht eine Stagnation – zu verzeichnen hatten, auch wenn ihr gesamter Energieverbrauch nicht zurückgegangen ist.

In der Tat scheint das chinesische 2:1-Verhältnis von BIP-Wachstum und der Steigerung des Energieverbrauchs besser als das durchschnittliche Niveau der Welt zu sein. Den Berechnungen der amerikanischen Energieinformationsbehörde (EIA) zufolge beträgt die durchschnittliche Wachstumsrate der Weltwirtschaft von 2001 bis 2025 3,0 %, begleitet von einer Energieverbrauchsteigerung von 1,8 % (EIA 2004: Tab. 3; A1). Mit anderen Worten verursacht ein 1%iges Wachstum des chinesischen Bruttoinlandsproduktes 0,5 % mehr Energieverbrauch. Hingegen bringt ein 1%iges Wachstum der Weltwirtschaft im Durchschnitt 0,6 % mehr Energieverbrauch hervor. Zumindest unter diesem Aspekt erscheint der chinesische Energiehunger nicht unbedingt monströser als der der Weltwirtschaft.[1]

Die heimische Energieproduktion

Der Eindruck, dass Chinas Energiehunger durch die Weltmärkte nicht zu stillen wäre, relativiert sich auch dadurch, dass das Reich der Mitte entgegen gängigen Vermutungen bislang seinen Energiebedarf zu etwa 88 % durch Eigenproduktion befriedigen kann. Nur zu etwa 12 % ist China bei der Energieversorgung auf die Weltmärkte angewiesen. Dieser vielleicht für viele Leser überraschende Sachverhalt hat vor allem damit zu tun, dass China einen Energiemix hat, in dem Kohle eine überragende Stellung einnimmt.

Im Wesentlichen beruht die chinesische Energieversorgung auf drei Säulen: Kohle, Öl und Wasserkraft. Diese drei Energieträger machen zusammen etwa 97 % der chinesischen Primärenergieversorgung aus. Mit einem Anteil von 67 % am Primärenergieverbrauch (2003) stellt Kohle die wichtigste Energiequelle Chinas dar. Die zweite wichtige Energiequelle ist das Erdöl, auf das 23,6 % der chinesischen Energieversorgung entfallen. Die Wasserkraft, die 6,9 % des chinesischen Primärenergieverbrauches deckt, spielt bei der chinesischen Energieversorgung die drittgrößte Rolle (Andrews-Speed 2004: 11). Die übrigen 3 % entfallen auf Erdgas, Kernenergie und andere erneuerbare Energiequellen, die in China selbst vorhanden sind.

Dass in China hauptsächlich Kohle verwendet wird, ist jedoch keine bewusste politische Entscheidung, sondern durch die chinesische Geologie vorgegeben. Das Land ist relativ arm an Öl- und Gasvorräten. Bei der weltweiten Verteilung der bekannten Ölvorkommen hat China nur einen Anteil von 1,3 %. Mit einem Anteil von 1,3 % fällt Chinas Anteil an den weltweit abbaubaren Gasvorkommen ebenso bescheiden aus.

---

[1] Eingehender werden diese Fragen in Kapitel 13 behandelt.

Im Gegensatz zu Öl und Gas verfügt China aber über reichliche Kohlevorräte. Mit einem Volumen von 115 Mrd. t an abbaubaren Kohlereserven rangiert das Reich der Mitte nur nach den USA (247 Mrd. t) und Russland (157 Mrd. t). Damit fallen 12,6 % der weltweiten Kohlevorkommen auf China, 17,3 % auf Russland und 27,1 % auf die Vereinigten Staaten (BP 2007: 32).

Allerdings haben sich die Chinesen beim Abbau der nationalen Kohlereserven als viel schonungsloser erwiesen als die Amerikaner und Russen. Seit Jahren ist China der größte Kohleproduzent der Welt. Im Jahr 2006 wurden in China 1,2 Mrd. t Kohle (in Öleinheiten, toe) gefördert, annähernd doppelt so viel wie in den USA und achtmal mehr als in Russland. Dieses Volumen entspricht einen Anteil von 39,4 % an der weltweiten Kohleproduktion in diesem Jahr (BP 2007: 34).

Die in China geförderte Kohle wurde im Großen und Ganzen im Land selbst konsumiert. Die Eigenproduktion von 1,212 Mrd. t Kohle im Jahr 2006 war annähernd deckungsgleich mit den 1,119 Mrd. t, die verbrannt wurden. Statistisch gesehen ist China damit ein Kohlenexportland, auch wenn es in den letzten Jahren, ähnlich wie Indien, immer mehr „coking coal" importierte (EIA 2005a: 56). Mit anderen Worten befriedigt China seinen Bedarf an Kohle, die mehr als zwei Drittel seines gesamten Energieverbrauches abdeckt, durch Eigenproduktion. Von einem Weltkohlenmarkt, der von einem chinesischen Energiehunger heimgesucht würde, kann offensichtlich nicht die Rede sein.

Zur Befriedigung des chinesischen Energiebedarfs trägt auch die massive Nutzung von Wasserkraft im Land bei. Etwa 20 % der chinesischen Stromerzeugung gehen auf die Verwendung von Wasserkraft zurück. Damit deckt diese emissionsfreie Energiequelle etwa 6 % des gesamten chinesischen Bedarfs an Primärenergie. In der Tat ist China bei der Nutzung von Wasserkraft weltweit führend. Im Jahr 2006 rückte China bei der weltweiten Wasserstromnutzung auf den ersten Platz und löste mit einem Anteil von 13,7 % früher als erwartet Kanada (11,5 %) als den größten Wasserstromproduzenten der Welt ab. Gleichauf mit Kanada liegt Brasilien, dann folgen die USA (9,6 %), Russland (5,8 %) und Norwegen (3,9 %) (BP 2007: 38).

Dennoch bleibt China, gemessen am Anteil des „Wasserstroms" an der gesamten Stromerzeugung des Landes, aber weit entfernt von vielen europäischen und lateinamerikanischen Ländern. In mehr als 20 Ländern wird die Elektrizität zu 90 % durch den Einsatz der Wasserkraft erzeugt. Norwegen und Paraguay beziehen ihren Strom nahezu ausschließlich aus Wasserkraft. 75 % der gesamten Stromerzeugung in Lateinamerika beruht auf Wasserkraft (Reiche 2004: 124f.).

Zunehmende Unterdeckung beim Erdöl

Chinas eigentlicher „Energiehunger", der den westlichen Industrieländern monströs erscheint, liegt nicht im Bereich von Kohle und Wasserkraft, sondern richtet sich auf das Erdöl. Ob und inwiefern ein Land energiehungrig ist, hängt entscheidend von seiner Fähigkeit ab, sich selbst mit Energie versorgen zu können. Ein rapide steigender Energiebedarf ist daher nicht automatisch gleichbedeutend mit „Energiehunger", falls das betreffende Land in der Lage ist, sein Bedürfnis nach mehr Energie durch seine heimische Produktion zu befriedigen. „Hungrig" wird es hingegen nur dann, wenn es seinen Energiebedarf nicht mehr durch Eigenproduktion zu decken vermag.

Im Gegensatz zu Kohle und Wasserkraft kann China seinen Bedarf an Erdöl nicht ausschließlich durch Eigenproduktion befriedigen. Bis Anfang der 1990er Jahre verfügte China noch über eine autarke Energieversorgung. Diese Autarkie endete jedoch im Jahr 1993, als das Land gezwungen war, mehr Ölprodukte zu importieren als zu exportieren. Es gibt, mit anderen Worten, seit 1994 bei der chinesischen Energieversorgung im Bereich des Erdöls ein Missverhältnis zwischen dem Bedarf und der Eigenproduktion, welches nur durch Importe von den Weltmärkten ausgeglichen werden kann.

Tabelle 1 zeigt, wie groß der Importbedarf momentan ist und wie er sich in Zukunft voraussichtlich weiter entwickeln wird. Im Jahre 2004 gab es bereits eine Unterdeckung von 41 %. In diesem Jahr wurden in China täglich 6 Mio. Barrel Öl verbraucht. Gleichzeitig konnte das Land pro Tag nur 3,5 Mio. Barrel produzieren. Die fehlenden 2,5 Mio. Barrel mussten auf den Weltmärkten gekauft werden. Wenn die Prognosen der EIA sich bewahrheiten sollten, wird China im Jahre 2010 eine Ölimportabhängigkeit von 52 % erreichen. Im Jahre 2025 wird diese Abhängigkeit von Weltölmärkten voraussichtlich gar auf 73 % steigen.

Tabelle 1: Unterdeckung zwischen Erdölbedarf und Eigenproduktion in China (in Mio. Barrel pro Tag)

	2001	2004	2010	2015	2020	2025
Bedarf	5,0	6,0	7,6	9,2	11,0	12,8
Produktion	3.3	3,5	3,6	3,5	3,5	3,4
Unterdeckung	1,7	2,5	4,0	5,7	7,5	9,4
Importabhängigkeit	34 %	41 %	52 %	62 %	68 %	73 %

Quelle: Eigene Berechnungen basierend auf Daten in EIA (2004).

Gegenwärtig muss China seinen Ölbedarf zur Hälfte durch den Kauf von Ölprodukten im Ausland befriedigen. Die chinesische Regierung sprach im Februar 2006 von einer Erdölimportabhängigkeit von 47 %. Dies entspricht auch ungefähr den Einschätzungen von British Petroleum (BP) und der EIA. Da der Anteil des Erdöls am gesamten Primärenergieverbrauch Chinas etwa 24 % beträgt, bedeutet diese Ölabhängigkeit zugleich, dass China bei seiner gesamten Primärenergieversorgung zu etwa 12 % auf die Weltmärkte angewiesen ist.

Mit anderen Worten ist Chinas Unterdeckung bei der Ölversorgung zugleich die Unterdeckung bei der gesamten Primärenergieversorgung des Landes. Kohle, Wasserkraft, Erdgas (bis jetzt wurde kaum Gas importiert und von den Umladungsanlagen in Fujian für LNG aus Australien und Indonesien ist die erste gerade in Betrieb genommen worden), Kernenergie sowie andere erneuerbare Energieträger, die 88 %

der chinesischen Energieversorgung ausmachen, kann das Land bislang eigenständig zur Verfügung stellen.

Vereinfacht gesagt fehlt China gegenwärtig nur die Fähigkeit, täglich etwa 3 bis 4 Mio. Barrel Rohöl zu produzieren, um die Lücke bei der Befriedigung seines gesamten Energiebedarfs schließen zu können. Was impliziert dieser Sachverhalt? Ist dieser „Hunger" im internationalen Vergleich monströs, groß, mittelgroß oder harmlos? Ein internationaler Vergleich zwischen den sechs größten Volkswirtschaften der Welt, den USA, Japan, Deutschland, China, Großbritannien und Frankreich (im Jahr 2005 in dieser Reihenfolge) veranschaulicht, dass Chinas Energiehunger relativ bescheiden ausfällt.

Tabelle 2: Chinas Ölversorgung im internationalen Vergleich 2006 (in Mio. Barrel pro Tag)

	USA	Japan	BRD	China	Großbritannien	Indien	Frankreich
Verbrauch	20,6	5,2	2,6	7,4	1,9	2,6	2,0
Eigenproduktion	6,9	0,0	0,0	3,7	1,6	0,8	0,0
Unterdeckung	13,7	5,2	2,6	3,7	0,3	1,8	2,0
Importabhängigkeit	67 %	100 %	100 %	50 %	16 %	69 %	100 %

Quelle: Eigene Berechnungen basierend auf BP (2007: 8, 11).

Mit Ausnahme Großbritanniens, das lediglich 16 % seines Erdölverbrauchs durch Importe abdecken muss, weist die chinesische Abhängigkeit von den internationalen Ölmärkten den niedrigsten Grad auf. In Japan und Frankreich wird so gut wie kein Erdöl aus eigenen Quellen gefördert. Die deutsche Erdölproduktion ist so winzig (ca. 3,8 Mio. t im Jahr, umgerechnet 0,076 Mio. Barrel pro Tag), dass es genauso wie Japan und Frankreich fast 100 %ig auf Ölimporte angewiesen ist (Reiche 2004: 66). Auch Indien ist mit knapp 70 % deutlich abhängiger als China.

Mit einem Tagesimportvolumen von 13,7 Mio. Barrel belasten die Vereinigten Staaten die Erdölmärkte am stärksten, gefolgt von Japan, das im Ausland täglich 5,2 Mio. Barrel Öl kaufen muss, rund zwei Fünftel mehr als China. Chinas Belastung für die Weltölmärkte (3,7 Mio. Barrel) liegt über der Deutschlands (2,6 Mio. Barrel) und Frankreichs (2,0 Mio. Barrel), wobei der gesamte Ölverbrauch in Deutschland seit 2001 leicht, aber kontinuierlich gesunken ist (siehe Tabelle 2).

Niedriger Pro-Kopf-Verbrauch

Wenn es zutrifft, dass Energie am Ende von Menschen verbraucht wird, dann bietet der Pro-Kopf-Verbrauch als Parameter einen sinnvollen Ansatz, um den chinesischen „Energiehunger" im Licht eines internationalen Vergleiches zu beleuchten. Die Statistical Review of World Energy 2005 von BP teilt die Länder entsprechend ihres Pro-Kopf-Energieverbrauchs (gemessen in toe) in fünf Stufen ein: 0–1,5; 1,5–3,0; 3,0–4,5; 4,5–6,0 und mehr als 6,0. Während China den Ländern mit dem niedrigsten Grad beim Pro-Kopf-Energieverbrauch (0–1,5 toe pro Kopf) zugeordnet wird, zählen die USA zu der Gruppe mit dem höchsten Pro-Kopf-Energieverbrauch (mehr als 6,0 toe pro Kopf). Die Bundesrepublik befindet sich in einer Zone, deren Wert 3,0–4,5 toe pro Kopf beträgt.

Diese pauschale Einstufung kann auch durch eine differenzierte Betrachtung bestätigt werden. Unter dem Aspekt des Verhältnisses von Bevölkerung zum Energieverbrauch scheint Chinas Energiehunger weniger monströs zu sein als der von anderen Industrieländern. Mit einem Anteil an der Weltbevölkerung von etwa 20 % verbraucht China gegenwärtig etwa 14 % der weltweit genutzten Primärenergie (Tabelle 3). Hingegen konsumieren die Bürger der USA, die 6 % der Weltbevölkerung stellen, 23 % der Weltprimärenergie. Auf Deutschland, dessen Bevölkerung 1,6 % der Weltbevölkerung ausmacht, entfallen 3,2 % der Primärenergie, die weltweit verbraucht wird.

Tabelle 3: Chinas Anteil am weltweiten Primärenergieverbrauch im internationalen Vergleich (in %)

	1990	2001	2004	2010	2025
USA	25	24	22,8	24	22
China	8	10	13,6	12	15
Russland	–	6,9	6,5	6,6	6,1
Japan	5	5	5	5	4
Indien	2,2	3,2		3,5	4,4
Deutschland	4	4	3,2	3	3

Quelle: Eigene Berechnungen basierend auf EIA (2004, A1) und BP (2005: 37).

Statistisch ausgedrückt, reicht die Menge der Energie, die ein Amerikaner im Jahresdurchschnitt verbraucht, für 5,8 Chinesen, um ihren Jahresenergiebedarf abzudecken. Im Blick auf Deutschland fällt das Verhältnis relativ besser aus: Mit der Energiemenge, die ein deutscher Einwohner durchschnittlich pro Jahr konsumiert, kann der Jahresenergiebedarf von 3,8 Chinesen befriedigt werden.

Beim Stromverbrauch weist China lediglich ein Drittel des globalen Durchschnittswertes und nur ein Neuntel des Werts der OECD-Länder auf (Chen et al. 2005: 66). Hinsichtlich dieser Daten fällt es nicht schwer, zu beurteilen, ob die Amerikaner, die Deutschen oder die Chinesen hungriger sind, wenn es darum geht, ihre Bedürfnisse nach Wohlstand, nach Wärme im Winter, Kälte im Sommer und nach Mobilität im ganzen Jahr mit Energie zu befriedigen.

Energie für die „Weltfabrik"

Der Begriff „Chinas Energiehunger" ist darüber hinaus insofern irreführend, weil er zu pauschal formuliert ist. Er erweckt den Eindruck, als ob die Energie, die in China verbraucht wird, komplett auf den Energiebedarf der chinesischen Bevölkerung zurückgeht. Es ist aber hinlänglich bekannt, dass fast 70 % des Energieverbrauches in China auf die Industrie entfallen. Aber Chinas Industrie ist schon längst nicht mehr rein chinesisch. Bekanntlich ist das Land zur „Weltfabrik" geworden. Es gibt weltweit kaum einen internationalen Konzern, der seine Produktionsstätten aus seinem Heimatland oder aus anderen Ländern nicht nach China verlagert hätte. Mit der Verlagerung der Produktionsanlagen wurde zugleich auch der Energiebedarf mit nach China gebracht. Dies führte dazu, dass die Energienachfrage in den Ländern sinkt, die ehemals die Produktionskapazitäten internationaler Konzerne beheimateten und der Energieverbrauch in China gleichzeitig ansteigt. Mit anderen Worten ist Chinas „Energiehunger" zum Teil ein eingeführter Energiebedarf, der nicht pauschal als Verbrauch der Chinesen berechnet werden kann.

Tabelle 4: Anteil ausländischer Unternehmen an chinesischen Ausfuhren 2005 (in Mrd.US-Dollar)

Unternehmensart	Ausfuhr	Anteil
Staatsunternehmen	168,81	22,15 %
Kollektiv- oder Privatunternehmen	148,98	19,56 %
Ausländische Unternehmen	444,21	58,29 %
Ausfuhr Insgesamt	762,00	100 %

Quelle: Handelsministerium der Volksrepublik China, http://gcs.mofcom.gov.cn/tongji.shtml.

Der Grund hierfür liegt darin, dass die in China produzierenden Unternehmen mit ausländischem Kapital in erster Linie nicht für den chinesischen Markt, sondern für die Weltmärkte produzieren. Sie sind nach China wegen der weitaus günstigeren Produktionskosten gekommen. Dies ermöglicht ihnen, ihre Produkte auf den Weltmärkten zu konkurrenzfähigen Preisen abzusetzen. Hierin liegt auch einer der Gründe, warum China innerhalb weniger Jahre Japan, Kanada und alle europäischen Länder mit Ausnahme Deutschlands überholt hat und zur drittgrößten Handelsnation nach den USA und der Bundesrepublik geworden ist.

Statistiken des chinesischen Handelsministeriums (Tabelle 4) verraten, dass Chinas Ausfuhren fast zu 60 % auf ausländische Unternehmen zurückgehen. Chinesische Staatsunternehmen und einheimische Kollektiv- und Privatunternehmen tragen nur zu 40 % zum Boom des chinesischen Außenhandels bei. Aus dieser Struktur ist ersichtlich, wie sehr die nach China verlagerten Produktionsstätten ausländischer Unternehmen auf die Belieferung der Weltmärkte ausgerichtet sind.

Allerdings führte ihre Geschäftsstrategie, von China aus die Weltmärkte zu bedienen, unmittelbar zu einer rasanten Steigerung des Energieverbrauchs in China. Wenn der Eindruck besteht, China verschlinge alles gierig, was auf dem Weltenergiemarkt vorhanden ist, dann stehen dahinter nicht nur die chinesischen Verbraucher, sondern auch amerikanische, europäische, japanische und koreanische Konsumenten, die sich über die preisgünstigen Waren multinationaler Konzerne freuen. In diesem Sinne kann man sagen, dass Chinas Energiebedarf zu einem bedeutenden Teil auch der „Energiehunger" der Industrienationen ist.

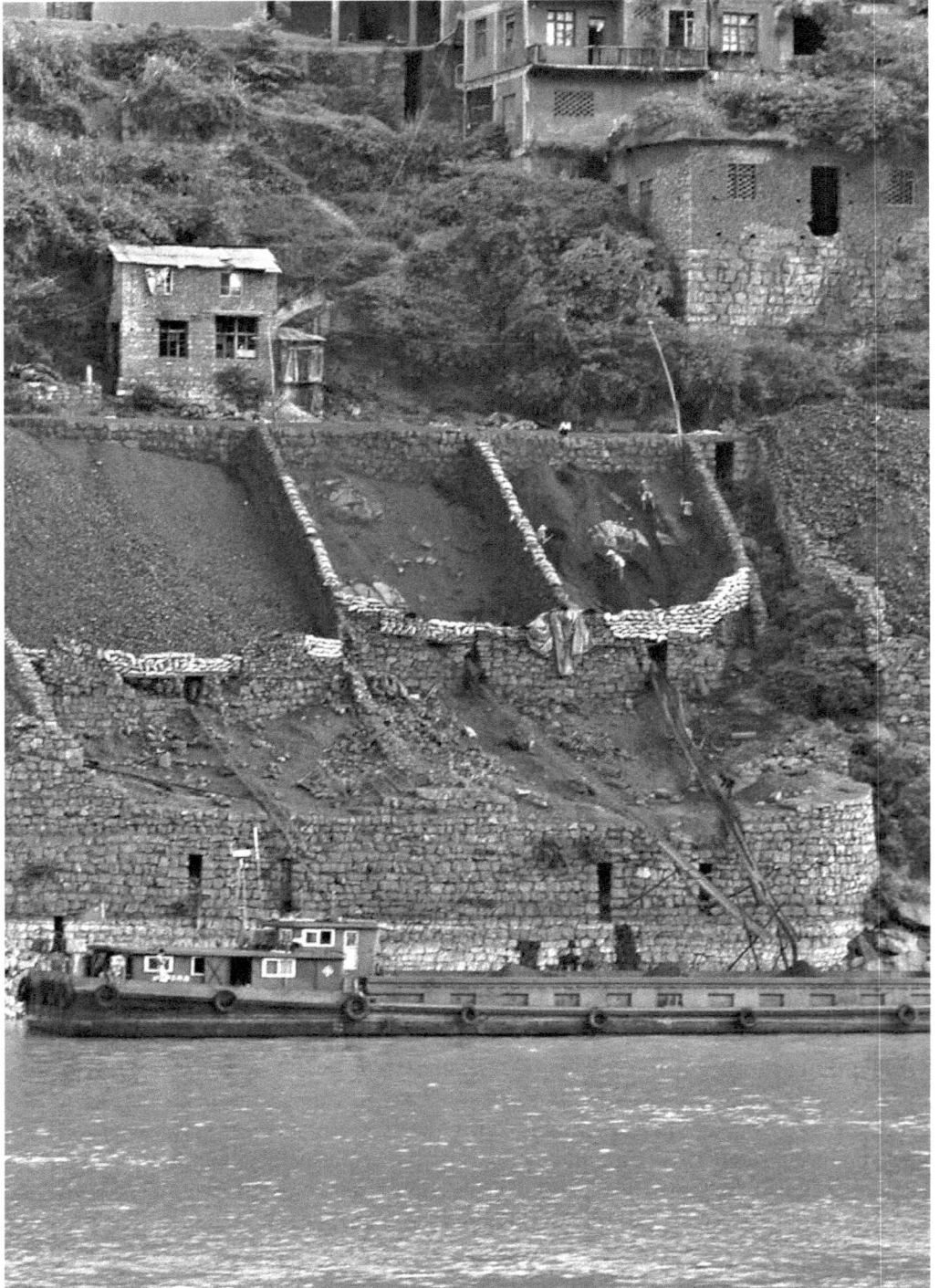

Kapitel 2.
Kohle: Der Lebensnerv zwischen Liberalisierung und Konsolidierung

China verfügt laut Angaben von BP mit 115 Mrd. t über rund 13 % der globalen abbaubaren Kohlereserven. Das Land ist mit Abstand der größte Kohleproduzent der Welt, wovon Steinkohle den Großteil ausmacht. Für viele Staaten ist Kohle nur einer unter mehreren Energieträgern. Aber in China besitzt die Kohle eine absolute Schlüsselstellung für die nationale Energieversorgung, denn der Anteil des „schwarzen Goldes" am nationalen Energiemix beträgt trotz leicht rückläufiger Tendenz immer noch ca. 69 %. China ist derart kohleabhängig, dass jede Vorstellung, die Kohle bei der nationalen Energieversorgung durch andere Energieträger zu ersetzen als unrealistisch, wenn nicht utopisch, erscheint (Rui 2005: 147).

Die Elektrizitäts- und Wärmeerzeugung, auf die im Jahr 2005 mehr als die Hälfte des gesamten Kohleverbrauchs zurückging, könnte in Zukunft sogar noch abhängiger von der Kohle werden. Allein zwischen dem Jahr 2003 und dem Jahr 2004 ist die Stromerzeugungskapazität der Kohlekraftwerke um rund 12 % ausgebaut worden (Eifert et al. 2007). Nachdem die Konsumption von Kohle im Laufe der Asienkrise einen leichten Einbruch erlebte, herrscht seit dem Jahr 2000 erneut ein Jahreswachstum von bis zu 19,7 % (siehe Tabelle 5). Insgesamt verzeichnete China zwischen 1995 und 2005 ein jährliches Wachstum beim Kohleverbrauch von durchschnittlich 5,5 % (NBS 2006).

Tabelle 5: Chinas Kohlekonsum und der Anteil von Kohle im Energiemix

	1996	1997	1998	1999	2000	2001	2002	2003	2004	2005	2006
Verbrauch (in Mrd. toe)	0,73	0,7	0,65	0,66	0,67	0,68	0,71	0,85	0,98	1,09	1,19
Jahreswachstum (in %)	–	-4,1	-7,1	1,5	1,5	1,4	4,4	19,7	16,5	11,2	9,1
Anteil am Energiemix (in %)	74,7	71,7	69,6	69,1	67,8	66,7	66,3	68,4	68,0	68,9	k. a.

Quelle: Eigene Berechnungen basierend auf BP (2007: 35), China Statistical Yearbook (verschiedene Ausgaben).

Die Signifikanz der Kohle gebietet jeder chinesischen Regierung, beim Umgang mit dem Kohlesektor besonders vorsichtig zu verfahren und Weitsicht zu bewahren. Gerade vor diesem Hintergrund ist es erstaunlich zu beobachten, dass die Liberalisierung des Kohlesektors in China unzweifelhaft weiter fortgeschritten ist als in anderen Energiesektoren. Wie alle Staatsunternehmen vor der Reform- und Öffnungspolitik Deng Xiaopings waren die chinesischen Kohleunternehmen keine Unternehmen im marktwirtschaftlichen Sinne. Die vom Staat übertragene Doppelfunktion, gleichzeitig als Energieanbieter und Vollstrecker des Versorgungsplans der Regierung zu agieren, machte es ihnen unmöglich, unternehmerisch zu denken und zu handeln. Die Kohleversorgung wurde nicht durch den Markt, sondern planwirtschaftlich reguliert. Marktwirtschaftlich orientiertes Management war weder möglich noch erwünscht.

In der Phase der kommunistischen Planwirtschaft stand die Kohleindustrie unter der Kontrolle eines extrem zentralisierten Verwaltungsapparates. Nach sowjetischem Vorbild wurden landesweit verstreute Bergwerke und Kohlengruben, die vom Umfang her die Ölindustrie bei weitem übertrafen, von der Regierung in Peking durch einen riesengroßen Behördenapparat zentral gesteuert. Die Verwaltungsebenen in den einzelnen Provinzen, die nominell die Besitzer der Kohlevorkommen waren, standen nicht unter der Dienstaufsicht der Provinzregierungen, sondern wurden durch das Kohleministerium in der Hauptstadt kommandiert. Nicht nur die einzelnen Kohlebergwerke, sondern auch die Provinzgouverneure mussten sich dem zentralen Kohleversorgungsplan unterwerfen. Kurz gesagt waren Markt und Wettbewerb Fremdwörter.

Anfang der 1980er Jahre begann die chinesische Führung die Kohleindustrie zu liberalisieren. Ziel der Reform war, Regierung und Verwaltung von der Unternehmensführung zu trennen. Organisatorisch sollten die Unternehmensführungen von politischen Aufgaben, wie z. B. der ideologischen Indoktrinierung und Überwachung ihrer Mitarbeiter oder der Garantie der Gesundheitsversorgung, und regulativen Verpflichtungen, wie der strikten Umsetzung der staatlichen Planvorgaben, entbunden werden. Aber wirkliche Befreiungsschläge nahm die Regierung erst mit den Reformen seit Ende der 1990er Jahre vor. So erfolgten im Jahr 1998 die Auflösung des Kohleministeriums und die Dezentralisierung der Kohleindustrie. Vier Jahre später wurden die Preise auf dem Kohlemarkt – mit Ausnahme der Kohle für die Elektrizitätserzeugung – freigegeben. Zu Beginn des Jahres 2006 fiel mit der staatlichen Preisregulierung für „Stromkohle" die letzte große Wettbewerbsbarriere auf dem Kohlemarkt.

Heute ist die Liberalisierung des chinesischen Kohlesektors deutlich fortgeschrittener als im Ölsektor. Dies lässt sich insbesondere daran erkennen, dass kein Staatsunternehmen eine marktbeherrschende Stellung einnimmt. Die Preisbildung verläuft relativ frei durch den Markt und es besteht ein zunehmender Wettbewerb zwischen den Kohleunternehmen. Gleichwohl kämpft die gesamte Kohleindustrie mit historischen Altlasten in den Bereichen von Sicherheit, Technik und Umwelt sowie kostenträchtigen Sozialaufgaben.

Dezentralisierung der Kohleförderung

Der chinesische Kohlesektor weist heute hinsichtlich der Eigentumsverhältnisse eine Struktur auf, die im wesentlichen aus drei Unternehmenstypen besteht:

- staatseigene Unternehmen, die mit nur wenigen Ausnahmen von den einzelnen Provinzregierungen betrieben werden;

- regionale Unternehmen, die durch städtische Verwaltungsorgane teilweise unter Einbeziehung von Privatinvestoren gegründet wurden sowie

- die so genannten „Gemeinde- und Dorfkohlenbergwerke", die in der Regel von privaten Geschäftsleuten betrieben werden.

Diese Struktur ist nicht plötzlich entstanden, sondern das Ergebnis eines über 20 Jahre andauernden Umstrukturierungsprozesses: Mitte der 1980er Jahre gab die Regierung grünes Licht für die Gründung von privaten Kohlengruben. In Folge dieser Liberalisierungsmaßnahme sind innerhalb von zehn Jahren zehntausende kleine Zechen, die durch Privatunternehmer betrieben wurden, entstanden. Ihren Höhepunkt erreichte diese Entwicklung im Jahr 1996 mit einer Anzahl von 63.975 Kohlenminen, die als „Gemeinde- und Dorfkohlenbergwerke" registriert waren. Im Jahr 1996 wurden von diesen Kleinminen 638 Mio. t Kohle produziert. Dies entsprach einem Anteil von 46 % an der gesamten Kohleproduktion des Landes in diesem Jahre (Rui 2005: 54). Vermutlich dürfte dieser Anteil wohl noch höher gelegen haben, da der Betrieb in vielen kleinen Kohlengruben unregistriert und illegal gegen Schmiergeldzahlungen an die zuständigen Aufsichtsbeamten aufgenommen wurde.

Allerdings wurden die kleinen Kohlenbetriebe ab dem Jahr 1997 Gegenstand einer landesweit durchgeführten Rationalisierungskampagne. Unrentables Management, skandalöse Sicherheitsmängel und die extrem ineffizienten Fördermethoden, die zu einer Verschwendung von rund 75 % der im Gestein lagernden Kohlevorkommen führten, brachte die Regierung dazu, eine ordnungspolitische Rosskur in der Kohlenbranche durchzuführen. Die massenhaften Zechenschließungen fanden nicht zuletzt vor dem Hintergrund einer bedingt durch die Asienkrise bis ungefähr ins Jahr 1999 sinkenden Kohlenachfrage statt, die zu gewaltigen Überkapazitäten geführt hatte.

Vermutlich wurde hierbei deutlich mehr als die Hälfte der kleinen Kohlengruben geschlossen. Im Jahr 2006 sind laut offiziellen Angaben nur noch etwa 24.000 Zechen übrig geblieben, von denen in den kommenden drei Jahren weitere 12.000 geschlossen werden sollen. Die nationale Behörde zur Überwachung der Sicherheit in den Kohlenbergwerken möchte mittelfristig lediglich den Betrieb von rund 10.000 kleinen „Gemeinde- und Dorfkohlenbergwerken" und regionalen Kohlenbergwerken aufrechterhalten (Fu 2006). Allerdings sind sowohl bezüglich der Reduzierungsziele als auch bezüglich der tatsächlich durchgeführten Grubenschließungen widersprüchliche offizielle Angaben gemacht worden, was ein Zeichen für die mangelnde administrative Koordinierung dieser Maßnahmen ist, an denen mehrere Ministerien und Aufsichtsbehörden mitwirken.

Insgesamt dürfte der Anteil der Gemeinde- und Dorfkohlenbergwerke an der gesamten Kohleproduktion des Landes deutlich zurückgegangen sein. Im Jahre 2005 wurden in China laut der offiziellen Statistik insgesamt 2.110 Mio. t Kohle gefördert. Davon entfielen auf die kleinen Kohlengruben von Privatbetreibern nur 810 Mio. t, die damit lediglich noch einen Anteil von 38 % ausmachten. Regionale Kohlenbergwerke, die mehrheitlich im Besitz von städtischen Verwaltungsbehörden sind, gehören auch zu den Betrieben kleiner und mittlerer Größenordnung. Sie waren ebenfalls von den Schließungsmaßnahmen der Regierung betroffen. Ihr Anteil an der gesamten Kohleproduktion des Landes betrug 2005 nur 14 %. Hingegen vergrößerten die staatseigenen Kohleunternehmen ihren Marktanteil. Sie vereinten 48 % der gesamten Kohleförderung in China auf sich (State Administration of Coal Mine Safety 2006).

Diese Angaben stehen allerdings unter Vorbehalt, da in den vom chinesischen Nationalen Statistikbüro erhobenen Daten über die Kohleproduktion (zumindest zwischen 1998 und 2002) die Fördermengen zahlreicher kleiner, illegal wiedereröffneter Kohlengruben – teilweise in einer Größenordnung von 100 Mio. t – nicht mit berechnet worden waren. Erst Mitte des Jahres 2006 kam es zu einer deutlichen Redigierung der zugehörigen Statistiken durch die Behörden (vgl. Tu 2006b).

Verglichen mit der Situation vor 1998 hat sich bei den Staatsunternehmen ein radikaler Wandel vollzogen. Momentan befinden sich lediglich noch 10 % in der Hand der Zentralregierung. Wie erwähnt, wurde im Jahr 1998 das Ministerium für Kohleindustrie komplett aufgelöst. Im Rahmen dieser grundlegenden Dezentralisierungsmaßnahme übertrug die Zentralregierung ihre Eigentumsrechte an den staatseigenen Kohlenbergwerken auf die Provinzen. Dadurch erhielten die Provinzen die Kohleressourcen zurück, die in ihren jeweiligen Verwaltungsgebieten liegen. Zugleich gestand Peking den Provinzgouverneuren das Recht zu, ihre Kohlebetriebe mit Ausnahme der Preisbestimmung selbstständig zu regulieren.

Die einzelnen Provinzfürsten begannen nun die neue Freiheit zu nutzen, um ihre „eigene" Kohleindustrie zu entwickeln. Die Vorgehensweisen, mittels derer sie ihre Kohleressourcen bewirtschafteten, wiesen jedoch große Unterschiede auf: Während einige die Provinzabteilungen des ehemaligen Kohleministeriums in einen einzigen Kohlekonzern umwandelten, gründeten andere mit den übertragenen Minen und Förderanlagen mehrere Unternehmen zur Ausbeutung von Kohle (Andrews-Speed 2004: 182). Die Provinz Shanxi, die weitaus bedeutendste Förderregion Chinas, hat beispielsweise die zurückgegebenen Kohlengruben in dutzende Bergbaukonzerne umstrukturiert. Von den 100 größten Bergwerken Chinas befinden sich neun in Shanxi.

Bei der Analyse des chinesischen Kohlesektors fällt auf, dass er in scharfem Kontrast zum chinesischen Ölsektor (siehe Kapitel 3), aber auch gemessen an internationalen Maßstäben, kein Marktmonopol kennt. Im Vergleich zu den Vereinigten Staaten, wo wenige große Unternehmen ca. 40 % der heimischen Kohlenachfrage befriedigen, deckten die vier größten Kohleproduzenten Chinas im Jahr 1999 zusammen lediglich

14 % der chinesischen Nachfrage ab. Die fehlende Konzentration in der Kohlebranche wird noch deutlicher, wenn in Betracht gezogen wird, dass die 500 bedeutendsten staatlichen Kohlenminen nur über einen Anteil von ca. 50 % an der Gesamtförderung von Kohle verfügen (Wang 2000).

Selbst die zwei größten Staatsunternehmen, Shenhua und Zhongmei, sind nicht einmal ansatzweise dazu in der Lage, den chinesischen Kohlemarkt zu dominieren. Beide Konzerne konnten sich 1998 dem Schicksal anderer Staatsunternehmen entziehen, an die Provinzen übergeben zu werden. Ihr Charakter als provinzübergreifende Entitäten bewahrte sie vor der Zerschlagung und ermöglichte ihnen, weiterhin den Status eines unmittelbar der Zentralregierung unterstellten Unternehmens zu behalten. Trotzdem ist ihre Stellung auf dem Markt weit entfernt von einer Monopolposition. Shenhua hat schätzungsweise einen Marktanteil von etwa 8 % an der nationalen Kohleproduktion und Zhongmei lediglich 3 %.

Jedoch scheint die chinesische Regierung entschlossen zu sein, einige große Konglomerate zur Kohleförderung zu entwickeln. Ein am 1. Juni 2005 veröffentlichtes Regierungsdokument des Staatsrates zur „Förderung einer gesunden Entwicklung der Kohleindustrie" spricht davon, „in drei bis fünf Jahren 13 große Kohleunternehmen und Unternehmensgruppen mit einer Jahresproduktionskapazität von mehr als 100 Mio. t zu gründen" (State Council 2005). Heute besitzt ausschließlich Shenhua diese Kapazität. Aussichtsreichste Kandidaten dürften aber Zhongmei (der Zentralregierung unmittelbar unterstelltes Unternehmen), Shanxi Meitan (Provinz Shanxi), Yanzhou (Provinz Shandong) und Datong (Provinz Shanxi) sein. Diese Kohleunternehmen gehören in der Rangliste der chinesischen Bergwerke von 2005 zu den obersten Fünf.

Liberalisierte Kohlenpreise

Am 1. Januar 2006 erlebte die chinesische Kohlebranche einen historischen Tag. Die zuständige Nationale Entwicklungs- und Reformkommission gab die politische Kontrolle des Preises für die Kohle auf, die zur Erzeugung von Strom verwendet wird. Preisschwankungen für „Stromkohle" nach oben sind nun nicht mehr an eine künstliche Grenze gebunden. Die Regulierungsbehörde gab zu verstehen, dass sie von nun an nicht mehr mit administrativen Maßnahmen reagieren würde, wenn die Kohlepreise aus Sicht der Stromerzeuger zu hoch wären. Anbieter und Abnehmer von Kohle sollten sich in Zukunft selbstständig auf die Verkaufspreise einigen. Der Staat zog sich damit aus dem Preisbildungsprozess zurück. Die jahrzehntelange Praxis, die Kohlepreise festzusetzen, fand ein liberales Ende.

Die Abschaffung der administrativen Preisgrenzen für „Stromkohle" bedeutet auch ein definitives Ende des so genannten doppelten Preissystems für Kohle, das im Jahr 1985 eingeführt und später (1994 und 2002) modifiziert wurde. Von 1949 bis 1985 gab es kaum ein chinesisches Kohleunternehmen, das kostendeckende Verkaufspreise erzielte. Die Preise wurden vom Staat kontinuierlich niedrig gehalten, und zwar zugunsten der Verbraucher, insbesondere der Stromkraftwerke und der Privathaushalte (Rui 2005: 78).

Nach langwierigen Verhandlungen führte das Ministerium für Kohleindustrie schließlich im Jahr 1985 ein neues Preissystem für den Kohlesektor ein. Dieses neue System nahm jeweils die Fördermenge einzelner Unternehmen im Vorjahr als Grundquote für die Preisfestsetzung. Zugleich wurde von der Planungskommission der Regierung eine zweite, höher liegende Mengenquotierung für das laufende Jahr festgelegt. Für die Kohlemenge unterhalb der Grundquote galt ein festgesetztes Preislimit (Planpreis). Die Produktionsmengen, die das Vorjahresniveau überschritten aber unterhalb der zweiten Quote lagen, durften zu einem Preis verkauft werden, der 50 % über dem „Planpreis" lag. Wurde mehr gefördert als durch die Mengenquote für das laufende Jahr vorgegeben, durfte diese „Überproduktion" zu einem 100 % höheren Preis verkauft werden, für den Fall, dass die Kohle für einen staatlichen Planungszweck Verwendung fand. Ansonsten war es den Unternehmen erlaubt, ihre „Überproduktion" auf dem freien Markt zu ungeregelten Preisen zu verkaufen (Rui 2005: 78).

Dieses System wurde dann 1994 weiter liberalisiert und durch ein System der Preisverhandlungen ersetzt. Nach diesem System durften Kohleproduzenten und industrielle Endverbraucher die Preise selbst aushandeln. Ausgenommen von dieser Liberalisierung wurde nur jene Kohle, die zur Stromerzeugung (*dianmei*) verwendet wurde. Das Recht zur Festsetzung der Preise für die „Stromkohle" stand nur den staatlichen Regulierungsbehörden zu, während die Liefermenge zwischen Kohlengruben und Kraftwerken durch Jahresverträge festgelegt wurde (Mayer 2005: 32).

Im Jahr 2002 wurde die Kohlepreispolitik weiter gelockert. Der Festpreis für „Stromkohle" wurde durch einen flexibleren Preismechanismus ersetzt. Die Regulierungsbehörden verzichteten nun darauf, die Stromkohlepreise eindeutig zu fixieren, und gingen dazu über, nur noch eine jährlich gültige Obergrenze für die Preissteigerungen vorzugeben. Beispielsweise wurde 2004 die Obergrenze für Schwankungen der Preise für Stromkohle auf 8 % festgelegt (Wuming 2005c). Bis zu dieser Grenze durften die Kohlehersteller im Jahr 2004 beim Verkauf ihrer Produkte an Kraftwerke einen Mehrpreis gegenüber dem Vorjahr verlangen.

Das doppelte Preissystem ist – nicht nur bezogen auf den Kohlesektor – eine typische Regulationsmaßnahme der chinesischen Regierung, die im Laufe des schrittweise vorangetriebenen Liberalisierungsprozesses oftmals auf eine Mischung aus Plan- und Marktwirtschaft setzte. Zwar wird diese Vorgehensweise allgemein als Erfolgsgeheimnis der chinesischen Reformpolitik angesehen, doch hatte dieser Ansatz im Fall der Kohlebranche einige problematische Auswirkungen. Da der Preis für Kohle auf dem unregulierten Teil des Marktes den festgesetzten Preis weit überstieg, hielten sich zahlreiche Kohleproduzenten nicht an die vertraglich vereinbarten Liefermengen für „Stromkohle". Als profitorientierte Kohleunternehmer veräußerten sie ihre Kohle auf dem freien Markt, was zu einem Rückgang des Kohlenachschubs für die Stromherstellerlung führte und schließlich die Stromproduktion in einigen Regionen Chinas ernsthaft beeinträchtigte (Xie 2004; COSTIND 2006).

Mit der Reform von 2006 wurde auch diese letzte Preiskontrolle aufgegeben. Auch wenn die Nationale Entwicklungs- und Reformkommission sich das Recht vorbehält, bei einer „Fehlentwicklung" jederzeit einzugreifen, sind die Kohleproduzenten nunmehr bei der Preisbestimmung grundsätzlich frei. Sie können jetzt ihre Produkte zu einem Preis verkaufen, der sich nicht mehr an staatlichen Limitierungen, sondern nur an der Nachfrage auf dem Markt orientiert. Wirtschaftlich gesehen bedeutet diese Liberalisierung einen großen Gewinn für die Bergbauunternehmen, denn „Stromkohle" macht in China rund 60 % des Kohleverbrauchs aus (Wu 2006). Angesichts der Tatsache, dass im Jahr 2005 die Differenz zwischen dem Kohlepreis auf dem freien Markt und dem für „Stromkohle" 80 RMB pro t betrug, dürfte die Preisliberalisierung den chinesischen Kohleunternehmen im Jahre 2006 deutliche Mehreinkommen beschert haben. Bei einem Jahresproduktionsvolumen von über 2 Mrd. t, welches der chinesische Kohlesektor bereits erreicht hat, beläuft sich die Gewinnsteigerung im Jahr 2006 auf eine Summe von mindestens 160 Mrd. RMB (rund 15 Mrd. Euro).

Konsolidierung mit Schwierigkeiten

Trotz der weitgehenden Liberalisierung wird die Konsolidierung eines nach marktwirtschaftlichen Prinzipien arbeitenden Kohlesektors in China durch eine Reihe von Faktoren erschwert. Viele Staatsunternehmen sind vor allem durch die Bürde ihrer Sozialaufgaben belastet. Der Zwang, bestehende Arbeitsplätze zu erhalten und Einrichtungen wie Kindergärten, Schulen, Krankenhäusern und Transportsysteme zu unterhalten sowie die Gewährleistungspflicht der Rentenversorgung machen es vielen Unternehmen unmöglich, als wettbewerbsfähige Marktteilnehmer aufzutreten. Während die Zentralregierung einerseits die direkten Subventionen drastisch reduziert, verhindert sie andererseits in vielen Fällen weiterhin, dass völlig ineffiziente Kohlefirmen Insolvenz anmelden, weil sie die sozialen Konsequenzen einer solchen Entwicklung, d.h. regional auftretende Massenarbeitslosigkeit durch Entlassungen oder die Verschlechterung der gesundheitlichen Versorgungsinfrastruktur, aus politischen Überlegungen nicht riskieren möchte.

Ein anderer Faktor, der die Modernisierungsgeschwindigkeit der staatseigenen Kohlenwerke erheblich verlangsamen könnte, ist der Mangel an kompetenten Fachkräften. Während der Zeit der Planwirtschaft wurden jährlich rund 8.000 bis 10.000 Fachleute für Förderung, Kohlewaschung, Kohlengrubenbelüftung, Kohleschichtmessung sowie für andere zentrale Fachgebiete der Kohleförderung mit Hochschulabschluss in die Bergwerke geschickt. Heute werden an den Hochschulen immer weniger Fachleute für Bergbau ausgebildet. Für das Fach Geologie werden beispielsweise gegenwärtig nur 500 Studenten pro Jahr aufgenommen. Zugleich möchte ein großer Teil der Absolventen nach ihrer Ausbildung nicht in den Bergbau gehen und bevorzugt eine bequeme und besser bezahlte Tätigkeit in der Stadt. Das Ergebnis einer Untersuchung aus dem Jahr 2001 veranschaulichte die alarmierenden Folgen dieser Entwicklung: Rund 96 % der Kohlengruben fehlt es an Facharbeitern im Elektrizitätsbereich und 88 % mangelt es an Bergbaufachkräften. Die meisten Bergleute sind rekrutierte Bauern, die keine Fachausbildung vorzuweisen haben (Wang 2005b).

Noch alarmierender für die Lage der chinesischen Kohleindustrie sind die unsicheren Arbeitsbedingungen für Bergarbeiter. Seit Jahrzehnten wurde nur wenig in die Sicherheitstechnik und die Arbeitsschutzmaßnamen in den Gruben investiert. Der Hauptgrund hierfür dürfte darin liegen, dass von 1985 bis 2000 unter den Bedingungen der massiven Preisrestriktionen durch den Staat kaum ein staatseigenes Bergwerk schwarze Zahlen schreiben konnte (Rui 2005: 78). Infolgedessen sind auch die Ausbeutungsanlagen und die Fördertechnik in mehr als einem Drittel der Bergwerke überaltert. Nach chinesischen Angaben werden in China fast zwei Fünftel der gesamten Kohle unter unsicheren Arbeitsbedingungen abgebaut.

In der Tat betrug im Jahr 2005 die Todesrate in der chinesischen Kohleproduktion 3,1 %. Das bedeutet, dass pro Million t geförderter Kohle im Durchschnitt 3,1 Grubenarbeiter sterben mussten (Wang 2005b). Beruhend auf den Angaben der chinesischen Regierung, welche die Kohleproduktion des Jahres 2005 auf rund 2 Mrd. t beziffert (Lu/Dong 2006), dürfte sich die Zahl der beim Bergbau getöteten Grubenarbeiter auf über 6000 belaufen. Wegen der verbreiteten Manipulationen an statistischen Daten, insbesondere auf lokaler Ebene, dürfte die Dunkelziffer laut unabhängigen Schätzungen allerdings weitaus höher, nämlich bei über 10.000 Toten, liegen.

Ein weiterer Grund für die hohen Opferzahlen im chinesischen Kohlenbergbau, der schätzungsweise rund 80 % der weltweiten Unfälle mit Todesfolge auf sich vereint, liegt in der weiten Verbreitung des Untertagebaus. Dieser dominiert im Gegensatz zu anderen großen Fördernationen wie den USA oder Australien den Kohleabbau in China völlig (Tu 2007).

Warum sind chinesische Bergleute überhaupt bereit, unter derartigen Bedingungen zu arbeiten? Die wichtigste Erklärung für die enorme Risikobereitschaft der Bergleute liegt einerseits im massiven Rückgang der Arbeitsplätze in der Landwirtschaft und andererseits im relativ hohen Lohnniveau. Mit bis zu 2.000 RMB (ca. 190 Euro) pro Monat verfügt ein Bergarbeiter über einen Betrag, der zwischen sechs Monats- und einem ganzen Jahreseinkommen eines typischen Bauern liegt. In Folge der fortschreitenden Industrialisierung und Mechanisierung der agrarischen Produktion stehen Millionen ehemaliger Bauern und Landarbeiter vor der Wahl „Leben oder Geld?", wie ein chinesischer Beobachter formulierte. Allerdings werden gerade die aus der Landwirtschaft stammenden Kohlenarbeiter nicht nur systematisch beim Lohn diskriminiert, sondern mehrheitlich auch von der Sozial- und der Unfallversicherung ausgeschlossen. Dies belegt eine chinesische Studie über Kohlengruben in der Provinz Yunan (Zeng 2007).

Wegen der vergleichsweise hohen Investitionskosten und der momentanen Rechtslage in China ist es wesentlich günstiger, finanzielle Kompensationen an die Hinterbliebenen der Opfer zu bezahlen, als in die Sicherheitsausrüstung und Fördertechnik der Zechen zu investieren (Jiang 2006a). Erst wenn die nach wie vor unsicheren Eigentumsverhältnisse bei vielen kleinen Kohlenminen geklärt sind und dadurch langfristige Investitionssicherheit gewährleistet ist, dürften mehr private Betreiber bereit sein, in die Sicherheitsausrüstung, die Notfallpläne und die technologische Modernisierung ihrer Kohlengruben zu investieren. Die vorhandene Masse an billigen Arbeitskräften verhindert auch die dringend notwendigen Investitionen, um die Arbeitsproduktivität der chinesischen Kohlenförderstätten erhöhen zu können, deren Wert nach mehr als 20 Jahren Reformpolitik noch immer um mehr als das Zwanzigfache geringer ist als das Niveau in Australien (vgl. Tu 2007).

Gleichzeitig zählen viele Zechenbesitzer und Manager von Kohlengruben zu den Gewinnern des Kohlebooms und gehören inzwischen der Schicht der neureichen Chinesen an (Jiang 2006a). Ihr Reichtum ist nicht selten erst durch die Bestechung korrupter Beamter und durch Umgehung bestehender Vorschriften entstanden. Die Kohlebranche als Kernbereich der chinesischen Energieproduktion verweist damit auf die enormen sozialen Kosten und die unmenschliche Ausbeutungspraxis, von der Millionen von Bergarbeitern betroffen sind, die eng mit Chinas hohem Wachstum und seinem steigendem Energiebedarf verbunden sind.

Chinas Kohlesektor leidet offensichtlich insgesamt unter einer unausgewogenen Regulierungspolitik, die einerseits das Ausscheiden von konkurrenzunfähigen Unternehmen blockiert und andersseits eine Entfaltung von effizienten Unternehmen erschwert. In China verbreitet sich nach wie vor illegaler Bergbau, der durch unprofessionelles Management und ineffiziente Fördertechniken nicht nur Menschenleben kostet und wertvolle Ressourcen verschwendet. Er verhindert auch einen fairen Wettbewerb durch Vetternwirtschaft und Intransparenz bei Lieferabkommen, von erhöhten Schadstoffemissionen ganz zu schweigen.

Regierungsmaßnahmen zur Schließung weiterer Kohlengruben, die ohne Förderlizenzen betrieben werden, zur Bekämpfung der Korruption unter Zechenbesitzern und lokalen Kadern sowie zur Verbesserung der Sicherheitslage sind zwar – teilweise von höchster Stelle initiiert – im Gange, doch bleibt es zweifelhaft, ob die Erfolge vor allem in den staatlichen Bergwerken so eintreten wie erhofft (Theiß 2006; Tu 2007). Auch das im Jahr 2003 verschärfte Gesetz für Schürf- und Ausbeutungsrechte zeigt im Bereich des Kohlenbergbaus bisher nur begrenzte Wirkung.

Potential und Grenzen neuer Technologien

Weitere Schwierigkeiten für die zukünftige Entwicklung des Kohlesektors liegen in den schlecht ausgebauten Transportwegen zwischen den großen Abbauregionen und den oftmals weit entfernt liegenden Hauptabnehmern, wodurch bereits heute einige küstennahe Standorte Kohle zu günstigeren Preisen aus Vietnam oder Australien importieren, als diese innerhalb Chinas antransportieren zu lassen. Durch die unerwartet hohe Nachfragesteigerung in den Jahren 2004 und 2005 war es zu Versorgungsengpässen gekommen, die die Zentralregierung dazu veranlassten, die Kohleexporte zu drosseln (Eifert et al. 2007: 8ff.).

Die wohl umfassendste Herausforderung besteht darin, die Förderkapazitäten entsprechend des steigenden Energiebedarfs weiter auszubauen (geplant sind 2,5 Mrd. t im Jahr 2010) und zugleich die Zechenanlagen auf den technisch neuesten Stand zu bringen. Außerdem möchte die Zentralregierung umfangreiche Mittel in innovative Technologien zur Kohlenutzung investieren mit dem Ziel, den Anstieg der chinesischen Treibhausgasemissionen zumindest zu verlangsamen und gleichzeitig die Importabhängigkeit beim Erdöl zu verringern. Hierbei spielt auch technologisches Knowhow zur Kohlevergasung aus Deutschland eine wichtige Rolle, welches ein Staatsbetrieb der ehemaligen DDR während der Ölkrise entwickelte und heute wieder in China eingesetzt werden soll. Deutsche Energiekonzerne sind in China darüber hinaus bei der Stilllegung und Renaturierung ehemaliger Kohlenabbauanlagen sowie bei der Nutzung von Grubengas beratend tätig.

Tatsächlich wurde in mehreren Provinzen mit dem Bau von großen Anlagen zur Kohleverflüssigung und Kohlevergasung begonnen. Chinas größter Kohlekonzern Shenhua plant an acht Standorten in Shaanxi, der Inneren Mongolei, Xinjiang und Ningxia Kohle in Ölprodukte umwandeln. Bis zum Jahr 2010 soll eine Kapazität von 3 Mio. t Öl pro Jahr entstanden sein, bis 2020 dann bereits 30 Mio. t. Um den dazu notwendigen Technologietransfer zu ermöglichen, werden Jointventures mit ausländischen Firmen wie Royal Dutch Shell und Sosal angestrebt (China Daily 2006a). In Shaanxi wird für rund 1,3 Mrd. US-Dollar eine Anlage errichtet, die in ihrer ersten Ausbauphase ca. 1 Mio. t Ölprodukte aus Kohle herstellen soll. Optimistische Einschätzungen rechnen damit, dass bis zum Jahr 2020 bis zu 40 Mio. t Öl aus verflüssigter Kohle gewonnen werden könnten (Andrews-Speed 2006: 7); das entspräche etwa 22 % der Ölimporte im Jahr 2006. Chinesische Quellen sprechen sogar von einer Jahresproduktionsmenge von 50 bis 60 Mio. t, die bis zum Jahr 2020 erreicht werden könnte. In Ningxia und der Inneren Mongolei werden darüber hinaus Großanlagen zur industriellen Gewinnung von Propylen aus Kohle gebaut.

Während mit Hilfe modernster Förder- und Verarbeitungstechnologien ohne Zweifel die Arbeitsbedingungen der Bergleute deutlich verbessert werden, die örtliche Luftverschmutzung verringert, die Ölabhängigkeit gemildert und die Energieeffizienz in der Industrie gesteigert wird, dienen diese nicht automatisch auch Klimaschutzzielen. Beispielsweise zeigen Berechnungen, dass die von der Regierung geplante landesweite Einführung einer Technik zur Kohlewaschung die Treibhausgasemissionen eher steigern als senken würde (Glomsrod/Wei 2005). Insgesamt bleiben viele Technologien zur „sauberen Nutzung von Kohle", die auch in China großflächig eingesetzt werden sollen, hinter ihren Versprechungen zurück – insbesondere hinsichtlich ihres Vermögens, den Ausstoß von Treibhausgasen zu verringern (Baker/Horsman 2005: 11).

Auch der im Zuge des „sauberen Entwicklungsmechanismus" (*clean development mechanism*, CDM) im Rahmen des Kiotoabkommens geplante Transfer von Energie-Technologie nach China zeigt, wie Feldstudien belegen, bislang weniger Wirkung als erhofft (Ellermann 2007). In Chinas überdurchschnittlicher Abhängigkeit von der Kohle, an der sich auch längerfristig wenig ändern dürfte, liegt einer der tieferen Gründe für Pekings ablehnende Haltung, ein bindendes Reduktionsziel für Kohlenstoffdioxidemissionen im Rahmen des Kioto-Protokolls zu akzeptieren. Die Verbesserung der Effizienz und die Einführung innovativer Technologien im chinesischen Kohlesektor ist längst zur globalen (Umwelt-)Frage geworden, für die es keine simplen Patentlösungen zu geben scheint.

Kapitel 3.
Ölproduktion und Ölversorgung: Wie funktioniert der chinesische Ölmarkt?

Wenn überhaupt von einem Ölmarkt in China gesprochen werden kann, dann ist dieser Markt erst im Jahr 1998 entstanden. In diesem Jahr hat die chinesische Regierung den Besitz der gesamten Erdöl- und Erdgasvorkommen, die Rohölexplorations- und Produktionskapazitäten sowie die petrochemischen Verarbeitungsanlagen völlig neu strukturiert. Die bereits im Rahmen der Liberalisierung der 1980er Jahren gegründeten Staatsölkonzerne wurden zum großen Teil zerschlagen und reorganisiert. Das Ergebnis dieser Umstrukturierung war die Entstehung eines Ölsektors mit zunehmendem Wettbewerb zwischen den neu geschaffenen Energiekonzernen. Dieser Wettbewerb findet jedoch unter den Bedingungen eines weitgehenden Monopolschutzes des Staatssektors gegenüber einheimischen Privatunternehmen und ausländischen Ölkonzernen statt. In der Tat befindet sich die komplette Kette der Ölversorgung in China – von der vorgelagerten Produktion (Exploration, Ausbeutung und Rohölimporte) über die nachgelagerte petrochemische Produktion (Raffinierung und Weiterverarbeitung) bis hin zum Großhandel und den Dienstleistungen an Tankstellen – fest in der Kontrolle der drei großen Staatsunternehmen.

CNPC, SINOPEC und CNOOC:
Die „Großen Drei" des chinesischen Ölsektors

Der heutige Ölmarkt der Volksrepublik China wird von drei großen Ölkonzernen dominiert: China National Petroleum Corporation (CNPC), China National Petrochemical Corporation (SINOPEC) und China National Offshore Oil Corporation (CNOOC). Alle drei Unternehmensgruppen haben den staatlichen Auftrag, sowohl in der vor- und nachgelagerten Öl- und Gasproduktion als auch im Binnen- und Außenhandel, Produktion und Verkauf integrierend, überregional und transnational tätig zu werden.

Die Beherrschung des chinesischen Ölmarktes durch diese drei Ölkonzerne besitzt unübersehbar eine geografische Komponente. So konzentriert sich CNOOC auf die Förderung von Offshore-Öl und kontrolliert alle wichtigen Öllagerstätten auf See innerhalb des chinesischen Hoheitsgebiets. Die Öl- und Gaslagerstätten auf dem Land wurden regional und vermögensrechtlich ausgewogen zwischen CNPC und SINOPEC aufgeteilt. CNPC erhielt im Rahmen der Umstrukturierung im Jahr 1998 von der Regierung das Recht und die Verpflichtung, die Öl- und Gasfelder im Norden und Westen des Landes zu erschließen und entsprechend zu bewirtschaften. Hingegen wurden dem

Konzern SINOPEC die gesamten Öl- und Gasressourcen sowie Produktionsanlagen im Süden und Osten des Landes zugewiesen.

Erst diese Umstrukturierung, die der Alleinherrschaft des nationalen Ölministeriums ein Ende setzte, ermöglichte einen regelrechten Wettbewerb zwischen den Konzernen. Auch wenn die territoriale Aufteilung nach wie vor gültig bleibt, zeigen sich CNPC, SINOPEC und CNOOC doch zunehmend interessiert, in den Aufgabenbereich der anderen Unternehmen einzudringen. Offensichtlich von der Regierung ermutigt, haben CNPC und SINOPEC als „Landmacht" keinen Hehl daraus gemacht, auch Offshoreförderung zu betreiben. So gründete CNPC bereits im November 2004 eine Tochtergesellschaft mit der Aufgabe, Explorations- und Produktionsgeschäfte des Konzerns „ins Tiefwassergebiet" auszudehnen, ein Geschäftsbereich, der eigentlich der „Seemacht" CNOOC vorbehalten ist.

Die „Großen Drei" des chinesischen Ölmarktes sind inzwischen börsennotiert. Im Jahr 2000 ist es CNPC gelungen, den Börsengang ihrer Tochtergesellschaft PetroChina Company Limited gleichzeitig in New York und Hongkong zu realisieren. PetroChina ist die tragende Säule der CNPC und verfügt über den Großteil der Aktiva von CNPC. Dazu zählen das 11.000 km lange Pipelinenetzwerk der CNPC sowie ihre inländische Erdöl- und Erdgasproduktion und die Raffinerien. Allerdings beträgt der nicht-staatliche Anteil der PetroChina Company Limited, der auch an den Börsen gehandelt wird, lediglich 10 %. Der staatliche Anteil in Höhe von 90 % liegt fest in der Hand der CNPC, die ihrerseits 100 %ig von der Regierung kontrolliert wird (Chang 2001: 226ff; Ögütcü 2002).

Im Vergleich zur CNPC sind die Aktienanteile der SINOPEC ausgewogener verteilt. Auch SINOPEC wagte im Jahr 2000 den Börsengang in Hongkong und New York und wurde von den internationalen Kapitalmärkten ordentlich aufgenommen. Nach Informationen des staatlichen Nachrichtendienst Xinhua weist die SINOPEC heute einen Staatsanteil am Aktienpaket von rund 55 % auf. Der Rest verteilt sich auf chinesische Bankhäuser (22,3 %), ausländische Investoren (19,3 %) und chinesische Privatanleger (3,2 %) (Xinhua 2005a). Auch CNOOC ist an den Börsen von New York und Hongkong gelistet. Der international handelbare Anteil der Wertpapiere von CNOOC beträgt 32,5 %. Da der chinesische Staat auch nach den Börsengängen und der Veräußerung weiterer Aktienpakete an private Investoren wie ExxonMobil, Shell und BP unangefochtener Mehrheitseigner der „Großen Drei" bleibt (Zhi 2004: 5), stehen diese unter Verdacht, nicht ausschließlich wie profitorientierte Konzerne, sondern als verlängerte Arme der staatlichen Energiepolitik zu agieren. Die CNOOC gilt indes unter Finanzexperten als das am meisten nach kommerziellen Gesichtspunkten handelnde Unternehmen (De Ramos 2003).

Monopolisierte Ölquellen

Der chinesische Ölmarkt hat ein Jahresvolumen von rund 100 Mrd. Euro (Liu 2005). Seitdem China 1993 zum Nettoölimporteur geworden ist, deckt das Land seinen Ölbedarf durch Eigenproduktion und Öleinkauf im Ausland. Beide Geschäftsbereiche sind jedoch streng reguliert. Nicht jedes Unternehmen, das Ölgeschäfte betreibt, darf Öl ausbeuten oder importieren. Dieses Recht steht mit wenigen Ausnahmen nur den „Großen Drei" CNPC, SINOPEC und CNOOC zu.

Im Bereich der Rohölproduktion verfügen die „Großen Drei" praktisch über ein Monopol, denn sämtliche Öllagerstätten Chinas sind in ihrem Besitz. Unter ihnen ist CNPC, die im Besitz der bedeutendsten Ölfelder im Norden und im Westen des Landes ist, die größte Rohölproduzentin Chinas. Fast zwei Drittel der chinesischen Rohölproduktion entfallen auf CNPC. Im Jahr 2005 hat CNPC insgesamt 1,034 Mrd. Barrel Rohöl produziert, gefolgt von SINOPEC mit einem Produktionsvolumen von 0,316 Mrd. Barrel und CNOOC mit 0,15 Mrd. Barrel (Wuming 2005a).

Bei der Rohölausbeutung in China spielen die einheimischen Privatunternehmen keine Rolle. Auch ausländischen Energiekonzernen wurde bislang nur eine begrenzte Möglichkeit zur Beteiligung an Förderprojekten der „Großen Drei" eingeräumt. Ein Alleingang internationaler Ölkonzerne bei der Erschließung von Ölreserven in China bleibt tabu. Nur in Kooperation mit CNPC, SINOPEC oder CNOOC können sie sich an Förderprojekten beteiligen. Wenn es um die Erschließung von unterseeischen Mineralölvorkommen geht, ist eine Zwangsehe mit CNOOC geboten. Dabei darf der Anteil ausländischer Beteiligungen an einzelnen Jointventures die Grenze von 50 % nicht überschreiten.

Auch die Ölimportgeschäfte unterliegen einer strikten Regulierung und sind praktisch noch nach planwirtschaftlichen Prinzipien organisiert. Die Nationale Entwicklungs- und Reformkommission legt fest, wie viel Rohöl und Ölprodukte pro Monat eingeführt werden sollen. Diese auf Basis von Trendanalysen des nationalen Ölverbrauches entwickelten Ölimportquoten werden den Staatsunternehmen mitgeteilt, die mit dem Öleinkauf auf den internationalen Energiemärkten beauftragt sind. Zu den Unternehmen, die dieses Privileg genießen, gehören wiederum nur die „Großen Drei" und die SINOCHEM, ein Staatsunternehmen, das auf den Ölhandel spezialisiert ist.

Es mehren sich jedoch die Anzeichen, dass die chinesische Regierung bereit ist, das Ölimportmonopol der Staatsunternehmen zu lockern. Inzwischen ist es rund 50 Privatunternehmen – mehrheitlich in den an Russland angrenzenden Regionen – gelungen, eine Lizenz für Öleinfuhren zu erwerben. Bereits seit mehreren Jahren führen kleine Privatölunternehmen in der Provinz Heilongjiang Rohöl und Ölprodukte aus Russland ein. Insbesondere im Winter boomt dieses teils legale, teils illegale Geschäft, da der zugefrorene Grenzfluss Amur für die chinesischen Einkäufer zur zeitsparenden Abkürzung wird, auf der sie russisches Öl mit Tankwagen direkt nach China transportieren.

Die Privatunternehmen, die sich eine Ölimportlizenz erkämpft haben, können jedoch nach wie vor nicht unbegrenzt ausländische Ölprodukte importieren. Ihnen steht jetzt zwar das Recht zu, Öl im Ausland zu kaufen, doch um das erworbene Öl ins Reich der Mitte einzuführen, benötigen sie eine Ölimportquote. Über 99 % der Quoten werden jedoch an die Staatsunternehmen vergeben. Nur knapp 1 % der nationalen Ölimportquoten steht den privaten Unternehmen zur Verfügung (Wang 2005a).

Aus diesem Grund bleiben CNPC, SINOPEC, CNOOC und SINOCHEM die Hauptanbieter für ausländisches Erdöl auf dem chinesischen Ölmarkt. Insbesondere seit der Jahrhundertwende kam es zu einer enormen Steigerung der chinesischen Öleinfuhren. Es gibt aber auch deutliche Schwankungen: So importierten CNPC, SINOPEC, CNOOC und SINOCHEM im Laufe des Jahres 2005 zusammen insgesamt 136,17 Mio. t Erdöl. Verglichen mit dem Vorjahr entspricht dies einem Importrückgang von 5,3 %. Der Abhängigkeitsgrad Chinas vom Auslandsöl ging im Vergleich mit dem Vorjahr um 2,2 % zurück. Mit anderen Worten mussten 42,9 % des nationalen Ölbedarfs durch Einkauf auf den internationalen Ölmärkten abgedeckt werden (Wuming 2005a). Allerdings steigerten sich laut Xinhua im Jahr 2006 die Nettoölimporte erneut deutlich auf 162,87 Mio. t. Damit kletterte die Importabhängigkeit im Vergleich zum Jahr 2005 um 4,1 Prozentpunkte auf 47 % (Xinhua 2007a).

Diese 162,87 Mio. t importierten Öls teilten sich auf in 138,84 Mio. t Rohöl (eine Steigerung von 20,04 Mio. t oder 19,6 % gegenüber dem Vorjahr) und 24,03 Mio. t Mineralölprodukte (eine Steigerung um 6,61 Mio. t oder 37,9 % gegenüber dem Vorjahr). Auffällig in Bezug auf diese Importstruktur ist der geringe Anteil der Ölprodukte. In der Tat verzeichnete die Einfuhr dieser Produkte im Jahr 2005 gar einen Rückgang um 34 %. Dies steht im Zusammenhang mit der drastischen Vergrößerung der chinesischen Raffineriekapazitäten im selben Jahr. In Zukunft dürfte sich China aller Wahrscheinlichkeit nach vor allem auf Rohölimporte konzentrieren, um einerseits die Kosten der Ölimporte zu reduzieren und andererseits die einheimischen Raffineriekapazitäten auszulasten.

Chinas Ölimportstruktur verweist außerdem darauf, dass der Anteil der Mineralölprodukte an den Gesamtölimporten Chinas nur 15 % beträgt. Das bedeutet, dass die chinesischen Ölfirmen 85 % der Ölfertigwaren (wie z. B. Diesel und Benzin), die in China verbraucht werden, im Land selbst erzeugen. In der Tat verfügen die CNPC und die SINOPEC über die stärksten Raffineriekapazitäten in Asien. Nicht nur beim Import von Rohöl, sondern auch bei der Rohölverarbeitung spielen sie in China eine dominierende Rolle, wobei SINOPEC deutlich vorne liegt. Sie besitzt mehr als 70 % der chinesischen Raffineriekapazitäten und petrochemischen Produktionsanlagen (Jin 2000) und ist weltweit drittgrößter Raffineriebetreiber.

Zweigeteilter Ölvertrieb

Wie die Förderung, der Import und die Verarbeitung von Öl, so liegen auch der Groß- und der Einzelhandel von Ölprodukten fest in der Hand der Staatsunternehmen, wobei wiederum CNPC und SINOPEC eine marktbeherrschende Stellung einnehmen. Praktisch haben die beiden Konzerne die Vertriebswege für Ölendprodukte in China unter sich aufgeteilt. Es ist Vorschrift für alle Raffinerien in China, also auch für die einzelnen lokalen Raffinerien (die so genannten „shehui lianyouchang"), die nicht zu den „Großen Drei" gehören, ihre gesamten Ölprodukte an die Großhandelsunternehmen von CNPC und SINOPEC zu liefern. Raffinerien sind folglich nicht berechtigt, ihre fertigen Ölprodukte selbst auf dem Markt zu verkaufen (Liu 2005).

Seit dem Jahr 1999 steht der Großhandelsmarkt für Ölprodukte unter strenger Aufsicht: Die Regierung in Peking vergab die Lizenzen zum Betreiben eines Großhandels mit Ölprodukten mit wenigen Ausnahmen nur an CNPC, SINOPEC und ihre Tochtergesellschaften. Beide Konzerne verfügen somit nicht nur über das Großhandelsmonopol, sondern genießen auch das Vertrauen des Staates, sich um die Strukturierung und Allokation von Großhandelsbetrieben für Ölprodukte im Land zu kümmern. Mit Zustimmung der Zentralregierung dürfen sie den Großhandel von Ölprodukten durch Jointventures, Beteiligungen oder Unternehmensübernahmen regional wie national umstrukturieren bzw. neu ausrichten (Lu 2002).

Es ist fraglich, wie lang sich dieses Monopol noch halten kann. Denn nach den Beitritts-Versprechungen der chinesischen Regierung gegenüber der Welthandelsorganisation (WTO) muss China auch den Dienstleistungsbereich im Ölgeschäft öffnen. Wie vorgesehen, wurde der Großhandelsmarkt für Ölprodukte am 1. Dezember 2006 geöffnet. Es ist zu erwarten, dass internationale Ölkonzerne nicht zögern werden, in den Markt einzusteigen. Vor diesem Hintergrund wird ein massives Engagement amerikanischer und europäischer Energieunternehmen erwartet, die Öllager, Hafenterminals und ein Tankstellennetz errichten dürften – als Grundlage für einen dauerhaften Einstieg in das Groß- und Einzelhandelssegment des chinesischen Ölsektors.

So sind seit Ende des Jahres 2006 tatsächlich einige Jointventures zwischen CNPC, SINOPEC und ausländischen Ölmultis entstanden. Zu den bedeutendsten zählt die Kooperation zwischen dem russischen Staatsbetrieb Rosneft und der CNPC, die gemeinsam planen, in China 300 Tankstellen zu errichten und 10 Mio. t Rohöl weiter zu verarbeiten (Xinhua 2006f). Sinopec, Exxon-Mobile und Saudi Aramco haben im Frühjahr 2007 ebenfalls vereinbart, gemeinsam ein Netzwerk von 750 Tankstellen zu errichten. Auch Shell, BP und Total haben inzwischen begonnen, ins Vertriebsgeschäft in China einzusteigen, um einen Teil des riesigen und schnell wachsenden Marktvolumens für sich zu gewinnen. Das größte Hindernis für ausländische Ölfirmen bleibt jedoch der mangelnde Nachschub an Ölprodukten, da chinesische Raffinerien, wie bereits erwähnt, ihre Ölprodukte bislang ausschließlich an CNPC und SINOPEC veräußern dürfen.

Allerdings verfügen CNPC und SINOPEC weiterhin über einen relativen Vorsprung gegenüber ihren Konkurrenten aus dem Ausland, wenn es darum geht, Vertriebsnetzwerke und die dafür nötige Infrastruktur zu schaffen. Das seit 1999 eingeführte Monopol dient praktisch zur Vorbereitung auf die Öffnung des Marktes Ende 2006. Wohl wissend, dass ein Großhandelswesen mit vielen kleinen Anbietern es den finanzkräftigen Ölkonzernen aus dem Ausland nur erleichtern könnte, festen Fuß auf dem chinesischen Sektor zu fassen, haben CNPC und SINOPEC im Auftrag des Staates den Ölgroßhandel des Landes komplett umgebaut und die Ressourcen in einer Art gebündelt, dass es kaum ein nennenswertes Großhandelsunternehmen im Ölsektor geben kann, welches nicht an sie angebunden wäre.

Auf ähnliche Weise wurde auch im Bereich des Einzelhandels Vorsorge getroffen. In China gibt es zurzeit rund 88.000 Tankstellen. Davon sind mehr als 30.000 im Besitz von SINOPEC und rund 18.000 von CNPC. Zusammen verfügen die beiden Unternehmen über einen Anteil von 53 % an der gesamten Tankstellenkapazität Chinas. Die Fahnen und Firmenlogos von SINOPEC und CNPC sind in der Verkehrslandschaft so vorherrschend, dass optisch der Eindruck entsteht, als ob man in China beim Tanken nur zwischen SINOPEC oder CNPC auswählen könne.

Die heutige Dominanz der staatlichen Ölkonzerne ist auf den Erfolg der strategischen Konzentrationspolitik im Ölsektor zurückzuführen. Noch vor weniger als zehn Jahren war das Vertriebswesen für Treibstoff in einem gänzlich anderen Zustand: So befanden sich vor der landesweiten Umstrukturierungsphase im Jahr 1998 noch 87 % der Tankstellen in der Hand privater Tankstellenbetreiber. Um den internationalen Ölkonzernen zuvorzukommen, die darauf brennen, den chinesischen Markt für den Einzelhandel im Ölsektor nach 2006 zu erobern, starteten CNPC und SINOPEC 1998 einen regelrechten Aufkaufwettbewerb. Das Ringen um die Übernahme privater Tankstellen verlief derart hektisch, dass die meisten Tankstellenbesitzer von den großzügigen Kaufangeboten einfach überrumpelt wurden. Viele von ihnen konnten der Versuchung angesichts der angebotenen Übernahmesummen nicht widerstehen und veräußerten schließlich ihre Tankstationen an die „gierigen" Staatsunternehmen.

Auf diese Weise teilten CNPC und SINOPEC die Vertriebsstruktur im Ölsektor unter sich auf und sicherten sich ihre dominierende Position auch im Einzelhandel für Ölprodukte. Dabei konnten sie sich auf eine eindeutige Begünstigung durch die Zentralregierung stützen und anderen Anbietern den Markteintritt erheblich erschweren. Seit dem Jahr 1999 gilt nämlich die Vorschrift, dass neue Tankstellen nur dann eröffnet werden dürfen, wenn sie zu 100 % oder anteilig der CNPC oder SINOPEC gehören (Li 2005b). In der Praxis heißt dies zumindest, dass Betreiber von neuen Tankstellen erst grünes Licht von CNPC oder SINOPEC erhalten müssen, bevor sie ihre Geschäfte aufnehmen dürfen. Insgesamt verfügen die „Großen Drei" ungeachtet des oben erwähnten Einsetzens ausländischer Beteiligungen und Jointventures weiterhin über eine uneingeschränkt beherrschende Marktposition.

Kontrollierte Preisbildung

Trotz ihres Monopolstatus haben die „Großen Drei" nur eine begrenzte Möglichkeit, die Preise für Ölendprodukte zu bestimmen. Ungeachtet des Vertrauens der Regierung gegenüber den Staatsunternehmen will sie ihnen dennoch die Preisbildung nicht hundertprozentig anvertrauen. Der chinesische Staat scheint noch nicht dazu bereit zu sein, das wichtigste Instrument zur Kontrolle des nationalen Ölmarktes aus der Hand zu geben. Die strategische Bedeutung des Erdöls für die Volkswirtschaft und damit für die politische Stabilität des Landes im Auge, erweist sich die chinesische Führung bislang als äußerst vorsichtig, wenn es um die Liberalisierung der Preise für Öl und Ölprodukte geht.

Die Preisbildung bei Treibstoffen in China weist einen dreistufigen Mechanismus auf. Der Weltmarktpreis, die chinesische Regierung und die Staatsölkonzerne wirken jeweils in unterschiedlicher Art und Weise auf die Verkaufspreise der Ölprodukte an den Endverbraucher ein. Wenn man will, kann man von einem Mechanismus von „*checks and balances*" sprechen, in dem keiner der drei Akteure eine übermächtige Position einnehmen kann. In der Praxis werden die Preise wie folgt bestimmt:

Eine Arbeitseinheit in der Nationalen Entwicklungs- und Reformkommission in Peking beobachtet die Preisentwicklung an den Börsen in New York, Rotterdam und Singapur und ermittelt durch durchschnittliche Gewichtung plus Kalkulation von Transportkosten einen Wert. Dieser Wert wird dann als verbindlicher Durchschnittspreis an CNPC und SINOPEC weitergegeben. Allerdings führt die zuständige Kommission nicht täglich eine neue Ermittlung durch. Durchschnittspreise werden nur dann neu festgelegt, wenn die Schwankungen auf dem internationalen Markt die Grenze von 8 % gegenüber dem zuletzt ermittelten Wert nach oben oder nach unten überschritten haben (Wang 2003).

Die CNPC und SINOPEC sind solange an den Richtwert gebunden, bis eine neue Preisermittlung der Kommission vorliegt. Allerdings verfügen die Staatskonzerne über einen Spielraum, die Preise beim Verkauf der Ölfertigwaren an die Endkunden zu variieren. Ausgehend von dem Durchschnittspreis, dürfen sie ihre Verkaufspreise eigenständig um bis zu 8 % nach oben oder nach unten verändern. Eine Überschreitung dieser Grenze ist nicht erlaubt (Wang 2003).

Der Vorteil dieses Mechanismus scheint darin zu liegen, dass die Preisbildung grob an den internationalen Märkten orientiert ist. Eine gewisse Verbindung zwischen dem chinesischen und dem Weltmarkt wird dadurch hergestellt. Aber auch ihr Nachteil ist ersichtlich. Aufgrund der selbst festgelegten Grenze können sich die chinesischen Preise für Ölprodukte nicht unmittelbar an die Veränderungen auf den internationalen Märkten anpassen und weisen daher dauerhaft einen Abstand, wenn nicht gar eine Verzerrung, im Verhältnis zu den Weltmarktpreisen auf. Als Folge verzeichnen die chinesischen Raffinerien gewaltige Verluste, da sie die Differenz zwischen dem Weltmarktpreis und dem heimischen Preisniveau ausgleichen müssen.

Hierin liegt vielleicht das entscheidende Problem des Preisbildungsmechanismus für Ölprodukte: Der chinesische Staat agiert als ein Zwischenschalter zwischen dem Weltmarkt und dem nationalen Markt. Dieser Zwischenschalter blockiert nicht nur eine organische Integration des chinesischen Ölsektors in den globalen Ölmarkt, sondern schwächt auch die Funktion des Preises als Signal für nachfrageseitige Veränderungen. In der Tat lagen die inländischen Preise für Benzin und Diesel im Dezember 2006 etwa 6 % bzw. 15 % unter dem Handelspreis an der Börse von Singapur. In diesem Sinne ist es keine Übertreibung zu sagen, dass es der chinesische Ölsektor noch nicht geschafft hat, eine Balance zwischen Angebot und Nachfrage über den Markt herbeizuführen. Der chinesische Ölmarkt leidet so gesehen unter einer planwirtschaftlichen Doppelbelastung: der staatlich geförderten Monopolstellung der „Großen Drei", die den Einstieg privater Unternehmen bisher weitgehend verhinderte, einerseits und dem restriktiven Eingriffmechanismus des Staates in den Prozess der Preisbildung andererseits, der nur unzureichend der flexiblen Entwicklung internationaler Ölpreise gerecht zu werden vermag.

Kapitel 4.
Erdgas als Chinas neuer Hoffnungsträger?

China hat sein strategisches Interesse an Erdgas erst in den 1990er Jahren des letzten Jahrhunderts entdeckt. Als Konsequenz dieses Versäumnisses ist Erdgas im chinesischen Primärenergiemix stark unterrepräsentiert. Während Erdgas mit einem Primärenergieanteil von 24 % weltweit bereits im Jahr 2003 zur zweitwichtigsten Energieressource avanciert war (Reiche 2004: 80), liegt sein Anteil an der gesamten Energieversorgung Chinas heute lediglich bei rund 2,5 %.

Allerdings wird diese Situation vermutlich nicht lange anhalten, denn im Reich der Mitte ist eine regelrechte Euphorie für Erdgas entstanden. Die Einsicht, dass Erdgas ökologisch nachhaltiger als Kohle und Erdöl ist, aber auch das Bedürfnis nach einer Diversifizierung der Energieträger, führten zu einer positiven Wahrnehmung des Erdgases durch die politische Klasse und wirtschaftliche Elite in China.

Welches Potential weist der entstehende Erdgasmarkt auf? Durch welche strukturellen Bedingungen ist er gekennzeichnet? Welche Rolle spielt der Preismechanismus im Gassektor?

Das Potential des chinesischen Erdgassektors

Im internationalen Vergleich gehört China nicht zur Spitzengruppe der Länder mit Erdgasvorkommen. Annähernd vier Fünftel der globalen Erdgasreserven befinden sich in den Regionen der ehemaligen Sowjetunion und im Mittleren Osten. Allein im Mittleren Osten lagern 40,5 % der weltweit vorhandenen Gasreserven, wobei 15,5 % auf Iran und 14 % auf Katar entfallen. Allerdings ist Russland mit einem Anteil von 26,3 % das erdgasreichste Land der Welt. Die russischen Gasreserven in Höhe von 48 Bio. m^3 reichen bei unverändertem Produktionsvolumen (R/P Ratio) noch weitere 81,5 Jahre (BP 2007: 22).

Chinas Anteil an den weltweiten Erdgasvorkommen beträgt 1,3 %. Selbst im asiatisch-pazifischen Raum liegt China damit nur an vierter Stelle hinter Australien, Indonesien und Malaysia, die alle drei über einen Anteil von 1,4 % an den Weltreserven verfügen. Mit einem Volumen von 2,45 Bio. m^3 – ungefähr dem Fünfzehnfachen der Erdgasreserven Deutschlands – kann China noch 42 Jahre Gas fördern, wenn die Produktion auf dem Niveau des Jahres 2006 verharrt. Im Jahr 2006 betrug die chinesische Gasproduktion 58,6 Mrd. m^3 und hatte damit einen Anteil von 2 % an der weltweiten Erdgasproduktion im gleichen Zeitraum (BP 2007: 22, 24).

Aus globaler Sicht fällt der chinesische Erdgasverbrauch relativ moderat aus. Im Vergleich mit den Vereinigten Staaten, in denen im Jahr 2006 619,7 Mrd. m³ Erdgas konsumiert wurden, steckt Chinas Erdgasmarkt noch in den Kinderschuhen. Auch zwischen China und Russland, auf das 432,1 Mrd. m³ bzw. 15 % der weltweiten Erdgaskonsumierung entfallen, liegt ein großer Abstand. Selbst gegenüber der Bundesrepublik Deutschland, die im Jahr 2006 mit einem Volumen von 87,2 Mrd. m³ für 3 % des globalen Erdgasverbrauchs verantwortlich war, erweist sich China lediglich als kleiner Akteur. Mit 55,6 Mrd. m³ erreichte der chinesische Erdgasmarkt etwas mehr als 63 % des Erdgasvolumens, das in Deutschland verbraucht wurde (BP 2007: 27).

Allerdings wächst die Erdgasnachfrage in China deutlich schneller als in den Industrieländern und der GUS. Im Durchschnitt ist der chinesische Bedarf an Erdgas seit Mitte der 1990er Jahre um 11 bis 13 % gestiegen, wesentlich schneller als die Wachstumsrate des chinesischen Bruttoinlandsprodukts (9 %). Allein von 2005 bis 2006 hat China 21,6 % mehr Erdgas verbraucht.

Auch bei der Produktion ist die Tendenz weiter steigend. Im Jahr 2006 förderten chinesische Energiekonzerne bereits 58,6 Mrd. m³ Erdgas (Wan 2007). Die chinesische Akademie der Wissenschaften rechnet für die kommenden Jahre mit einer jährlichen Wachstumsrate von durchschnittlich 11 bis 13 %. Sie schätzt den Erdgasbedarf im Jahr 2020 auf mehr als 200 Mrd. m³ (Xinhua 2007c).

Der Erdgasmarkt als strategisches Projekt

Dass der chinesische Erdgasbedarf drastisch zugenommen hat und weiter kontinuierlich ansteigen wird, ist in erster Linie das Resultat politischer Weichenstellungen. Hinter dem steigenden Erdgasverbrauch in China steht bislang nicht der Markt, sondern die Regierung als Antriebskraft. Es ist ein offenes Geheimnis, dass die politische Führung mit dem aktuellen Primärenergiemix des Landes nicht zufrieden ist. Dass die nationale Energieversorgung zu fast 70 % auf Kohle angewiesen ist, die als Energieträger einen relativ niedrigen Brennwert aufweist, aber hohe Umweltbelastungen bewirkt, stört die politische Elite Chinas zutiefst.

Auch wenn sie nach wie vor keine wirkliche Alternative zum Festhalten an der Kohle als Hauptversorgungsquelle sieht, träumt sie davon, den Anteil von Kohle an der Primärenergieversorgung auf etwa 50 % zu reduzieren. Vor allem in der Industrie, bei der Stromerzeugung und in den Haushalten soll die Verwendung von Kohle möglichst durch Erdgas ersetzt werden. Eine zweistufige Strategie soll dafür sorgen, dass Erdgas bis ins Jahr 2010 einen 6 %igen und eine Dekade später einen 10 %igen Anteil an der gesamten Primärenergieversorgung des Landes erreicht. Mit anderen Worten soll Erdgas einen entscheidenden Beitrag zur Optimierung der chinesischen Energieversorgungsstruktur leisten und neben der Kohle zu einem wichtigen Energieträger avancieren (Wumin 2005e).

In diesem Umstrukturierungsprozess sollen Peking und Shanghai eine wichtige Rolle spielen. Chinas Hauptstadt ist wegen ihrer Verpflichtungen gegenüber dem Internationalen Olympischen Komitee darauf angewiesen, bis zu den Olympischen Spielen im Jahre 2008 seine Erdgasinfrastruktur auszubauen, um möglichst von der Kohle- auf die Gasnutzung umzusteigen. In der 18-Millionen-Metropole Shanghai sieht die Stadtplanung vor, in Zukunft keine Kohlekraftwerke mehr zu errichten. Shanghais Stadtverwaltung genehmigt nur noch den Bau von Kraftwerken, die Strom durch den Einsatz von Erdgas herstellen. Bis 2010 soll sich die Anzahl der chinesischen Großstädte, die an das Gasversorgungsnetz angeschlossen sind, auf 150 erhöhen. Der elfte Fünfjahresplan der Regierung (2006 bis 2010) strebt an, beim Verbrauch von Kohle 0,24 Mrd. t einzusparen (vgl. NVK 2006). Dies entspricht einer Jahreseinsparungsquote von 5 % gegenüber dem Kohleverbrauch des Jahres 2005.

Die Regierung hat den Staatsunternehmen aufgetragen, mehr Erdgas zu produzieren und zu importieren, um einen signifikanten Teil der Kohle ersetzen zu können. Ähnlich wie der Ölsektor wird auch der chinesische Erdgassektor durch die „Großen Drei" dominiert. 82,8 % der 40,8 Mrd. m³ Erdgas, die 2004 in China erzeugt wurden, entfallen auf die drei großen Staatsunternehmen CNPC, SINOPEC und CNOOC. Dabei verfügt die CNPC über eine absolut marktbeherrschende Stellung. Sie allein vereinigte 58,4 % der Gesamtproduktion auf sich, gefolgt von SINOPEC und CNOOC, die einen Marktanteil von 14,4 % bzw. 10 % besitzen (Wang 2005c).

Bislang kann China seinen Erdgasbedarf durch Eigenproduktion decken. Im Jahr 2004 wurden in China insgesamt 39 Mrd. m³ Erdgas verbraucht, 1,8 Mrd. m³ weniger als die gesamte Produktion im gleichen Zeitraum. Auch wenn quantitativ nicht erwähnenswert, exportiert „Festlandchina" seit Jahren Erdgas nach Hongkong. Meistens erfolgen die Lieferungen über die benachbarte Provinz Hainan. Immerhin entfallen etwa 30 % ihres gesamten Außenhandels auf Erdgasexporte (Wuming 2005d).

Es ist aber fraglich, ob China es weiterhin als zweckmäßig betrachten wird, Erdgas zu exportieren. Genauso wie das Land unter dem Eindruck einer zunehmenden Erdölabhängigkeit vom Ausland seine Ölausfuhren in Jahr 2004 fast eingestellt hat, wird China aller Wahrscheinlichkeit nach zukünftig auch auf Gasexporte verzichten. Gleichzeitig zeigt sich Peking entschlossen, mehr Erdgas aus dem Ausland zu importieren, um eine stabile Gasversorgung zu gewährleisten.

Vor allem liebäugelt China mit dem Erdgas aus den russischen Gaslagerstätten in Sachalin, Irkutsk und Kovytka. Präsident Putin wurde bereits dafür gewonnen. Während seines Staatsbesuchs in China im März 2006 unterzeichnete er mit dem chinesischen Staatspräsidenten Hu Jintao mehrere Verträge über den Bau von Gaspipelines nach China. Auch Kasachstan, in dem Peking ein Gegengewicht gegen das mächtige Energieimperium Russland sieht, soll in Zukunft der Diversifizierung der Lieferquellen für Erdgas dienen. Nach der Eröffnung der kasachisch-chinesischen Ölpipeline sind auch über eine Gaspipeline Verhandlungen aufgenommen worden.

Die größte internationale Aufmerksamkeit erregte ein Liefervertrag für Erdgas, der Anfang 2006 mit der iranischen Regierung abgeschlossen wurde. Laut den Abmachungen sollen im Verlauf der kommenden zweieinhalb Jahrzehnte jährlich 10 Mio. t Flüssigerdgas (LNG: Liquified Natural Gas) sowie 150.000 Barrel Öl pro Tag im Wert von 100 Mrd. US-Dollar nach China geliefert werden (Mayer 2006). Mit Australien wurde ebenfalls ein Lieferabkommen für 3,7 Mio. t LNG jährlich über eine Laufzeit von 25 Jahren vereinbart. In Gegensatz zu den noch unrealisierten Lieferabkommen mit Russland, Kasachstan und dem Iran hat Australien bereits begonnen, LNG nach China zu liefern. Ende Juni 2006 erreichte der erste australische Flüssiggastanker das neu errichtete LNG-Terminal in Shenzhen (McGregor 2006) und wurde vom chinesischen Ministerpräsidenten Wen Jiabao und Australiens Ministerpräsident Howard in einer feierlichen Zeremonie empfangen.

Es besteht offensichtlich eine klare Arbeitsteilung zwischen den chinesischen Energiekonzernen, wenn es darum geht, ausländisches Erdgas nach China zu bringen. Während CNPC sich um das Erdgas aus Russland kümmert, konzentriert sich CNOOC auf den Import von Flüssiggas aus Australien und Indonesien. In Kooperation mit BP baute CNOOC in der Provinz Guangdong eine Anlage mit einer Jahresverarbeitungskapazität von 3,3 Mio. t, um das Flüssiggas aus Australien wieder in normales Gas umzuwandeln (SCMP 2006). CNOOC errichtet zudem in der Provinz Fujian, ebenfalls in Südchina, eine Flüssiggasverarbeitungsanlage. In der Anfangsphase sollen dort jährlich 2,6 Mio. t Flüssiggas für Abnehmer in der Küstenzone verarbeitet werden, wenn die Anlage 2007 in Betrieb genommen wird (EIA 2004: 45).

Sollte sich die Erdgasnachfrage in China tatsächlich so dynamisch entwickeln wie es von internationalen und chinesischen Experten erwartet wird, dann dürften die chinesischen Erdgasimporte rasch ausgeweitet werden. Modellrechnungen gehen bis zum Jahr 2050 von einem Importanteil von bis zu 30 % aus (Larson et al. 2003). Laut Angaben der Nachrichtenagentur Xinhua könnten die Importe im Jahr 2020 rund 100 Mrd. m^3 betragen, was sogar einem Anteil von ca. 50 % am gesamten chinesischen Erdgasverbrauchs entspräche (Xinhua 2007c). Treffen diese Prognosen zu, dann würde Chinas Erdgasversorgung ähnlich abhängig von den internationalen Märkten werden wie seine Erdölversorgung.

Die geografische Kluft zwischen Gasproduzenten und Gasverbrauchern

Chinas Interesse, zunehmende Mengen von Flüssiggas zu importieren, hängt zurzeit vor allem mit der Asymmetrie der geografischen Verteilung zwischen den Gaslagerstätten und den Hauptnachfrageregionen zusammen. Der Hauptbedarf nach Erdgas besteht in den entwickelten Küstengebieten Ost- und Südchinas. Chinas Erdgasreserven liegen aber, abgesehen von den Gaslagerstätten im ost- und südchinesischen Meer sowie einigen kleineren Vorkommen, im kärglich besiedelten Norden und Westen des Landes.

Die chinesischen Erdgasreserven konzentrieren sich auf folgende Becken bzw. Off-shorefelder: Bohai-Golf, Sichuan, Songliao, Zhungeer, Yingehai-Qundongnan, Chaida-mu, Tu-Ha, Tarim, Bohai-See und Eerduosi. In dieser Reihenfolge stellen sie die zehn größten Gasfelder Chinas dar. Aber alle diese Gaslagerstätten liegen Tausende Kilometer von den Nachfrageregionen im Süden und Osten entfernt. Ein landesweites Netzwerk aus Gaspipelines, mit deren Hilfe das im Land produzierte Erdgas Regionen übergrei-fend an die Endverbraucher verteilt werden könnte, existiert in China noch nicht.

Aber ein solides Fundament für ein nationales Distributionsnetzwerk wurde bereits gelegt. Pünktlich am 30. Dezember 2004 wurde das Projekt „Westgas Ostwärts" (*xiqi dongshu*) vollendet, das von der CNPC unter großem politischem Druck in Rekordzeit realisiert wurde. Im Zentrum dieses Projektes steht die 4.000 km lange Gaspipeline, die vom Tarimbecken in der nordwestlichen Provinz Xinjiang quer durch China bis nach Shanghai reicht. Diese Pipeline verfügt über ein geografisches Einzugsgebiet von zehn Provinzen und verläuft über die zwei größten Flüsse Chinas, den Gelben Fluss und den Yangzi.

Nach chinesischen Angaben kann diese Pipeline jährlich 12 Mrd. m^3 Erdgas vom Westen an die Ostküste transportieren, was fast einem Drittel des gesamten Erdgasver-brauchs im Jahre 2004 entspricht. Von diesem Pipelinegas profitieren auch die Provin-zen entlang des Pipelineverlaufs. Insbesondere zeigten Verbraucher in den Hauptziel-märkten der Pipeline wie Henan, Anhui, Jiangsu, Zhejiang und Shanghai großes Interesse am „Westgas". Nach Berichten des Parteiorgans Renmin Ribao von 31. De-zember 2004 hatte die CNPC schon im Vorfeld mit 43 Unternehmern einen Abnahme-vertrag geschlossen. Das Jahresliefervolumen von 12 Mrd. m^3 Erdgas wurde bereits für mehrere Jahre ausverkauft.

Laut chinesischen Zeitungsberichten befindet sich eine weitere große Pipeline für Ergas in der Planungsphase. Die jährliche Durchleitungskapazität soll 30 Mrd. m^3 Erd-gas betragen (Wan 2007) und damit mehr als doppelt so hoch sein wie die der beste-henden West-Ost-Pipeline. Der geplante Verlauf der 6.500 km langen Pipeline soll sich von Xinjiang in die südchinesische Provinz Guangdong erstrecken. Der Erfolg des Pipelineprojekts „Westgas Ostwärts", der sich vieler internationaler Unkenrufe zum Trotz einstellte, könnte sich hier wiederholen.

Allerdings stellt das „Westgas", das über eine weite Entfernung transportiert wird, bisher eine Ausnahme dar. 70 bis 80 % des in China produzierten Erdgases werden direkt am Produktionsort bzw. in der angrenzenden Region verkauft. Die am besten ausgebaute regionale Pipelineinfrastruktur befindet sich in der Provinz Sichuan und in der Metropole Chongqing, die unter unmittelbarer Verwaltung der Zentralregierung steht. Eine 1.451 km lange halbkreisförmige Hauptpipeline verteilt das Erdgas vom Sichuan-Becken an alle angeschlossenen Städte und stellt ein relativ geschlossenes Transport- und Distributionssystem dar. In anderen Regionen erfolgt die Gasversor-gung in der Regel über direkte und meist sehr kurze Pipelineverbindungen zwischen den Gasproduktionsanlagen und den Endkunden.

Der entscheidende Nachteil dieses dezentralen Versorgungssystems liegt darin, dass Tausende Städte bislang keinen Zugang zur Gasversorgung erhielten, während an anderer Stelle überflüssiges Erdgas häufig abgefackelt wird. Dass auf diese Art und Weise wertvolle Energie verloren geht, ist offensichtlich. Hierin liegt auch der Grund dafür, dass die chinesische Regierung sich eifrig um den Aufbau einer landesweiten Gasdistributionsinfrastruktur bemüht. Bis 2020 sollen weitere 32.000 km Pipelinestrecke gebaut werden (IEA 2002b). Man verfolgt dabei offenbar das Ziel, das importierte und aus heimischer Produktion gewonnene Erdgas in ein regional verbundenes Pipelinenetz einzuspeisen und die Versorgung koordiniert zu steuern. Das enorme Potential, über welches die West-Ost-Route hierbei verfügt, wird schnell deutlich, wenn man in Betracht zieht, dass ihre Transportkapazität nach der Fertigstellung der zweiten Pipeline rund 76 % des gesamten Gaskonsums in China im Jahr 2006 beträgt.

Kontrollierte Gaspreise

Wie die Ölpreise, so unterliegen auch die Erdgaspreise einer strengen staatlichen Kontrolle. Im Dezember 2005 wurde nach dem Vorbild des Kohlensektors ein neues Doppelpreissystem etabliert, das zwei Preisstufen aufweist. Dementsprechend wird in China ab sofort in „Plangas" und „Marktgas" unterschieden. „Plangas", auch „Gas vom 1. Gang" (*yidangqi*) genannt, wird nach den staatlichen Planvorgaben für Schlüsselunternehmen bzw. politisch oder strategisch bevorzugte Endverbraucher produziert und muss zu den von der Regierung festgesetzten Preisen geliefert werden.

Hingegen gehört „Marktgas", oder auch „Gas vom 2. Gang" (*erdangqi*), zu den Produkten, die Gasunternehmen über die staatlichen Produktionsquoten hinaus erzeugen und selbst auf dem Markt verkaufen dürfen. Auch wenn sie eigenständig entscheiden können, an wen sie ihr „Marktgas" liefern, haben sie bei der Bestimmung ihrer Verkaufspreise doch einen sehr begrenzten Spielraum. Die Nationale Entwicklungs- und Reformkommission legt einen Richtwert bzw. einen Grundpreis für die Verhandlungen zwischen Gaskäufern und Gasverkäufern fest. Ausgehandelte Verkaufspreise können zwar vom Richtwert abweichen, dürfen aber maximal um 8 % nach oben schwanken.

Für 2006 wurde der Grundpreis auf 980 RMB (rund 100 Euro) pro m³ Gas festgelegt. Einmal im Jahr setzt die Kommission einen neuen Preis fest, welcher sich an den Preisänderungen für Erdöl und andere Primärenergieträger orientiert. Allerdings unterliegt die Nationale Entwicklungs- und Reformkommission selbst auch der Einschränkung, das Ausmaß der Preisanpassung gegenüber dem Vorjahr unter 8 % zu halten (Zheng 2005).

In China debattiert man darüber, ob der Gaspreis zu niedrig angesetzt ist: Diejenigen, die sich für eine Erhöhung des Gaspreises einsetzen, argumentieren, dass der niedrige Preis ein zu schnelles Wachstum des Gasverbrauchs stimuliert habe. Dies könnte zu einem Ungleichgewicht zwischen Produktion und Nachfrage führen. Außerdem sei die Gasförderung in China im Vergleich zur Kohle weitaus kostenintensiver, sodass sich die Gashersteller ein niedriges Preisniveau auf Dauer nicht leisten könnten.

Gegner einer Preiserhöhung für Erdgasprodukte sehen in der Beibehaltung eines niedrigen Preisniveaus den effektivsten Weg, einen starken Anreiz für den Gasverbrauch zu schaffen und dadurch einen Erdgasverbrauchermarkt regelrecht zu generieren. Ein angemessen niedriges Preisniveau für Erdgas, so die Argumentation, werde den Wechsel von Kohle auf Gas beschleunigen und damit die Struktur des nationalen Energiemixes verbessern (Xinhua 2005b).

Damit Erdgas in großem Umfang für die Stromerzeugung genutzt werden kann, müssen die Erdgaspreise vor allem im Verhältnis zu anderen fossilen Energieträgern noch gesenkt werden. Die Kohlepreise liegen nach wie vor auf einem so niedrigen Niveau, dass das Erdgas nicht wettbewerbsfähig ist und Elektrizitätskraftwerke keinen Anreiz haben, auf Gas umzusteigen. Die Alternative hierzu bestünde darin, den Kraftwerken mit Hilfe von Betriebsbestimmungen und Umweltstandards die externen Kosten der Kohleverbrennung, d. h. vor allem die Emissionen von Schwefeldioxid und Kohlenstoffdioxid, anzurechnen. Dies würde die Konkurrenzfähigkeit von Erdgas auf einen Schlag deutlich erhöhen (IEA 2003: 251). Insofern sind die Bemühungen der chinesischen Umweltschutzbehörde (SEPA), die Effizienzstandards und Umweltvorschriften für die Elektrizitätskraftwerke zu erhöhen, einer der entscheidenden Faktoren für die zukünftige Expansion des Ergasmarktes in China.

Kapitel 5.
Strom und Reform: Wie sicher ist die chinesische Elektrizitätsversorgung?

2002 war das Geburtsjahr des chinesischen Strommarktes. In diesem Jahr hat die Zentralregierung den staatlichen Stromkonzern zerschlagen, der bis dahin der einzige überregionale Hersteller und Verteiler von Elektrizität war. Sein Finanzkapital und die Verteilungsinfrastruktur, die er monopolistisch kontrolliert hatte, wurden umstrukturiert. Die Nationale Entwicklungs- und Reformkommission führte eine Trennung von Elektrizitätsherstellern und Netzbetreibern herbei.

Aus diesem Prozess gingen fünf unabhängige Stromkonzerne (Huaneng, Huadian, Datang, Guodiang und Diantou) und zwei Netzbetreiber (Gujia Dianwang: Chinese State Grid Corporation und Nanfang Dianwang: China South Grid Corporation) hervor. Relativ ausgewogenen verfügen die „Großen Fünf" jeweils über etwa 20 % der Aktiva des aufgelösten Staatsmonopolisten. Auch die Versorgungsgebiete der Stromnetze wurden gleichmäßig zwischen den zwei großen Netzbetreibern aufgeteilt: Getrennt durch den Verlauf des Yangzi ist Guojia Dianwang für den Transport und die Verteilung von Strom in Nordchina zuständig und Nanfang Dianwang entsprechend in Südchina.

Vom Staat mit annähernd 60 % der nationalen Stromherstellung betraut, sollen diese neu gegründeten Staatsunternehmen mit Hilfe von Wettbewerbsmechanismen und Handel für eine sichere Stromversorgung des Landes sorgen. Jedoch wurde das Geburtsjahr gleich zum Bewährungsjahr, denn das Reich der Mittel geriet ab 2002 in eine regelrechte Stromversorgungskrise.

Auf welche Weise wurde diese Krise überwunden? Welche Primärenergiequellen sind wichtig für die Elektrizitätserzeugung in China und wie stark fällt das Wachstum der Stromnachfrage aus?

Die Krisenjahre und ihre Überwindung

Als der neue Strommarkt gerade etabliert wurde, war die Sicherheit der chinesischen Elektrizitätsversorgung gefährdet. In den ersten Jahren des neuen Jahrtausends kam es landesweit zu Stromausfällen. Ihren Höhepunkt erreichte diese Krise im Jahr 2003, als 21 der 31 Provinzen Chinas von Stromversorgungsengpässen heimgesucht wurden. In Ostchina übertraf der Elektrizitätsbedarf die Leistungskapazität um 10,23 %, in Nordchina um 7,62 % und in Zentralchina um 3,45 %. Nur in der Region Nordostchina konnte die wachsende Nachfrage durch ein ausreichendes Angebot abgedeckt werden (Shi 2003).

Als Konsequenz dieser fast flächendeckenden Versorgungsengpässe mussten viele
industrielle Produktionsanlagen zeitweise den Betrieb einstellen. Im Sommer 2004
sahen sich beispielsweise etwa 6.400 Industrieunternehmen in Peking gezwungen, ihren Betrieb für jeweils eine Woche stillzulegen. Staatliche Behörden ordneten an, die
Betriebszeiten so zu staffeln und anzupassen, dass sie während der Hauptauslastungs-
phase der Elektrizitätsnetze nicht produzierten (EIA 2005a: 67). In einigen Millionen-
städten war sogar die Bevölkerung unmittelbar von regelmäßigen und oftmals mehrere
Stunden andauernden Stromausfällen betroffen. Auf dem Land verschlechterte sich
die in zahlreichen Regionen ohnehin prekäre Stromversorgung teils dramatisch, vor
allem dort wo versucht wurde, den Strommangel in den urbanen Zentren durch die
Abschaltung der Stromversorgung in ländlichen Gebieten auszugleichen.

Die Gründe der Stromversorgungskrise lagen einerseits in der dramatischen Steigerung des Elektrizitätsverbrauchs und andererseits in Problemen im Kohlesektor, in
deren Folge es zu Lieferengpässen bei der für die Kraftwerke bestimmten „Stromkohle" kam (siehe hierzu Kapitel 2). Gerade vor diesem Hintergrund ist es erstaunlich zu
beobachten, dass im Jahre 2006 eine Debatte ausbrach, die sich mit der möglicherweise bevorstehenden Überproduktion von Elektrizität befasste. In China verbreitete sich
die Ansicht, das Jahr 2006 stelle einen Wendepunkt für den chinesischen Strommarkt
dar. Einige Branchenkenner gehen sogar davon aus, dass ab dem Jahr 2007 ein signifikanter Stromüberschuss auftreten werde, der in den Folgejahren anhalten könnte.

Untermauert wurde diese Einschätzung mit dem Argument, dass zwei Entwicklungen maßgeblich zu einem Überangebot von Strom führen werden. Einerseits kommt es
als Folge massiver und ununterbrochener Investitionen in den Bau neuer Kraftwerke
in den letzten Jahren zu einer enormen Steigerung der Stromproduktion. Andererseits
geht die Wachstumsrate des Elektrizitätsbedarfs allmählich zurück, da die Regierungsmaßnahmen zur makroökonomischen Adjustierung der Stromnachfrage ihre Wirkung
zu entfalten beginnen (Liu 2006).

In der Tat wurden seit Beginn des Jahres 2006 kaum Stromausfälle gemeldet. Versorgungsengpässe im Elektrizitätssektor scheinen überwunden zu sein. Wie nachhaltig
die mühsam erreichte Stabilisierung der Elektrizitätsversorgung vor dem Hintergrund
des nach wie vor fast zweistelligen Wirtschaftswachstums gesichert ist, bleibt aber mit
einem Fragezeichen versehen. Dies hängt in erster Linie davon ab, ob und inwieweit
sich im chinesischen Stromsektor nach der Reform von 2002 marktwirtschaftliche
Mechanismen entfaltet und gefestigt haben, sodass der Markt in Zukunft auf die
Schwankungen von Stromnachfrage und -angebot flexibler reagieren kann.

Wie bedeutend ist der chinesische Elektrizitätssektor?

Die in der Volksrepublik China installierte Kraftwerksleistung betrug im Jahre 2006
etwa 506 GW. Noch drei Jahre zuvor waren es lediglich 389 GW. Die Stromversor-
gungsengpässe der Jahre 2002 und 2003 führten dann zu einem landesweiten Boom

bei der Errichtung neuer Kraftwerke. Bereits im Jahr 2004 wurde die gesamte Kraftwerksleistung um 51 GW auf 440 GW erhört. Die Arbeiten an der Erweiterung der Produktionskapazitäten im Jahre 2005 brachten eine zusätzliche Kraftwerksleistung in Höhe von 66 GW hervor. Mit einer durchschnittlichen Wachstumsrate von 13 bis 14 % ab 2002 avancierte China damit zum Land mit dem weltweit schnellsten Ausbau seiner nationalen Stromproduktionskapazität (Chen 2006a).

Unzweifelhaft wird die chinesische Kraftwerksleistung auch in den kommenden Jahren kontinuierlich zunehmen. Allein in den ersten sieben Monaten des Jahres 2005 haben chinesische Behörden eine Reihe von Bauanträgen für neue Kraftwerke genehmigt, deren geplante Kraftwerksleistung sich auf 74 GW summiert. Zusammen mit den vorher schon genehmigten Bauanträgen befinden sich seit Herbst 2005 zahlreiche neue Kraftwerke im Bau. Ihre Leistung beläuft sich nach Angaben von Zhang Guobao, dem für Energiefragen zuständigen Vizepräsidenten der Nationalen Entwicklungs- und Reformkommission, insgesamt auf 195 GW (Zhang 2005). Mit anderen Worten erwartet China bis zum Jahr 2008/2009 einen Zuwachs bei der installierten Leistung von 36,7 % gegenüber dem Jahr 2006, mit der Perspektive, dass die in China installierte Elektrizitätsproduktionskapazität bis zum Jahr 2010 ein Niveau von 704 GW erreichen könnte.

Dies würde bedeuten, dass sich im Jahre 2010 etwa 16 % der weltweit installierten Stromerzeugungskapazitäten in China befinden würden. Denn den Prognosen der amerikanischen Energiebehörde (EIA) zufolge wird die globale Kraftwerksleistung von 3.318 GW (2002) auf 4.319 (2010) ansteigen. Dies entspricht einer durchschnittlichen Jahreswachstumsrate von 2,2 % (EIA 2005a: 73). Anders betrachtet, wächst die chinesische Kraftwerkskapazität fünf- bis sechsmal schneller als die global installierte Leistung.

Die Dominanz der Kohle bei der Stromerzeugung

Schätzungsweise betrug die chinesische Elektrizitätserzeugung im Jahr 2004 etwa 2.100 TWh, was einem Anteil von 13 % an der weltweiten Stromgewinnung entspricht. Davon stammen 82,6 % aus Kohlekraftwerken. Diese Produktionsleistung liegt deutlich über dem 73,9 %igen Anteil, den die Kohlekraftwerke an der gesamten Elektrizitätserzeugungskapazität des Landes aufweisen. Dies lässt auf eine überdurchschnittlich hohe Auslastung der Kohlekraftwerke schließen.

Im Unterschied dazu scheinen die chinesischen Wasserkraftwerke nicht voll ausgelastet worden zu sein. Nur 15 % der Stromerzeugung entfiel auf die Wasserkraft, auch wenn die Wasserkraftwerke über einen Anteil von 24,5 % an der gesamten Stromerzeugungskapazität des Landes verfügen. Die Atomkraftwerke, die einen Anteil von 1,7 % an der nationalen Elektrizitätserzeugungskapazität besitzen, waren mit 2,3 % an der gesamten Stromerzeugung beteiligt. Auf Windkraft, Solarenergie sowie andere erneuerbare Energiequellen, deren Anteil an der installierten Stromproduktionskapazität des Landes sich auf 0,22 % beläuft, entfallen nur knapp 0,1 % der Stromerzeugung (Zhang 2005).

Tabelle 6: Chinas Stromerzeugung nach Energiequellen im internationalen Vergleich

	Kohle	Erdöl	Erdgas	Wasserkraft	Kernkraft	EE
China 2004	82,6 %	–	–	15 %	2,3 %	0,1 %
Deutschland 2003	51,1 %	0,9 %	9,6 %	4,1 %	27,6 %	3,8 %
Welt 2002	39 %	7,2 %	19,1 %	16,2 %	16,6 %	1,9 %

Quelle: Zhang (2005); Reiche (2004); EIA (2005a).

Im internationalen Vergleich sind drei Besonderheiten der chinesischen Stromversorgung auffällig (Tabelle 6): Zum einen entfällt der Löwenanteil der Elektrizitätserzeugung auf Kohlekraftwerke. Der Anteil des „Kohlestroms" an der gesamten Elektrizitätsversorgung (82,6 %) liegt um mehr als das Doppelte über dem weltweiten Durchschnittsniveau (39 %). Auch gegenüber Deutschland, das nach globalem Maßstab einen überdurchschnittlich hohen Anteil von „Kohlestrom" (51,1 %) zu verzeichnen hat, erweist sich China als extrem kohleabhängig, wenn es um eine verlässliche Elektrizitätsversorgung geht. Vereinfacht ausgedrückt, gibt es ohne Kohle keinen Strom in China.

Zum anderen spielen Erdöl und Erdgas bei der Stromerzeugung in China kaum eine Rolle, während weltweit knapp 30 % der Elektrizität aus diesen zwei fossilen Energiequellen gewonnen werden. Selbst Deutschland, das über keine nennenswerten Öl- und Gasreserven verfügt, greift bei der Elektrizitätsherstellung fast zu 11 % auf Erdöl und Erdgas zurück. Allerdings scheint China bereits die Vorteile des Erdgases als eine nachhaltigere Energiequelle gegenüber der Kohle entdeckt zu haben und zeigt sich zunehmend bereit, Erdgaskraftwerke zu bauen. Dass künftig in Shanghai beispielsweise nur noch Gaskraftwerke, aber keine Kohlekraftanlagen mehr genehmigt werden sollen, bestätigt diesen Trend (siehe Kapitel 4).

Drittens liegt China bei der Stromerzeugung mit Hilfe von Wasserkraft im weltweiten Durchschnitt. Auch wenn im Jahr 2004 nur 15 % der Elektrizität aus Wasserkraft stammten, verfügt China über das Potential, den Anteil seines „Wasserstroms" auf etwa 25 % der gesamten Elektrizitätsversorgung anzuheben. In der Tat bewegte sich der durchschnittliche Anteil des Wasserkraftstroms in den letzten Jahren stets um den Wert von 20 %.

Kräftig unterstützt werden soll diese Entwicklung durch die Inbetriebnahme der gewaltigen Turbinenanlagen am Drei-Schluchten-Staudamm im Jahr 2009. Mit einer konzipierten Leistung von 18 GW werden die Staudammkraftwerke die Wasserkraftwerkskapazität Chinas auf einen Schlag um 16 % erhöhen. Dabei soll es jedoch nicht bleiben. Der elfte Fünfjahresplan (2006 bis 2010) der Zentralregierung sieht vor, bis 2010 zusätzlich noch 42 GW Wasserkraftwerksleistung zu installieren (EIA 2005a: 75), was eine spürbare Verschiebung der Stromerzeugung von Kohle auf Wasserkraft herbeiführen könnte.

Extensiver Stromverbrauch?

Im Vergleich mit Deutschland, wo 47,2 % des Stroms (2002) von der Industrie verbraucht wurden, hat China eine markant abweichende Stromverbrauchsstruktur. Fast 75 % der Elektrizität, die in China konsumiert wird, entfallen auf die Schwerindustrie und das verarbeitende Gewerbe. Der Stromverbrauch in den Privathaushalten spielt in China bisher nur eine untergeordnete Rolle, während die Haushalte in Deutschland mit einem Anteil von 26,1 % den zweitgrößten Einzelposten bei der nationalen Stromkonsumption darstellen (Reiche 2004:43).

Die anhaltend hohe Geschwindigkeit der chinesischen Wirtschaftsentwicklung, die sich zu fast 60 % auf Schwer- und Verarbeitungsindustrie stützt, lässt die Vermutung zu, dass die Elektrizitätsnachfrage in China mit einer zweistelligen Rate ansteigen könnte. Aller Wahrscheinlichkeit nach wird die Wachstumsrate des chinesischen Strombedarfs nicht niedriger als zwischen den Jahren 2002 und 2005 ausfallen, als sie im Durchschnitt um 13 % pro Jahr stieg (Zhang 2005).

Die Prognosen der EIA für die künftige Stromnachfrage in China deuten ebenfalls in diese Richtung. Gemessen an der absoluten Höhe des Verbrauchs werden die Volksrepublik China und die USA an der Spitze der Länder stehen, deren Stromverbrauch ununterbrochen zunimmt. Nach Berechnung der EIA benötigen China und die Vereinigten Staaten für den Zeitraum von 2002 bis 2025 im Jahresdurchschnitt jeweils ein Zusatzstromangebot von 280,3 TWh und 181,9 TWh, um ihren Elektrizitätsbedarf zu befriedigen. Im Fall Chinas entspricht dieses Volumen 13,3 % des Stromverbrauchs im Jahr 2004.

Im Einklang mit dieser Entwicklung ist der Pro-Kopf-Stromverbrauch in China in den vergangenen Jahren drastisch gestiegen. Nach Angaben der chinesischen Regierung betrug das Ausmaß des Wachstums von 1996 bis 2004 240 %. Noch im Jahr 1996 belief sich der durchschnittliche Jahresstromverbrauch pro Einwohner auf 687 KWh. 2004 erreichte dieser Wert 1.680 KWh (Zhang 2005). Es ist davon auszugehen, dass die Chinesen noch mehr Strom verbrauchen werden, wenn sich der Lebensstandard im Rahmen der wirtschaftlichen Entwicklung und der Modernisierung der Lebensbedingungen weiter verbessern sollte.

Dennoch ist zu erwarten, dass der chinesische „Strom-Hunger" verglichen mit der Bevölkerung in etablierten Industriestaaten viel moderater ausfallen wird: Den Angaben der EIA zufolge war der Pro-Kopf-Stromverbrauch in den USA und Kanada im Jahr 2002 24-mal höher als in China. Auch wenn sich die Kluft zwischen China und den westlichen Ländern im Lauf der Zeit verkleinern dürfte, prognostizierte die EIA

(2005a: 69), dass die Amerikaner und die Kanadier im Jahre 2025, pro Kopf berechnet, immer noch neunmal so viel Strom verbrauchen wie die Chinesen, gefolgt von den Japanern (fünfmal) und den Westeuropäern (viermal).

Die Zukunft des chinesischen Stromsektors

Im Großen und Ganzen kann die im Jahr 2002 durchgeführte Neustrukturierung des chinesischen Stromsektors als gelungen gelten. Das Monopol eines einzigen Staatskonzerns wurde durch einen Strommarkt ersetzt, der sich in die Segmente Stromerzeugung, Stromtransport und Stromverteilung aufteilt. Der gewünschte Wettbewerb ist entstanden. Insbesondere können die Stromhersteller ihre Produkte unter Wettbewerbsbedingungen in die Stromnetze einspeisen. Die Produktion der Elektrizität wird nicht mehr durch den Staat geplant. Strom wird nun in Eigenregie der Unternehmen hergestellt und gehandelt.

Allerdings bleibt der chinesische Stromsektor ein Markt, der weiterhin in hohem Maße vom Staat kontrolliert wird. Aufgrund politischer Überlegungen weigert sich die Regierung hartnäckig, sich aus der Strompreisbildung zurückzuziehen. Stromhersteller und Stromverbraucher können zwar Liefertarife aushandeln, jedoch nur im Rahmen einer Spanne, die durch die Regulierungsbehörde festgelegt wird. Auf diese Weise kann sich der Staat im Namen der Stromversorgungssicherheit jederzeit in die Preisbildung einschalten.

Für die Netzbetreiber herrschen noch striktere Vorschriften als für die Stromhersteller. Das Recht, Elektrizitätstransportpreise selbst zu bestimmen, steht ihnen nicht zu. Vielmehr unterliegen die Durchleitungspreise ohne Ausnahme der staatlichen Regulierung. Der Handel mit Durchleitungsrechten ist zwar zulässig, doch nur unter der Bedingung, dass er zur Reduzierung von Versorgungsengpässen dient. In jedem Fall bedarf eine Veräußerung dieser Rechte der ausdrücklichen Zustimmung seitens der Stromregulierungsbehörden.

Dennoch wurden die zwei großen Netzbetreiber von der Regierung ermutigt, Stromgeschäfte mit dem Ausland zu betreiben: Im Norden vereinbarte die Guojia Dianwang mit russischen Stromunternehmen, sibirischen Strom nach China zu importieren. Gemäß dem Stromkooperationsvertrag, der während des Chinabesuchs von Präsident Putin im März 2006 in Peking unterzeichnet wurde, soll ein Stromlieferungsplan in drei Stufen realisiert werden. Im Jahr 2015, wenn die dritte Stufe erreicht wird, soll sich das Jahresvolumen der Elektrizität, welche durch das russische Fernoststromnetz in die angrenzende chinesische Provinz Heilongjiang geliefert wird, auf 38 TWh belaufen.

Gleichzeitig verstärkte die Nanfang Dianwang, deren Stromnetz ganz Südchina versorgt, ihre Stromexportgeschäfte nach Vietnam. Am 11. März 2006 unterzeichnete sie mit dem staatlichen vietnamesischen Stromkonzern einen Vertrag, der vorsieht, ab Oktober 2006 jährlich 1,3 TWh Elektrizität nach Vietnam zu liefern. Chinesische Branchenexperten interpretieren dieses Geschäft als Anzeichen dafür, dass der chinesische Stromsektor nach und nach beginnt, sich auf die Zeit einer Stromüberproduktion vorzubereiten. In Vietnam, dem es erheblich an Elektrizitätsinfrastruktur mangelt, sieht China laut Han Xiaoping, dem Geschäftsführer des China Energy Information Network, einen riesengroßen Markt, um seinen Stromüberschuss zu veräußern (Liu 2006).

In der Tat hat der antizipierte Elektrizitätsüberschuss die chinesische Regierung bereits veranlasst, neue Umstrukturierungsmaßnahmen für den Stromsektor zu ergreifen. In einer Regierungsverordnung erteilte die Nationale Entwicklungs- und Reformkommission im März 2006 die Anweisung, landesweit etwa 700 kleinere Kohlekraftwerke zu schließen. Es wurde eine Liste der betroffenen Kraftwerke vorgelegt, deren Leistung insgesamt lediglich 16 GW beträgt. Sollten sie, wie geplant, bis zum Jahr 2010 ausgeschaltet werden, wird sich die chinesische Stromerzeugungskapazität um 3,2 % reduzieren, so die Rechung der Nationalen Entwicklungs- und Reformkommission.

Begründet wurde diese Maßnahme damit, dass das Land kurz vor einer Phase der Stromüberproduktion stehe und dies eine einmalige Chance biete, um die weniger effizienten und damit umweltunfreundlichen Kraftwerke vom Netz zu nehmen. Dabei gab die oberste Energieregulierungsbehörde zu verstehen, dass die Regierung eine Politik der „Unterstützung von Großen und Ausscheidung von Kleinen" favorisiert. Im Lichte dieser Politik ist zu erwarten, dass kleinere Kraftwerke in China, vor allem Stromhersteller mit einer Kraftwerksleistung unter 100 MW, kaum eine Chance haben, zu überleben (Chen 2006a).

Mit der Bevorzugung großer Kraftwerksanlagen verfolgt die Regierung zudem das Ziel, nach Möglichkeit die neuesten Technologien einsetzen zu können. Da der Effizienzgrad bei der Mehrzahl der chinesischen Kraftwerke zur Zeit noch deutlich unter dem Weltniveau liegt, sollen vor allem neue Anlagen im Einklang mit den internationalen Spitzenstandards gebaut werden. In der Tat hält der Trend eines sinkenden spezifischen Kohleverbrauchs durch thermische Kraftwerke an (Eifert et al. 2007). Dadurch kommt es auch zu einer weiteren Verringerung des Ausstoßes von Kohlenstoffdioxid und Schwefeldioxid. Bei den neuesten chinesischen Kohlekraftwerken liegt der Wirkungsgrad mit ca. 38 % laut Auskunft deutscher Energiefirmen inzwischen gleich auf mit europäischen Anlagen. Insgesamt dürfte die Stromversorgung Chinas zumindest in den kommenden zehn Jahren als stabil gelten. Eine landesweite Krise, wie sie in den Jahren 2002 und 2003 auftrat, ist hingegen nicht zu erwarten.

Internationale Dimensionen der chinesischen Energiepolitik

Kapitel 6.
Chinas weltweite „Jagd" nach Öl und
die Veränderungen im globalen Ölgeschäft

Anfang des Jahres 2004 stoppte PetroChina, die größte Tochterfirma von CNPC, nach Jahrzehnten ununterbrochener Öllieferungen die vertraglich zugesicherten Rohölexporte nach Japan. Auch die laufenden Verhandlungen für die kommende Lieferperiode wurden unterbrochen. Dieser spektakuläre Schritt verdeutlicht die Problematik des stetig anwachsenden Erdölverbrauchs, der sich zwischen dem Jahr 1985 und dem Jahr 2005 durchschnittlich um 13,5 % pro Jahr steigerte. Während sich die Menge des verbrauchten Öls von 1995 bis 2005 mehr als verdoppelte (NBS 2006), überholte China bereits im Jahr 2003 sein Nachbarland Japan beim Ölkonsum. Laut den Angaben von BP (2007: 11) lag China im Jahr 2006 auf der Rangliste der weltweit führenden Ölverbraucher mit 7,4 Mio. Barrel pro Tag bzw. 9 % des globalen Ölkonsums an zweiter Position, lediglich nach den Vereinigten Staaten, die 24 % der globalen Ölförderung bzw. 20,6 Mio. Barrel täglich konsumierten.

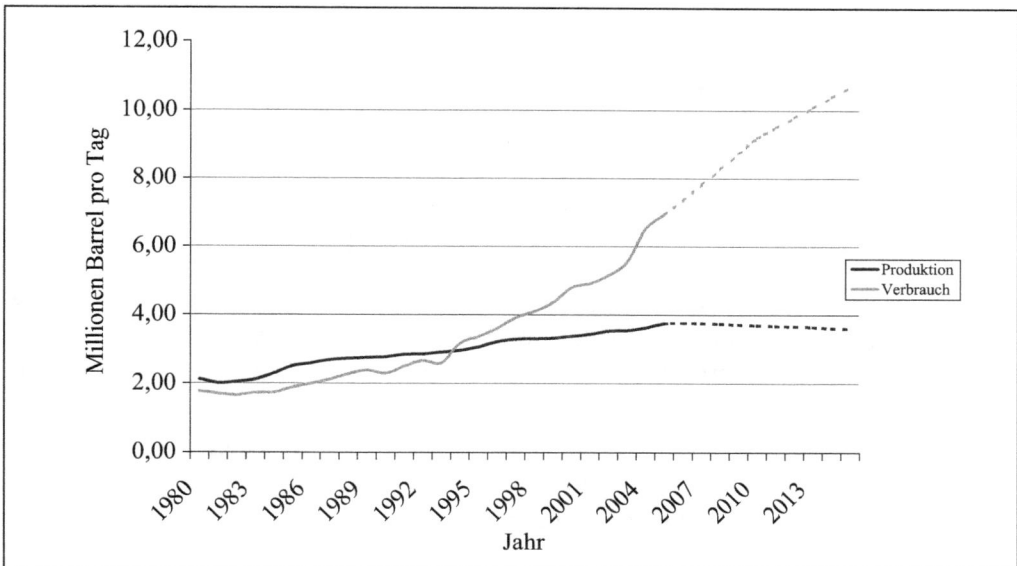

Abbildung 1: Chinas Ölproduktion und Verbrauch (1980 bis 2015)
Eigene Darstellung basierend auf den Zahlenangaben der EIA, in: http://www.eia.doe.gov/-emeu/mer/inter.html (Stand 21.5.2006) sowie Prognosen in EIA (2005a: 93, 157).

In Folge der hohen Wachstumsraten in der industriellen Produktion und im Transportsektor, die zusammen rund 80 % des Ölverbrauchs ausmachen, sowie aufgrund des expandierenden zivilen Personenverkehrs (APERC 2004; CBO 2006) steigerte sich der Ölverbrauch so stark, dass die inländischen Produktionskapazitäten ab 1994 endgültig nicht mehr ausreichend waren (siehe Abbildung 1). Dies lag nicht etwa an mangelnder Explorationstätigkeit, sondern daran, dass auf den chinesischen Ölfeldern, auf denen teilweise schon Jahrzehnte gefördert wird, ein Produktionsplateau erreicht wurde. Für die zukünftige Ölproduktion wird gar ein leichter Rückgang erwartet.

Um die aufklaffende Unterdeckungslücke auszugleichen, mussten chinesische Ölkonzerne auf die Erdölproduktion außerhalb von Chinas Territorium zurückgreifen. Dementsprechend steigerten sich allein beim Rohölverbrauch die Einfuhren von 27 % im Jahr 2001 auf 41 % im Jahr 2004 (Alexander's 2005a). Laut den Angaben des chinesischen Handelsministeriums wurden im vergangenen Jahr (2006) insgesamt 181,57 Mio. t Öl eingeführt. Dem stand ein Export von 18,72 Mio. t gegenüber. Damit ist China beim Ölverbrauch inzwischen zu 47,3 % abhängig von Erdölimporten (Xinhua 2007e). Wie Abbildung 1 zeigt, dürfte sich nach Schätzungen der EIA die Abhängigkeit von ausländischen Erdölreserven kontinuierlich vergrößern.

Im Zusammenhang mit diesem Trend befürchtet die Pekinger Regierung Unsicherheiten für Chinas Mineralölversorgung. Auf welche Weise erhält China seine überseeischen Öllieferungen? Ist China stark abhängig von einzelnen Lieferländern? Aus welchen Regionen wird die größte Menge importiert? Wie groß ist Chinas Abhängigkeit von ausländischen Quellen im internationalen Vergleich?

Ölhandel und eigene Produktion im Ausland

Für die Rohstoffbeschaffung im Ausland bestehen im Wesentlichen drei unterschiedliche Vorgehensweisen. Die Ölkonzerne können das benötigte Mineralöl entweder auf dem Weltmarkt durch Liefervereinbarungen mit den Ölproduzenten beziehen oder auf Basis von Förderlizenzen im Ausland Öl produzieren. Weiter können sie in Bohrprojekte, erschlossene Ölfelder oder Unternehmensbeteiligungen investieren. Nur letzteres erlaubt direkte „physische" Kontrolle über vorhandene Reserven sowie ihre Ausbeutung und gilt deshalb insbesondere in chinesischen Sicherheitskreisen als beste Option, um im Falle internationaler Krisensituationen die lebensnotwendigen Öleinfuhren sicherstellen zu können.

In der Praxis nutzen chinesische Ölfirmen aber jede der drei Möglichkeiten. Bereits seit Anfang der 1990er Jahre beteiligten sie sich meist auf Grundlage zwischenstaatlicher Abkommen am internationalen Ölgeschäft, z. B. in Peru, Thailand, Usbekistan, Venezuela, Turkmenistan, Irak, Indonesien und Nigeria. Im Jahr 1997 sorgte der Kauf eines 60 %igen Anteils am kasachischen Ölkonglomerat Aktyubinskmunaigaz für 4,3 Mrd. US-Dollar sowie der Erwerb einer Mehrheitsbeteiligung am zweitgrößten Ölfeld Kasachstans für besonderes Aufsehen, da in den Verhandlungen diverse internationale

Ölmultis von CNPC überboten worden waren. Im selben Jahr fasste CNPC außerdem im Sudan Fuß und erwarb dort einen 40 %-Anteil an der sudanesischen Nile Petroleum Operating Company (Downs 2000; Chang 2001).

Nach der Jahrtausendwende erfolgte eine zweite Welle chinesischer Direktinvestitionen im Ausland: Im Jahr 2004 vereinbarte Chinas Staatspräsident Hu Jintao anlässlich mehrerer Gipfeltreffen Investitionen von CNPC, SINOPEC und CNOOC in Pipelines, On- und Offshore-Bohrprojekte für Erdöl sowie in die Gasproduktion und den Aufbau von Versorgungsinfrastruktur im Gesamtvolumen von ca. 12 Mrd. US-Dollar mit Brasilien, Argentinien und Venezuela (Mayer 2006: 30). SINOPEC und CNPC arbeiten bereits seit einigen Jahren bei der Exploration und Ausbeutung neuer Öl- und Gasfelder in Südamerika und China eng mit dem brasilianischen Staatskonzern Petrobras und Venezuelas PDVSA zusammen (Husar 2007). Die CNPC beteiligt sich abgesehen von mehreren anderen Jointventures auch an der Erschließung der Ölvorkommen im Orinocobecken, die weltweit als bedeutend gelten. Es wird eine tägliche Produktionsmenge von 400 bis 600.000 Barrel erwartet.

Das bislang gewaltigste Projekt, das seit dem Jahr 2004 zwischen SINOPEC und iranischen Ölkonzernen ausgehandelt wird, umfasst ein fünfundzwanzigjähriges Lieferabkommen über 250 Mio. t verflüssigtes Erdgas (LNG), die Lieferung von 150.000 Barrel Öl pro Tag sowie eine Mehrheitsbeteiligung an dem noch unerschlossenen Yadavaran Ölfeld. Der Wert dieses als Jahrhundertvertrag bezeichneten Pakets wird ca. 100 Mrd. US-Dollar betragen. Außerdem planen CNOOC und CNPC, möglicherweise auch Gasfelder im Iran zu erschließen (Mayer 2006: 30; Callick 2006).

Den bisherigen Schwerpunkt der chinesischen Direktinvestitionen in die internationale Energiewirtschaft bildet die Ölindustrie im Sudan. Laut der U.S.-China Economic and Security Review Commission (2006: 103) liegt die Gesamtsumme der Investitionen inzwischen bei ca. 8 Mrd. US-Dollar. Andere Angaben sprechen lediglich von bis zu 5 Mrd. US-Dollar. Fest steht allerdings, dass CNPC einen 40 %igen Anteil an der Nile Petroleum Operating Company erwarb, eine ca. 1.000 km lange Pipeline von den Ölfeldern in Zentralsudan ans Rote Meer sowie einen zugehörigen Ölverladeterminal finanzierte; außerdem eine große Ölraffinerie in Sudans Hauptstadt Khartum (Goodman 2004).

Diese Gewichtung dürfte sich jedoch signifikant verschieben. Denn abgesehen von dem „Jahrhundertvertrag" mit iranischen Ölfirmen erwarben chinesische Ölmultis allein zwischen Ende 2005 und Anfang 2007 für zusammen rund 8,8 Mrd. US-Dollar Beteiligungen an Unternehmen und Ölfeldern in Kasachstan und Nigeria (People's Daily 2007) sowie eine weitere Beteiligung an einer Ölfirma in Ekuador für ca. 1,4 Mrd. US-Dollar. In Angola erwarb SINOPEC ferner Förderkonzessionen im Umfang von 2,2 Mrd. US-Dollar (vgl. U.S.-China Economic and Security Review Commission 2006: 101).

Damit haben die „Großen Drei" inzwischen nicht nur ihre Präsenz in Ländern merklich intensiviert, die bisher als traditionelle Lieferpartner westlicher Importstaaten galten. Sie etablierten auch in der westlichen Hemisphäre selbst ein Standbein, etwa mit der Minderheitsbeteiligung an einer Ölsandfirma in Kanada. Als CNOOC Mitte des Jahres

2005 erstmals versuchte, einen amerikanischen Ölkonzern zu übernehmen, scheiterte dies jedoch am Widerstand des amerikanischen Kongresses (Nanto et al. 2005).

Ende des Jahres 2005 operierten chinesische Energiekonzerne im Rahmen von 139 Projekten im Ausland (Lieberthal/Herberg 2006: 15). Laut den Unternehmensberichten von CNPC und CNOOC befinden sich ihre bedeutendsten Produktionsstandorte, an denen sie die Produktion selbst kontrollieren (d.h. sog. *equity oil* fördern), im Sudan bzw. in Indonesien mit 15,7 Mio. t bzw. ca. 1, 5 Mio. t jährlicher Fördermenge im Jahr 2004.

Nicht aufgeführt werden hierbei die Ergebnisse übernommener Unternehmen im Ausland wie Aktyubinskmunaigaz und PetroKazakhstan. Alles im allem dürfte sich das zusätzliche Produktionsvolumen auf ca. 230.000 Barrel pro Tag belaufen. Allerdings kann nur eine kleine Menge dieses *equity oil* nach China geliefert werden, da vertragliche Sonderregelungen bestehen. So verpflichtete sich CNPC im Falle Petro-Kazakhstans gegenüber der kasachischen Regierung, etwa 70.000 Barrel (pro Tag) auf lokalen Märkten zu verkaufen, sodass lediglich 30 % der momentanen Produktion nach China importiert werden können (vgl. Moore 2005).

CNPC, CNOOC und Sinochem förderten im Jahr 2005 zusammen insgesamt 21,6 Mio. t *equity oil*. Das entspricht ca. 434.000 Barrel pro Tag (siehe Tabelle). CNPC produzierte im Jahr 2004 außerdem mittels Förderlizenzen 30,1 Mio. t Rohöl außerhalb Chinas. Weitere Ölfirmen wie SINOPEC und PetroChina investieren ebenfalls in überseeische Erdöl- und Erdgasexplorationsprojekte, verfügen bisher aber über keine signifikante Ölproduktion im Ausland.

Tabelle 7: Die Bedeutung des *equity oil* für Chinas Ölversorgung

		2000	2001	2002	2003	2004	2005	2020[2]
Erdölverbrauch (Mio. t)		224,4	228,4	247,8	271,3	317,0	325,4	467
Importmenge (Mio. t)		97,5	91,2	102,7	131,9	172,9	171,6	280
equity oil (Mio. t)	CNPC	6,8	8,3	10,1	12,9	16,4	20	70
	CNOOC/ Sinochem[1]	0,1	0,1	1,9	2	1,9	1,6	
Anteil des equity oil am Gesamtverbrauch		3,0 %	3,7 %	4,8 %	5,5 %	5,8 %	6,6 %	15 %
Potentieller Anteil von equity oil an Importen		7,0 %	9,2 %	11,7 %	11,3 %	10,6 %	12,6 %	25 %

[1] Von Sinochem sind lediglich Angaben für 2004 und früher vorhanden (2005 = Schätzwert).

[2] Chinesische Planvorgaben (vgl. Ming 2005, Chen/Qiu 2006).

Quelle: Eigene Berechnungen basierend auf NBS (2003, 2006) sowie den Unternehmensberichten von CNPC (Jahre 2004, 2005), CNOOC (Jahr 2005) und Sinochem (Jahr 2004). Datenangaben wurden von den Autoren zwecks Vergleichbarkeit teilweise konvertiert (für die Angaben von CNOOC, dessen equity oil in Indonesien gefördert wird, gilt 1 metrische Tonne = 7,234 Barrel, für alle übrigen Angaben: 1 metrische Tonne = 7,33 Barrel).

Unter dem Eindruck der Aufsehen erregenden Großinvestitionen chinesischer Öl-firmen wird aber leicht übersehen, dass die Überseeproduktion, die sich in ihrem Be-sitz befindet, nur 6,6 % von Chinas gesamtem Mineralölverbrauch (2005) und rund 13 % der Importe abzudecken vermag, wie Tabelle 7 zeigt. Offensichtlich verlassen sich die chinesischen Unternehmen für sechs Siebtel der Öleinfuhren auf den interna-tionalen Erdölhandel. Zwar stieg der Anteil des *equity oil* an den Gesamteinfuhren zwischen 2000 und 2005 von 7,0 % auf 12,6 %, doch erhöhte sich zugleich die Menge des vom internationalen Markt bezogenen Mineralöls im selben Zeitraum von 90,6 Mio. t auf 150,3 Mio. t. Damit wird rund 36 % des gesamten chinesischen Ölkonsums von den Weltmärkten bezogen.

China verlässt sich offenbar beim größten Teil seiner Öleinfuhren auf den Weltöl-markt. Das von den wichtigsten Lieferländern Saudi-Arabien, Angola, Iran, Russland und Oman bezogene Erdöl, ist – wie international üblich – durch Lieferverträge oder Abkommen abgesichert. Das gilt auch hinsichtlich der zukünftigen Gas- und Uranim-porte, für die bereits mit Iran, Indonesien und Australien langfristige Lieferverträge im Umfang von rund 90 Mrd. US-Dollar abgeschlossen worden sind. Selbst wenn CNPC seine Pläne verwirklicht und in den kommenden 15 Jahren 18 Mrd. US-Dollar in die Ölproduktion im Ausland investieren sollte (Logan 2005), erscheint es als äußerst un-sicher, ob das offizielle Planziel erreicht werden kann, bis 2020 ein Viertel der Ölein-fuhren – also ca. 70 Mio. t – aus eigener Produktion zu beziehen (Ming 2005; Kong 2005: 56).

Kurz gesagt hat die Strategie, *equity oil* zu erwerben, aus chinesischer Sicht bislang „enttäuschende" Ergebnisse hervorgebracht (Constantin 2005: 35). Selbst für den Fall eines gesteigerten Importanteils der eigenen Überseeproduktion werden die marktba-sierten Ölimporte auch in Zukunft mindestens drei Viertel der Gesamteinfuhren aus-machen. Wie sehr China in der Tat vom Ölmarkt abhängt, zeigt sich daran, dass es, wie andere Großimporteure, dem Risiko stark schwankender Weltmarktpreise ausgesetzt ist. Die Folgen bekamen chinesische Ölfirmen bereits im Jahr 2005 zu spüren, als sie 3,3 % mehr Rohöl als im Vorjahr importierten, sich die entsprechenden Mehrkosten hierfür jedoch wegen des hohen Ölpreisniveaus um 40,7 % steigerten (Shanghai Daily 2006). Laut der Statistik des chinesischen Handelsministeriums importierte China im Jahr 2006 insgesamt für rund 82 Mrd. US-Dollar Rohöl und Ölprodukte. Gemessen an ihrem finanziellen Wert wiesen die Ölimporte im Vergleich zum Vorjahr unter allen aufgeführten Produktkategorien mit Ausnahme von Flugzeugen die höchsten Steige-rungsraten auf (MOFCOM 2007).

Diversifizierung der Ölquellen

Mitte der 1990er Jahre stammte über die Hälfte aller chinesischen Importe aus Oman und Indonesien. Nimmt man Yemen hinzu, kamen aus diesen drei Ländern knapp 70 % der Öleinfuhren. Rohöl wurde aus dem Mittleren Osten und der asiatisch-pazifischen Region, raffinierte Ölprodukte hauptsächlich aus letzterer eingeführt. China importier-

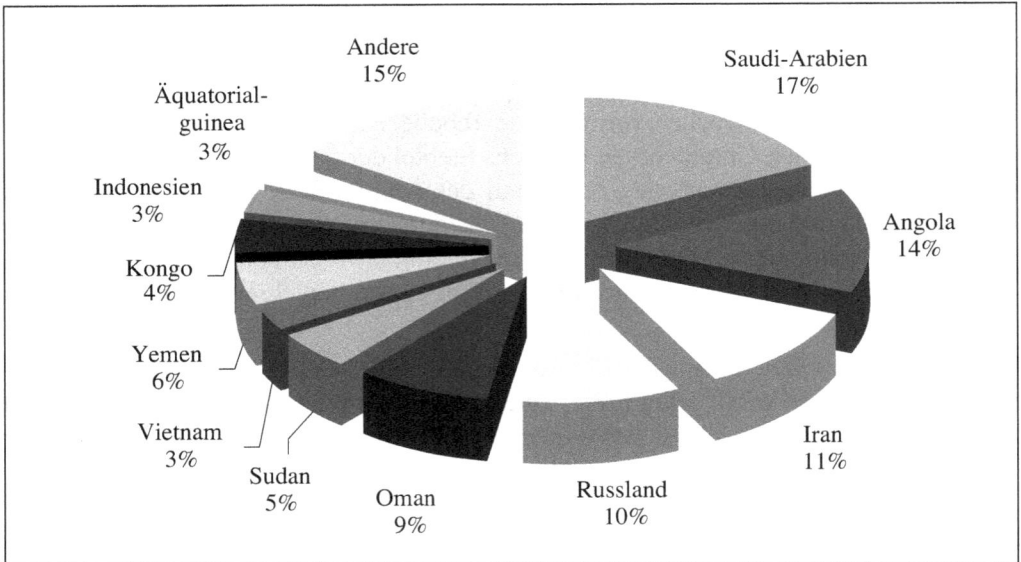

Abbildung 2: Herkunft chinesischer Rohölimporte (prozentuale Anteile einzelner Länder 2005)
Eigene Darstellung basierend auf Tian (2006: 4).

te damit 90 % von insgesamt 39 Mio. t Öl aus nur zwei Lieferregionen (IEA 2000: 78). Die politischen und wirtschaftlichen Eliten Chinas erkannten, dass hiermit ein enorm hohes Risiko für die Energiesicherheit ihres Landes verbunden war und verfolgten konsequent das Ziel, die Bezugsquellen für Erdöl besser zu streuen.

Tatsächlich haben chinesische Ölfirmen seitdem nicht nur die Einfuhrmenge mehr als vervierfacht, sondern auch die Zusammensetzung der Lieferquellen deutlich diversifiziert. Im Jahr 2005 entfiel ein Anteil von rund 60 % des importierten Rohöls auf fünf Länder: Saudi-Arabien (17 %), Angola (14 %), Iran (11 %), Russland (10 %) und Oman (9 %). Daneben gab es knapp dreißig weitere kleinere Lieferquellen (Tian 2006).

Bei der Verteilung der Lieferregionen verschob sich die Gewichtung zunächst stark zugunsten des Mittleren Ostens, der im Jahr 1998 mit rund 61 % den Löwenanteil auf sich vereinte. Allerdings sank der Anteil der Golfregion, anders als von Experten prognostiziert wurde (Fesharaki 1999), wieder anhaltend unter 40 %. Gleichzeitig entwickelte sich eine Importstruktur, die zu fünf Sechsteln von drei Herkunftsregionen dominiert wird. Davon entfielen im Jahr 2006 38,5 % auf den Mittleren Osten, 17,4 % auf Lieferquellen aus der Region Asien-Pazifik und 24 % auf Afrika. Die restlichen Einfuhren stammen von Russland und Zentralasien (12,6 %) sowie weiteren Produzenten in Südamerika und Europa (siehe Abbildung 3).

Der Trend zur weiteren Diversifizierung setzte sich im Jahr 2006 auch hinsichtlich einzelner Lieferländer erneut fort. Rund 72 % der gesamten Öleinfuhren stammten aus

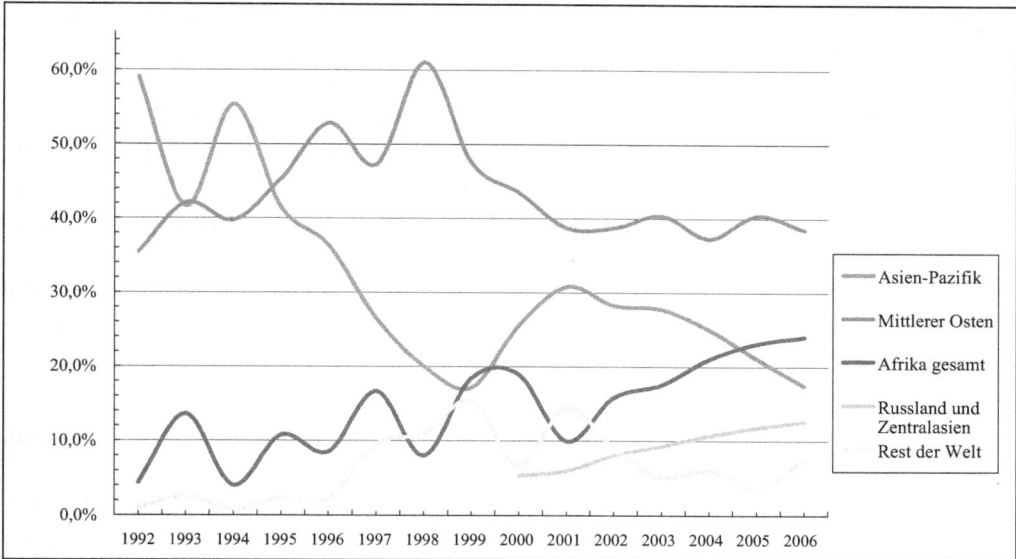

Abbildung 3: Herkunft der chinesischen Ölimporte 1992 bis 2006 (prozentuale Verteilung der Lieferregionen)
Eigene Darstellung basierend auf Angaben aus Xu (2000: Tab. 5) sowie aus BP Statistical Review of World Energy (Ausgaben 2000 bis 2007). Ölimporte umfassen Rohöl und Ölprodukte.

neun Quellen. Darunter befanden sich u.a. Saudi-Arabien (13,6 %), Angola (12,9 %), Russland (11,6), Iran (10,2), Oman (7,2), Südkorea (6 %) und Venezuela (4,0 %) (vgl. Xinhua 2007e). Offenbar waren Chinas Bemühungen von Erfolg gekrönt. Das Land hat sowohl seine Ölabhängigkeit von einzelnen Ländern stark verringert, als auch die Verteilung unter den Regionen deutlich ausgeglichener gestaltet.

Verantwortlich für diese Entwicklung war eine energische Importdiversifizierungspolitik, die chinesische Ölfirmen im Auftrag der Regierung durchführten. Die neuen Öl-Partnerschaften, die China mit dem Iran und Saudi-Arabien, aber auch mit Russland und Angola einging, bildeten hierfür den politischen Rahmen. Insbesondere die Ölimporte aus afrikanischen Ländern weisen aber die höchste Wachstumsrate auf. Sie stiegen von 2,1 Mio. t im Jahr 1993 auf 46 Mio. t im Jahr 2006 und ließen Afrika auf den zweiten Platz unter den Lieferregionen vorrücken. Der Anteil der Rohöllieferungen aus Afrika liegt bereits bei über 30 %, Tendenz weiter steigend. Zugleich vergrößerte sich die Menge des aus Russland und Zentralasien eingeführten Erdöls zwischen 2000 und 2005 um das Fünffache.

Wird China abhängig vom Golföl?

Bis zum Jahr 2010 erwartet die IEA, dass die Ölnachfrage in China (von heute 7,4 Mio.) auf 8,7 Mio. Barrel täglich ansteigen wird und weiter auf 11,2 Mio. Barrel pro

Tag bis zum Jahr 2020 bzw. 13,1 Mio. Barrel täglich bis 2030. Ferner reduzierte sich laut der Nationalen Entwicklungs- und Reformkommission die statische Reichweite der Ölreserven in China von 20 Jahren (Stand im Jahr 2000) auf nur noch ca. 14 bis 16 Jahre. Die inländische Ölproduktion soll bis zum Jahr 2020 laut den Schätzungen der IEA leicht zurückgehen auf 3,0 Mio. Barrel pro Tag (Eifert et al. 2007: 11; IEA 2005: 83, 90). Dies bedeutet, dass China im Jahr 2020 auf jeden Fall einen Mehrbedarf von ca. 5 bis 6 Mio. Barrel täglich durch ausländisches Öl abdecken müssen wird. Bis ins Jahr 2050 dürfte nach bisherigen Einschätzungen der Importbedarf noch weiter zunehmen. Gerät China deshalb, ähnlich wie andere asiatische Staaten, unweigerlich in eine hohe Abhängigkeit von der Golfregion, wie Analysten vielfach mit Hinweis auf die weltweite Ressourcenverteilung behaupten? (Gao 2000; Umbach 2003; Bahgat 2005; EIA 2005a).

Für eine stärkere Konzentration auf die Golfregion spricht zunächst die Tatsache, dass allein Saudi-Arabien und Iran laut British Petroleum gemeinsam über 395 Mrd. Barrel oder 33 % der nachgewiesenen Weltölreserven verfügen. Beide Länder werden ihre Förderkapazitäten bis ins Jahr 2025 voraussichtlich erheblich ausbauen (Iran um 1,3 Mio. Barrel, Saudi-Arabien um 7,1 Mio. Barrel). Insgesamt werden die Ölstaaten am Persischen Golf bereits im Jahr 2015 schätzungsweise rund 10 Mio. Barrel täglich mehr an Erdöl produzieren (EIA 2005a: 157).

Mit Sicherheit wird die Menge an Öl, die China von diesen beiden Ländern beziehen wird, das heutige Niveau weitaus übertreffen, da Saudi-Arabien massiv in die Umrüstung und den Neubau von Raffinerieanlagen in China investiert. Der saudische Ölkonzern Aramco verpflichtete sich, seine Öllieferungen bis 2010 auf eine Mio. Barrel pro Tag auszuweiten (People's Daily 2006). Im Iran beteiligen sind chinesische Unternehmen in großem Umfang an der Erschließung und Ausbeutung von bedeutenden Ölfeldern. Vor diesem Hintergrund kündigte der iranische Außenminister bereits Ende 2004 an, dass sein Land anstrebe, China noch vor Japan zum Topabnehmer iranischer Energieexporte zu machen (China Daily 2004).

Ob damit allerdings auch eine signifikante Verschiebung des prozentualen Anteils, d.h. eine bedeutend stärkere Abhängigkeitssituation von der Golfregion verbunden sein wird, bleibt unklar. Denn es wird meist übersehen, dass China seine bisherigen Diversifizierungserfolge nicht nur aufgrund einzelner großer Lieferpartner, sondern auch durch die Erschließung unzähliger kleinerer Quellen erzielte, die heute rund 40 % des gesamten Einfuhrvolumens ausmachen. Die Bedeutung kleiner Lieferquellen wird kontinuierlich zunehmen, da China in „nicht-traditionellen" Förderländern, vorwiegend in Afrika, zu einem bedeutenden Akteur bei der Entdeckung, Erschließung und Ausbeutung bislang unerschlossener fossiler Rohstoffvorkommen geworden ist (Widdershoven 2005). Tatsächlich führten umfangreiche Explorationstätigkeiten chinesischer Ölfirmen in jungen Ölförderländern wie z. B. im Sudan zu unerwarteten Produktionssteigerungen und Reservenaufstockungen.

Da afrikanische Ölstaaten gleichzeitig selbst im Begriff sind, ihre Produktionskapazitäten massiv auszubauen, wird sich der Ölfluss von Afrika in Richtung China ausweiten. Insgesamt wird für die afrikanischen Länder, die nicht Mitglieder der OPEC sind, erwartet, dass sie ihre Erdölförderung bis 2025 zusammengenommen um 3,7 Mio. Barrel pro Tag steigern. Für die OPEC-Staaten in West- und Nordafrika (Algerien, Libyen, Nigeria) ist eine Exportausweitung von zusammen täglich 4,1 Mio. Barrel anzunehmen. Auch die lateinamerikanischen Ölexporteure, wie Brasilien, Argentinien und Ekuador, werden ihre Produktion voraussichtlich um insgesamt rund 3 Mio. Barrel täglich ausbauen. Für die Ölstaaten im Pazifischen Raum – u.a. Vietnam, Australien, Papua-Neuguinea und Myanmar – rechnen Experten ebenfalls mit einer Anhebung des Fördervolumens. Somit wären die Nicht-OPEC-Länder (ohne die GUS) sogar ohne Schwierigkeiten dazu in der Lage, den gesamten Mehrbedarf Chinas abzudecken, da ihr Fördervolumen bis 2020 zusammengenommen um 10,8 bis 17 Mio. Barrel pro Tag zunehmen dürfte (EIA 2005a: 32, 34, 157; Götz 2005).

Neben den Bezugsquellen kleiner und mittlerer Größe wird China in Zukunft auch aus führenden Förderländern verstärkt Erdöl beziehen. Zentrale Bedeutung kommt darunter vor allem Russland, Venezuela und Kasachstan zu. Die EIA erwartet bis 2025 nahezu eine Verdopplung des russischen Anteils an Chinas Erdöleinfuhren auf dann 19,7 %. Diese Projektion dürfte aber noch übertroffen werden, da im Jahr 2006 mit dem Bau einer seit langem geplanten Pipeline begonnen wurde, die über ca. 4.000 km vom sibirischen Taishet zur Hafenstadt Nakhodka an der russischen Pazifikküste verlaufen soll. Die Pipeline mit einer Jahreskapazität von 80 Mio. t soll inklusive Abzweigung nach China bis 2008 vollendet sein (Xinhua 2006a). Alles in Allem möchte die russische Regierung laut ihrer nationalen Energiestrategie bis 2020 einen Ölmarktanteil von 30 % in der asiatisch-pazifischen Region erreichen (Paik 2005: 67).

Venezuela ist ebenfalls im Begriff, seine Ölexporte nach China auszuweiten. Im Jahr 2006 exportierte das Land rund 500.000 Barrel täglich und 2007 sollen es laut Angaben der staatlichen Ölgesellschaft Petroleos de Venezuela SA (PDVSA) bereits 750.000 Barrel täglich werden (Xinhua 2007j). Der venezolanische Präsident Hugo Chávez versicherte während seines Staatsbesuchs in China im August 2006, im Jahr 2010 eine Mio. Barrel pro Tag nach China liefern zu wollen (Garger 2006). Um die geplante Verschiffung des venezolanischen Erdöls nach China verwirklichen zu können, gab PDVSA den Bau von 18 zusätzlichen Tankern im Wert von 1,3 Mrd. US-Dollar in Auftrag (Piskur 2006; Pravda 2006). Ferner gibt es Pläne, eine Ölpipeline an die Pazifikküste zu bauen, um die Schiffspassage durch den Panamakanal zu vermeiden und damit kostengünstiger nach China exportieren zu können (Husar 2007: 100). Zugleich dürfte Kasachstan in Folge der kürzlich in Betrieb genommenen chinesisch-kasachischen Pipeline, die über eine Durchleitungskapazität von bis zu 20 Mio. t Öl pro Jahr verfügt, seine Öllieferungen nach China kräftig ausweiten (Sukhanov 2005).

Insgesamt scheint es angesichts bedeutender Importquellen außerhalb des Mittleren Ostens zumindest mittelfristig höchst unwahrscheinlich zu sein, dass China dazu ge-

zwungen ist, den Großteil seines Mehrbedarfs durch Öl aus der Golfregion abzudecken. Stattdessen ist zu erwarten, dass sich die Importstruktur relativ ausgewogen auf
vier Regionen – den Mittleren Osten, Afrika, Asien-Pazifik und Russland/Zentralasien
– mit jeweils einem Anteil von ca. 20 % bis 30 % aufgeteilt.

Quellendiversifizierung im internationalen Vergleich

Auch im internationalen Vergleich können sich Pekings Anstrengungen, die nationale
Abhängigkeit von einzelnen Lieferländern und -regionen zu reduzieren, durchaus sehen
lassen, wie die Vergleichswerte in Tabelle 8 verdeutlichen. Beispielsweise stammen, ähnlich wie im Fall der USA, ca. 60 % aller Öleinfuhren aus fünf Ländern, wohingegen Japan und die Europäische Union einen Anteil von 63 % bzw. 59 % von nur drei Lieferanten beziehen. Bezogen auf die Diversifizierung besitzt Deutschland den schlechtesten
Stand, da sich sogar 53 % seiner Erdölimporte auf nur zwei Quellen aufteilen. Besonders
auffällig ist Chinas hoher Anteil (39 %) an kleinsten Lieferquellen.

Tabelle 8: Diversifizierung der Erdölquellen im internationalen Vergleich (2004)

	China	USA	Japan	BRD	EU-15
Importabhängigkeit	41 %	64 %	100 %	100 %	ca. 90 %[1]
Nettoimporte Öl (Mio. Barrel pro Tag)	2,9	12,1	5,3	2,4	10,2[1]
Anzahl (und Anteil) größte Lieferländer	5 (63 %)	5 (62 %)	3 (60 %)	2 (54 %)	3 (59 %)
Anteil wichtigste Lieferregion Rohöl	37 % (Persischer Golf)	50 % (die Amerikas)	80 % (Persischer Golf)	34 % (Russland)	32 % (FSU)
Anteil OPEC	ca. 30 %	43 %	85 %	20 %	59 %
Rohöl-Lieferweg unter 1.000 km	ca. 10 %	ca. 32 %	ca. 6–8 %	ca. 32 %	34 %
Anteil kleiner Liefe-ranten (≤5 %)	39 %	ca. 24 %	ca. 18 %	12 %	25 %

[1] Wert bezieht sich auf Rohölimporte.
Quelle: Eigene Darstellung: Berechung basierend auf Zahlenabgaben in BP (2005); European Commis-
sion, http://-ec.europa.eu/energy/oil/crude/index_en.htm (Stand 29.5.2006); EIA, in: http://www.eia.doe.
gov/emeu/international/oiltrade.html und http://www.eia.doe.gov/emeu/cabs/topworldtables3_4.html
(Stand 19.6.2006) und Bundesministerium für Wirtschaft und Technologie, http://www.bmwi.de/BMWi/
Navigation/Energie/Energie-statistiken/energiedaten,did=51884.html (Stand 29.5.2006).

China verfügt damit im Vergleich zu Deutschland, das sich nur für rund 12 % auf kleine Quellen, jedoch für über ein Drittel seines Öls auf nur einen Lieferanten (Russland)
verlässt, über eine deutlich effektivere Risikostreuung für den Fall, dass es bei einzel-

nen Ölproduzenten zu einer Förderunterbrechung kommt. Allerdings sind Chinas Ausweichmöglichkeiten auf andere Importländer bei Ölprodukten vorerst begrenzt, da bisher nur beschränkte Raffineriekapazitäten für „schweres" und schwefelhaltiges Rohöl vorhanden sind (vgl. Medlock et al. 2004). Diese Einschränkung dürfte jedoch mit dem Aus- und Umbau großer Raffinerieanlagen in Südchina aus dem Weg geräumt werden.

Gleichzeitig ist China, verglichen mit anderen großen Ölimporteuren (mit Ausnahme Deutschlands), am wenigsten von den Mitgliedern der OPEC erpressbar, da es lediglich 30 % seines Öls von diesen importiert. Japans Abhängigkeit liegt zum Vergleich etwa bei 85 %, die Mitgliedstaaten der Europäischen Union importieren rund 59 % allen Mineralöls von der OPEC (siehe Tabelle 8). Für die theoretische Möglichkeit eines Ölembargos durch die OPEC-Staaten ist China vergleichsweise gut gerüstet.

Aus sicherheitspolitischer Perspektive besteht aber ein bedeutender Nachteil Chinas darin, dass es rund 90 % seiner Öleinfuhren tausende Kilometer über Seerouten und durch Meerengen transportieren muss. Sowohl die USA als auch die Europäische Union können hingegen bei über 30 % ihrer Ölimporte auf Produzenten in ihrer unmittelbaren Nachbarschaft zurückgreifen. Die große Entfernung zu den meisten Ölproduzenten und die Tatsache, dass 93 % der importierten Energieressourcen mit Hilfe von Öltankern nach China gebracht wird (Kong 2005: 15), stellen aus Sicht Pekings das größte strategische Risiko für Chinas Ölnachschub dar.

Insgesamt betrachtet ist es jedoch um Chinas Versorgungssicherheit trotz weiterhin steigender Ölimporte im Vergleich zu anderen Importnationen gut bestellt. Zum einen liegt dies daran, dass der Anteil am Erdölkonsum, den China einführen muss, mit rund 50 % immer noch deutlich niedriger liegt als bei den USA (64 %), Indien (69 %), Deutschland und Japan (beide 100 %). Zugleich besteht für China in absehbarer Zeit keine Gefahr, in hohe Abhängigkeit zu einem oder wenigen Lieferländern zu geraten, da es inzwischen über eine vergleichsweise ausgewogene Verteilung bei seinen Lieferquellen verfügt. Selbst wenn China mehr als 50 % seines Erdöls aus dem Golfgebiet bezöge – was äußerst unwahrscheinlich ist –, würde seine Abhängigkeit zu dieser Region verglichen mit seinen asiatischen Nachbarländern Japan (86 % im Jahr 2005) und Südkorea (70 % im Jahr 2005) noch gering ausfallen (vgl. Chanlett-Avery 2006).

Durch die Erfolge der Diversifizierungsstrategie und mittels der strategischen Ölreservelager, die zurzeit in China errichtet werden, ist die Volksrepublik in der Lage, ihre Erdölversorgungssicherheit in vielen denkbaren Krisenszenarien – von Engpässen auf dem Weltölmarkt oder Lieferboykotten bis hin zum Produktionszusammenbruch in einzelnen Ölstaaten – effektiver zu gewährleisten als etwa Japan oder Deutschland. Hinsichtlich des chinesischen *equity oil*, das de facto lediglich eine untergeordnete Rolle für die Energiesicherheit spielt, unterscheidet sich das Land offenbar kaum von den anderen großen Ölimportnationen, denn es bezieht den allergrößten Teil seiner Ölimporte vom Weltmarkt.

Kapitel 7.
Sichert China seine Ölversorgung durch eine „wilhelminische Flottenpolitik"?

Ein zentrales Erfordernis der Energiesicherheit liegt darin, das Risiko von Versorgungsengpässen und Nachschubunterbrechungen zu vermindern. In diesem Sinne ist es entscheidend, sowohl über vielfältige Bezugsquellen für Erdöl und Erdgas als auch über mehrere unabhängige Transportrouten zu verfügen. Die internationalen Schifffahrtsstraßen sind daher für Länder wie China, die einen wachsenden Anteil ihrer Öleinfuhren auf dem Seeweg erhalten, von lebenswichtiger Bedeutung. Allgemein betrachtet ist die ungehinderte Passage von Öltankern sowohl für die Energieversorgung in Ostasien[2] als auch für das Funktionieren des Weltölmarktes insgesamt eine notwendige Voraussetzung.

Obwohl es chinesischen Ölfirmen gelungen ist, die Zahl der Lieferländer deutlich auszuweiten, muss ein rund 60%iger Anteil der Ölimporte die Straße von Malakka – das Nadelöhr zwischen Malaysia, Singapur und Indonesien – passieren. Chinas Staatspräsident Hu Jintao soll laut Medienberichten im November 2003 diesbezüglich vom „Malakka-Dilemma" gesprochen haben (Storey 2006). Gemeint ist damit Chinas strategische Verwundbarkeit, denn es verfügt im Falle einer Krise in der Taiwanstraße nicht über die militärischen Mittel, eine Strangulierung der Erdöltransporte über den Indischen Ozean und insbesondere an Engpässen (den sog. *choke points*) wie der Straße von Malakka durch die Marine der Vereinigten Staaten zu unterbinden (Downs 2004; Wang 2004). Das in Pekinger Sicherheitskreisen verbreitete Gefühl der Verwundbarkeit – so wird von vielen westlichen Beobachtern weiter argumentiert – zieht eine unabwendbare strategische Logik nach sich, der zufolge die chinesische Regierung bereits begonnen hat, die Seestreitkräfte zum Schutz der Nachschublinien aufzurüsten (Umbach 2001; Kaplan 2005; DoD 2005; Navarro 2006).

Tatsächlich befindet sich die Marine der Volksbefreiungsarmee (People's Liberation Army Navy, PLAN) in einer Phase umfassender Modernisierung. Steht diese Modernisierung im Zusammenhang mit Energiesicherheit und strategischer Verwundbarkeit? Verwendet China alternative Instrumente zur Sicherung seiner Ölversorgung? Wie lassen sich unterschiedliche Interpretationen von Chinas Politik verstehen?

---

[2] Sowohl die Ölversorgung Japans als auch Südkoreas ist zu ca. 90 % abhängig von Überseetransporten.

Marineaufrüstung für Energiesicherheit?

Die Frage, ob Peking danach strebt, die Energierouten, auf denen Erdöllieferungen nach China transportiert werden, militärisch zu kontrollieren, lässt sich anhand weniger Indikatoren zweifelsfrei beantworten. Einfach gesagt, müsste die chinesische Regierung, wenn sie die Seewege im Pazifik und Indischen Ozean strategisch schützen möchte, die PLAN zu einer mächtigen Hochseemarine um- und ausbauen. Laut dem amerikanischen Verteidigungsministerium zählen zu den entscheidenden Indikatoren, die auf einen derartigen Trend hinweisen, der Bau von Flugzeugträgern und die Anschaffung einer großen Zahl von nukleargetriebenen Angriffsunterseebooten (vgl. DoD 2006a: 31).

Beides ist in Bezug auf die PLAN nicht zu beobachten. Nach 20 Jahren Diskussion über die Entwicklung eines eigenen Flugzeugträgers und dem Erwerb mehrerer ausgemusterter Modelle bliebt weiterhin völlig ungewiss, ob jemals ein eigenes Flugzeugträgerprogramm aufgelegt werden soll (Storey/Ji 2004). Das dürfte nicht zuletzt auch daran liegen, dass Flugzeugträger unkompatibel mit dem chinesischen Konzept „asymmetrischer Kriegsführung" sind. Viele Militärstrategen erachten einen Flugzeugträger im Falle eines Taiwankonflikts eher als Belastung, denn als strategisch nützliche Waffe in der Hand Pekings (Diamond 2006: 55). Es ist jedoch keineswegs ausgeschlossen, dass bis 2020 oder 2030 der Bau eines Flugzeugträgers kleinerer Dimension angestrebt werden könnte mit dem Ziel, diesen für diplomatische Zwecke und Krisenhilfe einzusetzen. Vorbild hierfür ist der schnelle Katastropheneinsatz amerikanischer und indischer Flugzeugträger sowie japanischer Kriegsschiffe in Südostasien nach dem Tsunami Ende 2004 (Erickson/Wilson 2006).

Im Gegensatz hierzu verfügt die PLAN zwar über atomar betriebene sowie einige mit Atomraketen bestückte Unterseeboote, doch handelt es sich dabei um lediglich fünf veraltete Modelle. Die angestrebte Konstruktion einer neuen Generation von Atom-U-Booten schreitet bestenfalls in moderatem Tempo und sehr begrenztem Umfang voran und bleibt mit erheblichen technischen Mängeln behaftet. Der Schwerpunkt der Konstruktionsprogramme für Unterseeboote zielt hingegen darauf hin, die völlig veraltete konventionelle U-Boot-Flotte schrittweise zu ersetzen, die von ehemals ca. 100 auf höchstens 35 einsatzfähige Schiffe geschrumpft ist. Ebenfalls zu diesem Zweck werden von Russland Dieselunterseeboote erworben (Cole 2001; Shambaugh 2002/2005; Goldstein/Murray 2004; Anzera 2005: Beier 2005; McVadon 2006).

Trotz zehn Jahre andauernder Reformanstrengungen ist die von der chinesischen Rüstungsindustrie hergestellte Schiffs- und Waffentechnik immer noch mindestens ein bis zwei Generationen hinter dem Stand ihrer westlichen Konkurrenz zurück (Chueng 2005). Aber auch mit dem Kauf modernster Technologie und einigen überraschenden Fortschritten bei der heimischen Schiffsproduktion hat die PLAN ihre massiven Probleme bei der Wartung, Handhabung, Koordination und Integration unterschiedlicher

Waffensysteme nicht behoben (McVadon 2006). Der ehemalige Premierminister von Singapur, Lee Kuan Yew, schätzt daher, dass es noch weitere 50 Jahre dauert, bis China eine mit den USA, Japan und Indien vergleichbare Hochseeflotte wird aufbauen können (Beng/Li 2005: 25).

Obwohl die PLAN schon seit Mitte der 1990er Jahre des vergangenen Jahrhunderts über eine „Hochseeverteidigungsstrategie" verfügt, die eine Ausdehnung des Aktionsradius über die Küstenmeere hinaus vorsieht (Singh 1999), stehen die aktuellen Waffenkäufe und Modernisierungsprogramme in keiner Verbindung zu diesen langfristigen Zielvorgaben (Swaine/Tellis 2000: 127ff.). Laut David Shambaugh (2002: 283), einem der bekanntesten unabhängigen Verteidigungsexperten, gibt es, abgesehen von der Taiwanfrage, wenige Beweise dafür, dass Bedrohungsperzeptionen – wie z. B. das „Malakka-Dilemma" – als treibende Kraft hinter der anhaltenden Streitkräftemodernisierung stehen. Shambaugh bezeichnet Chinas Energiebedarf nicht als direkten Faktor (*direct driver*), sondern lediglich als eine erst „auf lange Sicht" wirksame, situationsbedingte Antriebskraft (*contextual driver*) für die Rüstungspolitik (Shambaugh 2005: 77ff.)

In der Tat verschob sich der Fokus bei den Modernisierungsanstrengungen der chinesischen Streitkräfte in den letzten Jahren auf die Marine (Shambaugh 2005), nachdem sie bis Mitte der 1980er Jahre von der Armeeführung eine stiefmütterliche Behandlung erlebt hatte. Die maßgeblich von Admiral Liu[3] formulierte „Hochseeverteidigungsstrategie" wird jedoch fälschlicherweise als Indiz für Chinas Ambitionen, global oder regional Machtpolitik zu betreiben, herangezogen. Diese Strategie zielt aber in erster Linie darauf ab, China und seine Küstengewässer vor einer Invasion fremder Truppen zu schützen und kann nicht als Beleg für aggressive Flottenpolitik gewertet werden, weil sie lediglich die „fundamentale Logik" moderner Seekriegsstrategie widerspiegelt, der sich China als Späteinsteiger unmöglich entziehen kann (Beier 2005: 306ff.). Ohnehin verloren Admiral Lius Visionen von einem chinesischen Flugzeugträger mit seinem Rücktritt und bedingt durch die Taiwankrise von 1996 jegliche Priorität, weil die Unterbindung möglicher taiwanesischer „Sezessionsbestrebungen" zur Haupttriebkraft für Pekings Rüstungspolitik wurde (Crane et al. 2005: 200; Storey/Ji 2004).

Die Modernisierung der Volksbefreiungsarmee ist auf die Verteidigung der Landesgrenzen ausgerichtet. Die Marine konzentriert sich dabei „fast zwanghaft" auf das Taiwanproblem (McVadon 2006; Swaine/Telis 2000). Nichtsdestotrotz werden immer wieder chinesische Stimmen laut, die medienwirksam den Aufbau einer starken Hochseeflotte fordern, um China aus der Umklammerung durch die USA zu lösen. Dabei wurde auch explizit mit einer Konfrontation zwischen der PLAN und der amerikanischen Navy z. B. in der Straße von Malakka gerechnet (Jiang 2006b). Es handelt sich aber hierbei meist um zweitrangige Offiziere oder Strategen, deren Meinung kein Gewicht in den politischen und militärischen Entscheidungsprozessen hat.

---

[3] Admiral Liu Huaqing war zwischen 1982 und 1988 Oberbefehlshaber der PLAN und von 1989 bis 1997 stellvertretender Vorsitzender der Zentralen Militärkommission.

Nach einer sorgfältigen Analyse kam Shambaugh zu dem Ergebnis, dass es keine ernstzunehmenden Anzeichen dafür gibt, dass Peking eine Hochseemarine oder generell militärische Kapazitäten aufbauen möchte, um „Macht über seine unmittelbaren Grenzen hinaus zu projizieren" (Shambaugh 2004: 86). Die Modernisierung der chinesischen Marine stellt nach ausgewogenen Betrachtungen für die Region Ostasien insgesamt keine destabilisierende Gefahr dar. Die PLAN wird ihre direkten Gegenspieler, die Flotten Japans und Indiens, die selbst große Modernisierungsprogramme umsetzen, weder technologisch noch hinsichtlich der Kampfkraft überflügeln (Beier 2005; Tellis 2005; Bert 2003: 85ff.). Stattdessen vergrößert sich der Abstand zwischen der Volksbefreiungsarmee und den modernen Armeen Japans, Südkoreas, und insbesondere im Verhältnis zu den sich rasch modernisierenden amerikanischen Streitkräften, immer weiter (Bert 2003: 87).

In diesem Sinne bemerkte James Holt treffend: „Selbst wenn China seine Verteidigungsausgaben stark anheben würde, bräuchte es Jahrzehnte, bis seine Marine, Luftwaffe und Atomstreitkräfte mit den amerikanischen [Einheiten] wetteifern könnten" (Holt 2005: 26). Ganz abgesehen von der Überalterung des Schiffsbestands der PLAN und den vielfältigen Wartungs- und Bedienungsschwierigkeiten, wird im direkten quantitativen Vergleich die Unterlegenheit der chinesischen Marine überdeutlich, die über weniger als ein Zehntel der Schiffstonnage der US-Marine verfügt – vom Besitz eines Flugzeugträgers ganz zu schweigen – während 24 der weltweit modernsten Flugzeugträger unter amerikanischer Flagge fahren (Pehrson 2006: 20). Zudem beträgt Chinas Verteidigungshaushalt weniger als ein Viertel des amerikanischen, muss aber für zahlenmäßig ungefähr doppelt so große Streitkräfte ausreichen.

Kooperation und Trittbrettfahrerstrategie

Wie lässt sich erklären, warum die PLAN dem Entwicklungsniveau moderner Flotten mindestens zehn bis 20 Jahre hinterher hinkt und noch kein Bauprogramm für Flugzeugträger begonnen hat? Neben praktischen Hürden bei der Umsetzung, wie Schwierigkeiten, fehlende technische Bestandteile zu beschaffen, und schlicht mangelnder Professionalität von Matrosen und Offizieren (Beier 2005; Crane et al. 2005: 135ff.), lassen sich einige theoretische Überlegungen vorbringen, die konträr zu realistischen Ansätzen den Schluss nahelegen, dass eine Hochseeflotte keineswegs im Interesse Pekings liegt.

Zunächst kann – ausgehend von der Tatsache zunehmender wirtschaftlicher Abhängigkeit vieler Länder von unbehindertem Warenverkehr und Energielieferungen auf internationalen Schifffahrtsstraßen – geschlussfolgert werden, dass kooperatives Verhalten unter den Staaten zunimmt (Dannreuther 2003; Rosecrance 1986). Die Sicherheitsinteressen Chinas, der USA und anderer ost- und südostasiatischer Länder sind immer mehr miteinander verflochten, weil die Volkswirtschaften durch Handel und ausländische Direktinvestitionen interdependent sind (Ross 1999; Ong 2002: 169ff.). Daher werden selbst ökonomische Sanktionen gegen China äußerst unwahrscheinlich, ganz zu schweigen von dem Szenario, in dem die Vereinigten Staaten mit Hilfe ihrer Marine die Öllieferungen nach China stoppen könnten (Bert 2003: 102ff.; Cole 2006). Dies verhält sich nicht zuletzt deshalb so, weil Amerikas Unternehmen und Verbraucher unter einem amerikanischen Ölembargo mindestens ebenso leiden würden wie chinesische. Im Falle der Straße von Malakka würde zudem nicht nur die Energieversorgung aller amerikanischen Verbündeten in Ostasien, sondern auch rund 40 % des Welthandels ernsthaft beeinträchtigt werden (vgl. Manning 2004: 47ff.). Damit stellt sich aus theoretischer Sicht die Frage, ob die strategische Notwendigkeit einer Hochseeflotte überhaupt besteht.

Ferner kann den vielen „nichttraditionellen" Sicherheitsrisiken für Schifffahrtswege, die von privaten Akteuren ausgehen, nur mit Hilfe zwischenstaatlicher Zusammenarbeit effektiv begegnet werden (Bradford 2005). Für die Meeresengen in Südostasien – Brennpunkte von Seepiraterie und Terroranschlägen und zudem durch Naturkatastrophen bedroht – liegt daher aus theoretischer Perspektive eine Zusammenarbeit der Anrainerstaaten sowie interessierter Drittländer wie China, Japan oder Indien mit dem Ziel, die Seeschifffahrtspassagen zu sichern, nahe (Ji 2000; Khurana 2006).

In der Tat führen Malaysia, Indonesien und Singapur nach längeren Verhandlungen inzwischen gemeinsame See- und Luftpatrouillen entlang der Straße von Malakka durch, zu denen auch China technische Hilfe anbot. Der Vorschlag des amerikanischen Admirals Fargo im Streitkräfteausschuss des Repräsentantenhauses, die US-Marine solle sich direkt an diesen Seekontrollen beteiligen und im Krisenfall auch autonom eingreifen, wurde hingegen von den Regierungen Malaysias und Indonesiens als inakzeptable Souveränitätsverletzung kritisiert und zurückgewiesen. China unterzeichnete im Herbst 2006 das von der japanischen Regierung initiierte regionale Kooperationsabkommen zum Kampf gegen „Piraterie und bewaffnete Raubüberfälle gegen Schiffe in Asien" (ReCAAP), das mit einem permanenten Büro den institutionellen Grundstein für ein gemeinsames Vorgehen gegen Seepiraterie in der Region legte (Xinhua 2006h; Ho 2006a; Bradford 2005). Der in den vergangenen beiden Jahren von Beobachtern verzeichnete deutliche Rückgang der Piraterie in Südostasien wird auf die Zunahme koordinierter Sicherheitsinitiativen zurückgeführt (Möller 2006: 15).

Angetrieben von der Befürchtung, chinesische Interessen könnten durch eine Ausweitung der amerikanischen Militärpräsenz in Südostasien bedroht werden, weitete Chinas Regierung sowohl ihre multilaterale Diplomatie als auch Kooperationen auf bilateraler Ebene aus (Christensen 2006; Medeiros 2005b). So begann die chinesische Marine zum ersten Mal in ihrer Geschichte, in einigen Seegebieten Südostasiens gemeinsam mit vietnamesischen Kriegsschiffen zu patrouillieren und führte mit Thailand, Indien und den USA Seemanöver durch. Nachdem Indonesien und China 2005 eine „strategische Partnerschaft" eingingen, verstärkten beide Länder ihre Zusammenarbeit im Bereich der maritimen Sicherheit (Möller 2006; Xinhua 2006i). Beim jüngsten Treffen der Internationalen Seeorganisation (IMO) sagte China als einziges, nicht an die Straße von Malakka angrenzendes Land seine Mithilfe beim Bau von Navigationshilfen, Wetter- und Tidenmesseinrichtungen sowie Anlagen zur Abwasserreinigung in Singapur, Indonesien und Thailand zu (Ho 2006b).

Dass Peking im Jahr 2002 die „Erklärung über die Verhaltensregeln"[4] für das Südchinesische Meer unterzeichnete, bestätigt nicht nur strategisches Interesse an den dortigen Seewegen (Möller 2006: 20), sondern zeigt – und dies ist die zentrale Schlussfolgerung –, dass eine militärische Konfliktlösung keinesfalls im Einklang mit chinesischen Interessen steht (Acharya 2003: 6). Vielmehr setzt die chinesische Außenpolitik auf vertrauensbildende Maßnahmen und multilaterale Verfahren zur Beilegung von Konflikten. So intensivierte die Volksbefreiungsarmee den militärischen Austausch mit den ASEAN-Staaten; Pekinger Diplomaten werden im Laufe des Jahres 2007 erstmalig einen „peace-keeping workshop" mit dem expliziten Ziel ausrichten, die 2002 unterzeichnete „Erklärung über die Verhaltensregeln" in konkrete Politik umzusetzen (Xinhua 2007f).

Der Bedeutungszuwachs multilateraler Kooperation zeigte sich erneut während des letzten Ostasien-Gipfels im Januar 2007, auf dem China, die ASEAN-Staaten sowie Korea, Japan, Indien, Australien und Neuseeland die Cebu Declaration on Energy Security unterzeichneten, um zukünftig auch im Bereich der Energiepolitik umfassend zusammenzuarbeiten (Xinhua 2007g). Diese Absichtserklärung muss sich jedoch erst noch als wirkungsvoller erweisen als viele andere Energie-Kooperationen in der asiatisch-pazifischen Region, die meist über bloße Lippenbekenntnisse nicht weit hinausgekommen sind (vgl. Ebert 2006; Ho 2006a).

Pekings Zurückhaltung beim Ausbau der Flotte kann auch als pragmatisch-ökonomisches Kalkül verstanden werden, das von der Einsicht ausgeht, dass die militärische und politische Vorherrschaft der Vereinigten Staaten global und regional von Dauer ist (vgl. Zhao 2004; Goldstein 2005). Da die USA mit ihrer globalen Militärpräsenz Sicherheit auf den entscheidenden Seerouten garantieren, profitieren sowohl deren Verbündete Japan und Südkorea als auch die Volksrepublik von diesen „Dienstleistungen". Aus dieser Perspektive gesehen verfolgt China de facto eine Trittbrettfahrer-Strategie. Für die Wahl dieser Strategie ist aber nicht nur das bloße Vorhandensein amerikanischer Dienstleistungen ausschlaggebend (Feigenbaum 1999; Manning 2004), sondern auch die enormen Kosten, die eine groß angelegte Flottenpolitik verursachen würde.

Dazu zählen gewaltige finanzielle Aufwendungen, die trotz erhöhter Militärausgaben die momentanen Möglichkeiten der chinesischen Streitkräfte bei weitem übersteigen würden. So konstatierte ein chinesischer General, sein Land könne sich nicht einmal unter Aufwendung des gesamten Verteidigungsbudgets für sechs Jahre einen Flugzeugträger wie die „Nimitz" leisten, geschweige denn die anfallenden Instandhaltungskosten (APN 2000; Diamond 2006). Die chinesische Marine müsste, wenn sie nur eine einzige Flugzeugträger-Gruppe bilden wollte, alle momentan verfügbaren modernen Zerstörer, Fregatten und Unterseeboote zusammenwerfen.

---

[4] Die offizielle Bezeichnung lautet: Declaration on the Conduct of Parties in the South China Sea.

Westliche Militäranalysten weisen darauf hin, dass ohne eine deutliche Erhöhung der Ausgaben für die Marine, die mit rund 10 % des Militärhaushaltes den relativ kleinsten Anteil erhält, selbst das heutige Modernisierungstempo nicht aufrechterhalten werden kann (Ji 2006; Beier 2005: 305, 311). Damit scheint aus der Sicht der chinesischen Führung die Option einer eigenen Absicherung der Energieversorgungsrouten im Indischen Ozean und in Südostasien, die eine Hochseemarine mit mehreren Flugzeugträgerflotten erforderlich machen würde, weder realistisch noch wünschenswert zu sein. Anders ausgedrückt „hat der chinesische Wunsch, reicher und mächtiger zu sein, nicht dazu geführt, durch konzertierte militärische Anstrengungen die Vereinigten Staaten als dominierende regionale und globale Macht zu ersetzen" (Johnston 2003: 56).

Weit mehr schlagen jedoch die sicherheits- und außenpolitischen Kosten einer Hochseemarine zu Buche. Peking müsste eine bedenkliche Verschlechterung seiner Beziehungen zu Washington in Kauf nehmen. Mit Indien, Japan und Südkorea droht ein maritimer Rüstungswettlauf. Zugleich würde es Gefahr laufen, sein mühevoll erworbenes Image als verantwortliche, auf Stabilität und Frieden bedachte Regionalmacht, nachhaltig zu zerstören (Storey/Ji 2004; Diamond 2006: 56ff.). Dies käme einer deutlichen Abkehr von den außenpolitischen Leitlinien seit der Reform- und Öffnungspolitik Deng Xiaopings gleich, die sich am Status quo orientierte und stabile Beziehungen zu Washington als vorrangiges Ziel betrachtete (vgl. Johnston 2003). Eine „wilhelminische Flottenpolitik" stünde auch im Widerspruch zur unverändert gültigen außenpolitischen Prämisse, vorrangig für ein stabiles und friedliches Umfeld zu sorgen und würde zugleich die großen Erfolge eben jener um Annäherung bemühten Nachbarschaftspolitik des letzten Jahrzehnts konterkarieren (vgl. Medeiros/Fravel 2003).

Insgesamt betrachtet verwundert es daher keineswegs, dass Peking zwar die Modernisierung seiner Seestreitkräfte im Hinblick auf eine mögliche Auseinandersetzung in der Taiwanstraße vorantreibt, den Marinesektor dennoch insgesamt mit einem derart engen Budget ausstattet, dass serienreife Entwicklungen beim Schiffsbau und der Waffentechnik nicht erreicht werden konnten, die PLAN unverändert stark abhängig von importierter Technologie bleibt und weder über interkontinentale Langstreckenbomber noch über militärische Überseebasen verfügt (Ji 2006; Shambaugh 2005: 95). Stattdessen verfolgt Peking trotz der Sympathiebekundungen vieler Chinesen für das Flugzeugträgerprojekt eine Reihe von „kostengünstigeren" Alternativen.

Günstige Alternativen

Chinas Regierung reagiert auf das „Malakka-Dilemma" im Wesentlichen mit vier mehr oder minder koordinierten Maßnahmen, bei denen die PLAN eine sehr untergeordnete Rolle einnimmt:

- Vermutete Erdöl- und Ergasreserven im Umfang von 23 bis 30 Mrd. t im Südchinesischen Meer, die bisher wegen Territorialstreitigkeiten mit einigen ASEAN-Staaten unangetastet blieben, sollen ausgebeutet werden (Asia Pulse 2005). Chinesische Unterhändler schlugen vor, strittige Territorialfragen außer Acht zu lassen, um gemeinsam seismische Studien der unterseeischen Lagerstätten durchführen zu können. Dies wurde bereits mit Vietnam und den Philippinen vereinbart und in Angriff genommen (Schofield/Storey 2005). Außerdem erhielten gemeinsame Explorationstätigkeiten zwischen PetroVietnam und CNOOC im Golf von Tonkin im Januar 2007 höchste staatliche Erlaubnis (Dow Jones Newswires 2007). Trotz verbleibender Unstimmigkeiten und Spannungen, ist die Kooperation im Südchinesischen Meer nicht nur ein deutliches Entspannungszeichen (Schofield/Storey 2005), sondern erhöht zugleich den Anteil von Chinas Ölimporten aus der unmittelbaren Nachbarschaft. Für die zwischen Japan und China umstrittene Exploration am Chunxiao-Ölfeld im Ostchinesischen Meer, die zunehmend auch zu militärischen Aktivitäten führt, wurden zwar wiederholt Verhandlungen durchgeführt, bisher aber keine Lösung gefunden.

- Chinesische Unternehmen investieren in den Aus- und Neubau von Tiefseehäfen entlang der Route Ostasien-Persischer Golf. Insbesondere zählen hierzu die Hafenbauprojekte in Sittwe (Myanmar) und im pakistanischen Gwadar (Mayer 2006). Diese unter dem Label „Perlenketten-Strategie" bekannt gewordenen Aktivitäten sorgten in den Vereinigten Staaten für Aufregung und Misstrauen gegenüber China. In einem öffentlich gewordenen Papier des amerikanische Verteidigungsministeriums wurde festgestellt, es handele sich hierbei um den Versuch, militärische Basen für eine Hochseeflotte zu etablieren (Gertz 2005; Blumenthal/Lin 2006). Entgegen vieler aufgeregter Spekulationen, deren Stichhaltigkeit jedoch ausschließlich auf Zeitungsberichten beruht, dürften die chinesischen Investitionen – ob in Sittwe, Singapur, Gwadar, Chittagong oder Djibuti – ganz unspektakulär dem Ausbau von Hafenkapazitäten, Containerterminals und Warenlagern dienen. Sie sind daher ein sicheres Zeichen für die friedliche Expansion der Handelstätigkeit chinesischer Unternehmen und/oder hängen mit der Errichtung neuer Pipelinerouten zusammen.

- Für die Abkürzung der Afrika/Golf-Ostasienroute und die Umgehung der Straße von Malakka legte ein chinesisches Expertengremium im Jahr 2004 einen Plan für zehn alternative Pipelinerouten vor (Beng 2004b). Darunter befindet sich die Pipeline vom Tiefseehafen Sittwe in Myanmar ins chinesische Kunming, deren Bau laut Medienberichten bereits begonnen haben soll (AFP 2006). Nachfragen bei der chinesischen Botschaft in Myanmar ergaben jedoch, dass das Genehmigungsverfahren für den Bau dieser Pipeline noch nicht abgeschlossen wurde und die chinesische Regierung noch immer ungeduldig auf den Baubeginn wartet.

Zugleich plant die staatseigene Myanmar Oil & Gas Enterprise gemeinsam mit CNPC den Verlauf einer Gaspipeline sowie einer weiteren Ölpipeline mit einer Kapazität von 20 Mio. t (Dow Jones 2007). Die Idee, den thailändischen Kra-Isthmus durch einen „asiatischen Panamakanal" zu durchbrechen, um drei bis vier Tage Wegstrecke durch die Straße von Malakka zu vermeiden, ebenso wie parallele Pläne zum Bau einer Pipeline, sind an der thailändischen Regierung gescheitert (Storey 2006). Stattdessen nutzen chinesische Ölfirmen nach Absprachen mit den Anrainer-staaten seit Dezember 2006 den Mekong als weitere alternative Transportroute für Erdölimporte, nachdem chinesische Ingenieure den Strom durch Felssprengungen befahrbar gemacht hatten (Macan-Markar 2007). Auch Pakistan soll zum „Energie-Transportkorridor" avancieren, wie es wiederholt in Statements beider Regierungen hieß. Chinesische Firmen sind dort bereits in den Ausbau des Schienennetzwerks involviert. Eine Machbarkeitsstudie für eine Verbindungsstrecke mit dem chinesi-schen Eisenbahnnetz wurde Ende des Jahres 2006 von der pakistanischen Regie-rung in Islamabad in Auftrag gegeben (Fazl-e-Haidr 2007).

● Bereits seit Mitte der 1990er Jahre existieren Planungen, die Energieversorgung auf dem Landweg durch ein Pipelinenetzwerk zwischen China, Russland und Zentrala-sien zu sichern (Christoffersen 1998). Nach vielen Rückschlägen und unrealisierten Projektideen ist im November 2005 eine knapp 1.000 km lange Ölpipeline von Kasachstan nach Xinjiang fertig gestellt worden, die bis zu 20 Mio. t pro Jahr trans-portieren kann (Xinhua 2006j). Chinesische und russische Ölfirmen nutzen diese Pipeline bereits auch als Alternative für den Transport russischen Erdöls, das bis dato per Eisenbahnverladung nach China gelangt.

Zugleich bildet diese Pipeline den Grundstein für die wiederbelebte Idee einer „panasiatischen kontinentalen Energiebrücke" – bestehend aus geplanten Gas- und Ölpipelines zwischen Russland, Kasachstan, Turkmenistan, Iran und Usbekistan – in deren Zentrum China stehen könnte (Ögütcü 2006: 14ff.). Die kasachische Re-gierung ließ hinsichtlich einer geplanten Gaspipeline nach Westchina, für die be-reits Machbarkeitsstudien durchgeführt wurden, verlautbaren, dass diese bis zum Jahr 2010 fertig gestellt sein soll. Turkmenistan sicherte ebenfalls den Bau einer Gaspipeline nach China zu.

Auch das Ölpipelineprojekt von Zentralsibirien an die Pazifikküste, dessen Ver-wirklichung Russlands Präsident im März 2006 nach jahrelangen Auseinanderset-zungen „zweifelsfrei" zusagte (Global Research 2006), soll russischen Zeitungsbe-richten zu Folge bereits zu einem Drittel fertig gestellt sein. Vor allem diese Pipeline, die über eine Transportkapazität von bis zu 80 Mio. t verfügen soll, wird von Pekin-ger Strategen als entscheidender Schritt zur Verringerung der chinesischen Abhän-gigkeit von Seewegen angesehen. Objektiv betrachtet gilt dies selbst für den Fall, dass die Hauptpipeline vorbei an China an die Pazifikküste verläuft und lediglich eine Abzweigung ins chinesische Ölförderzentrum Daqing gebaut werden sollte.

Zusammengenommen bildet dieser Maßnahmenkatalog eine kostengünstige Alternati-ve zur Flottenpolitik à la Deutschem Kaiserreich, die sich am chinesischen Konzept des „friedlichen Aufstiegs" orientiert und nicht von der generell pragmatischen Au-ßenpolitik Pekings (vgl. Zhao 2004) abweicht. Allerdings sind mit diesen Maßnahmen auch Nachteile verbunden. Zwar wird ein möglicher Rüstungswettlauf in der Region und eine ernste Beschädigung der chinesisch-amerikanischen Beziehungen verhindert,

doch sehen sich chinesische Entscheidungsträger mit vielen bilateralen und internationalen Herausforderungen konfrontiert, die vom zunehmenden Misstrauen amerikanischer Hardliner über die internationale Kritik an der bedenkenlosen Protegierung des
Militärregimes in Myanmar bis hin zur Ermordung chinesischer Bauingenieure, die in
der von Terroranschlägen geplagten pakistanischen Provinz Belochistan am Hafenpro-
jekt Gwadar mitarbeiteten, reichen.

Divergierende Interpretationen und Eskalationsgefahren

Möglicherweise sind die Beweggründe für Chinas Flottenaufrüstung auch psycholo-
gisch-symbolischer Natur – ein Ausdruck des Stolzes chinesischer Führungspersönlich-
keiten, wie im Economist jüngst behauptet wurde (Economist 2007). Interessanter als
die spekulative Suche nach Pekings „eigentlichen" Ambitionen ist jedoch ein anderes
Phänomen: In den US-amerikanischen und europäischen Denkfabriken sowie in Politi-
kerkreisen sind „realistische" Ansichten derart vorherrschend (Johnston 2003: 55), dass
im Fall von Chinas Marineaufrüstung im Speziellen und chinesischen Rüstungsaus-
gaben im Allgemeinen eine ausgewogene Bewertung der Empirie schwierig oder unmöglich zu sein scheint (Holt 2005). Bezeichnenderweise bestehen zwischen der „inflationären Bedrohungsdiagnose", die momentan für die Debatte hinsichtlich der PLAN
kennzeichnend ist, deutliche Parallelen mit der systematischen Überschätzung der
sowjetischen Marineaufrüstung während der 1980er Jahre (Beier 2005).

Während viele unabhängige China-Experten ausgewogene Positionen wie die These
vom „strategischen Absichern" (*strategic hedging*) – einer Mischung aus Kooperation
und Rivalität zwischen China und den USA – vertreten (vgl. Medeiros 2005b; Christensen 2006), werden in öffentlichen Debatten, in Regierungsdokumenten und offiziellen
Verlautbarungen, oftmals vor dem Hintergrund eines undifferenzierten Chinabildes, Be-
drohungsszenarien aufgebaut oder ein beginnendes Schattenboxen mit der zukünftigen
Supermacht in Ostasien kolportiert (Klare 2005; Isenberg 2007).[5] Die neueste *Quadrennial Defense Review* des Pentagons bezeichnet China als den Widersacher mit dem größten Potential, die militärische Vorherrschaft der USA zu unterminieren. Ferner stelle das
Land aufgrund seiner anhaltenden, untransparenten Rüstungspolitik das regionale Mäch-
tegleichgewicht in Frage (DoD 2006b: 29). Analog hierzu werden Chinas Reaktionen
auf das „Malakka-Dilemma", die in dieser Analyse als kostengünstigere Alternative
verstanden werden, ebenfalls als unzweifelhafte Anzeichen gewertet, dass China mit der
globalen Projektion von „harter" Macht bereits begonnen hat.

Wie kann diese Debatte, die aus Sicht der Autoren wenig über Chinas Energiepoli-
tik und viel über amerikanischen Verfolgungswahn aussagt, erklärt werden? Robert
Jervis verweist darauf, dass sich die Vereinigten Staaten zu einem „revisionistischen
Hegemon" entwickelt haben, der die geringste Veränderung im Status quo der Welt-

---

[5] Zu den wichtigen offiziellen Dokumenten zählen die Berichte des Verteidigungsministeriums (DoD
2005/2006a) und der Bericht der U.S.-China Economic and Security Review Commission (2005: 115ff.).

politik als ernste Bedrohung seiner Sicherheit wahrnimmt (Jervis 2006). Gemäß dieser Logik muss jeder noch so unbedeutende diplomatische Schritt Pekings in Südostasien, Afrika oder dem Mittleren Osten tiefen Argwohn und Sicherheitsbedenken im Weißen Haus und im Pentagon auslösen.

Symptomatisch hierfür ist die Einschätzung des ehemaligen amerikanischen Verteidigungsministers Rumsfeld bei einer Sicherheitskonferenz in Singapur im Jahr 2005. Dort fragte er, warum China massiv in die Aufrüstung der Volksbefreiungsarmee investiere, obwohl es seiner Einschätzung nach von keiner anderen Nation bedroht werde. Rumsfeld gab zu verstehen, dass Pekings unklare militärische Ambitionen Skepsis und Sorge in Washington auslösen und die regionale Sicherheit in Asien bedrohen (CNN 2005; Vatikiotis 2005). Offensichtlich war dem Pentagonchef entgangen, dass nach dem 11. September 2001 die zunehmende Stationierung amerikanischer Truppen und militärische Allianzen rund um Chinas Peripherie, in Zentralasien, Südostasien und auf den Inselstützpunkten Guam und Diego Garcia, sowie wachsende amerikanische Waffenexporte nach Taiwan Grund zur Sorge in Peking sind, das sich ohnehin aufgrund der Verfestigung der amerikanisch-japanischen Allianz „eingekreist" fühlt (Shambaugh 2005).

Doch nicht nur hegemoniale Wahrnehmungen spielen eine Rolle, sondern auch die handfesten Interessen der Rüstungsindustrie, von neokonservativen Falken und US-Militärs, die mit der „inflationären" Überschätzung der chinesischen Bedrohung die Anschaffung großer Waffensysteme zu legitimieren versuchen (Wolf 2006; Kaplan 2006; Eland 2006). Einzelne Stimmen fordern hingegen, im eigenen Interesse eine deutliche Einschränkung amerikanischer Interessen vorzunehmen und einen offenen Konkurrenzkampf um Einfluss in Asien zu vermeiden (Eland 2003; Sutter 2005). Vor allem könnte damit das bestehende Sicherheitsdilemma zwischen Peking und Washington abgemildert werden, denn es besteht die Gefahr, dass es zu einer selbst erfüllenden Prophezeiung wird, bei der die eine Seite automatisch alle Aktivitäten der anderen Seite als Bedrohung der eigenen Sicherheit interpretiert und umgekehrt (Johnston 2003: 53ff.).

Die Modernisierung der chinesischen Marine, das erweist eine vergleichende, den Kontext mit einbeziehende Analyse, lässt weder auf potentielle Ambitionen Pekings schließen, die internationalen Seewege unter seine Kontrolle bringen zu wollen, noch stellt sie eine Herausforderung der Vormachtstellung der Vereinigten Staaten in Süd- und Ostasien oder auf globaler Ebene dar (Cole 2001, Beier 2005). Ungeachtet dieser Realität wächst das Risiko, dass sich bei den amerikanischen und chinesischen Regierungen und Eliten ein wechselseitiges Feindbild verfestigt, das die gegenseitige Wahrnehmung in „Tunnelblicke" zu verwandeln droht, Kooperation erschwert und letztlich kriegerische Auseinandersetzungen heraufbeschwören könnte. Offizielle Einschätzungen Washingtons zu Chinas Flottenpolitik im Zusammenhang mit seiner Ölversorgung können in diesem Sinne als Indikatoren für diesen beunruhigenden Trend verstanden werden. Umso wichtiger ist es deshalb für europäische Beobachter und Politiker, sich von derartigen Denkmustern loszusagen, um zu einer eigenständigen und realistischen Einschätzung der chinesischen Flottenpolitik zu gelangen.

Kapitel 8:
Tauscht Peking Waffen für Öl?

Viele Erdöl importierende Staaten versuchen ihre Ölversorgung durch den Verkauf von Waffen oder die Weitergabe von militärischem Know how an die Produzentenländer abzusichern. Diese Strategie wird durch internationale Kritiker auch für China vermehrt festgestellt (Jaffe/Lewine 2002; Umbach 2001: 349; Blumenthal 2005; Taylor 2005; U.S.-China Economic and Security Review Commission 2004: 152). Vor dem Hintergrund alarmierender und oft einseitiger Berichterstattung in den Medien lohnt es sich allerdings genauer zu untersuchen, welche Waffengeschäfte China tatsächlich in Zusammenhang mit zunehmenden Ölimporten tätigt und ob die populäre These von einem Tausch „Waffen für Öl" (Shi 2005a; World Tribune 2006) wirklich zutrifft.

Wurden im Gegenzug für steigende Erdölimporte mehr Waffen an die Herkunftsländer von Öllieferungen verkauft? Ist Chinas „Öldurst" tatsächlich ein entscheidender Faktor bei der Durchführung von Waffentransfers? Muss für die Zukunft aufgrund chinesischer Energieinteressen befürchtet werden, dass das Land seine Rüstungsexporte ausweiten wird?

Sinkende Waffenexporte in Ölförderländer

Noch 1987 war China im Bereich „großer konventioneller Waffen" der drittgrößte Lieferant weltweit (SIPRI 2006: 460). Während die Erdölimporte seit Mitte der 1990er Jahre rasant anstiegen, kam es aber zu einem drastischen Rückgang der chinesischen Waffenverkäufe (siehe Abbildung 4). Zwischen dem Jahr 1999 und 2004 fiel China auf der internationalen Rangliste der Waffenlieferanten von Platz 7 zurück auf Platz 8. Die Plätze vor China werden in absteigender Rangfolge belegt von Russland, den Vereinigten Staaten, Frankreich, Deutschland, Großbritannien, der Ukraine und Kanada (SIPRI 2005: 453).[6] Im aktuellsten Bericht des Stockholm International Peace Research Institute (SIPRI) ist China nicht mehr unter den zehn größten Rüstungsexporteuren gelistet. Sein Anteil an den weltweiten Waffenverkäufen betrug zwischen dem Jahr 2001 und 2005 weniger als 2 % (SIPRI 2006: 460).

Insbesondere die Lieferungen an Ölförderländer erlebten einen deutlichen Rückgang. Im Zeitraum von 1994 bis 2001 reduzierte sich der Anteil chinesischer Waffenlieferungen in den Nahen Osten von 40,7 % auf 16,3 %. Dadurch verkleinerte sich der chinesische Marktanteil am Waffenhandel in dieser Region im Verhältnis zur internationalen Konkurrenz von 14,8 % auf 1,8 %. Der bereits vorher marginale Anteil am

Waffenhandel mit Entwicklungsländern, von denen ein wachsender Teil der chinesischen Öleinfuhren stammte, fiel von ca. 4,9 % im Jahr 1990 auf rund 2,8 % im Jahr 2001. Umgekehrt steigerten chinesische Rüstungsfirmen im selben Zeitabschnitt den finanziellen Umfang ihrer Liefervereinbarungen in den asiatisch-pazifischen Raum etwa um die Hälfte, obwohl die Ölimporte aus den betreffenden Ländern relativ immer mehr an Bedeutung verloren (Grimmett 2002: 24, 43, 52; Medeiros/Bates 2000: 6). Gerade im Mittleren Osten, der Region mit der größten Bedeutung für die chinesische Ölversorgung, spielt China mit einem Anteil von weniger als 3 % an den gesamten Waffengeschäften (SIPRI 2005: 421) offensichtlich eine marginale Rolle.

Das finanzielle Volumen chinesischer Waffenlieferungen nach Afrika verringerte sich von 600 Mio. US-Dollar (1994 bis 1997) auf 500 Mio. US-Dollar (2002 bis 2003)

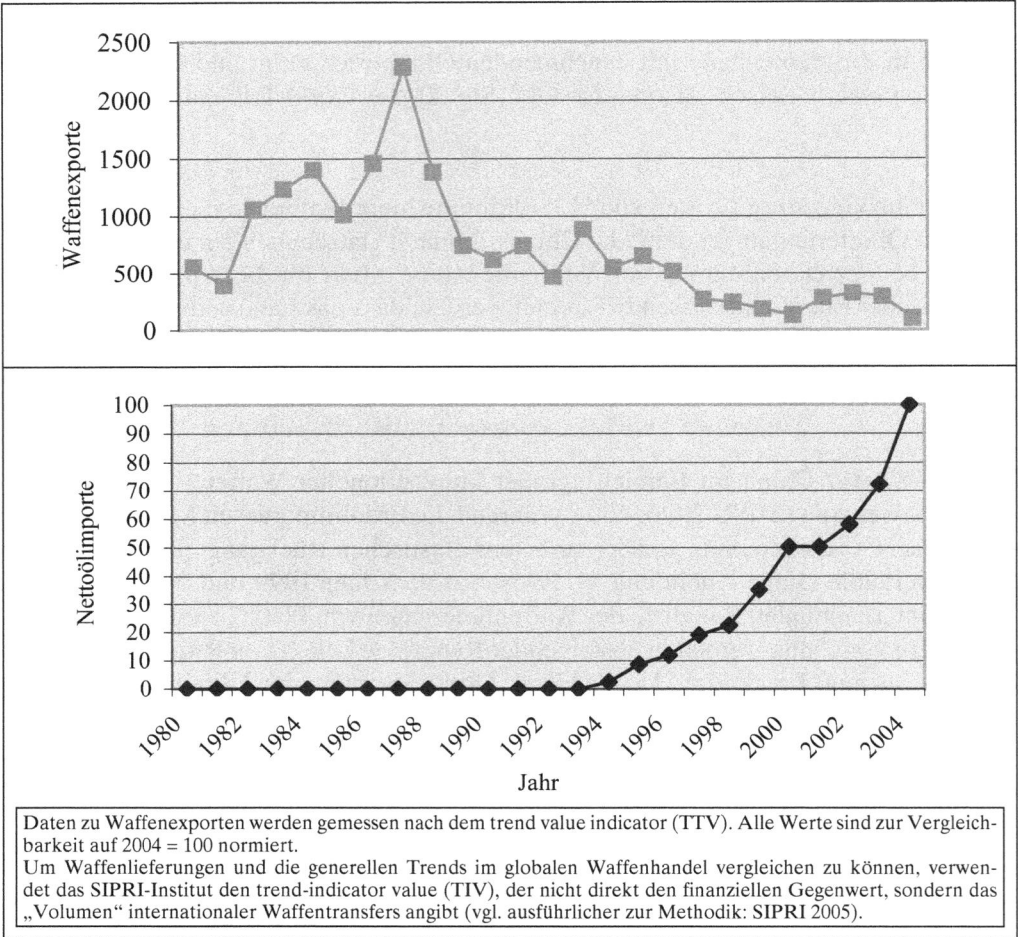

Daten zu Waffenexporten werden gemessen nach dem trend value indicator (TTV). Alle Werte sind zur Vergleichbarkeit auf 2004 = 100 normiert.
Um Waffenlieferungen und die generellen Trends im globalen Waffenhandel vergleichen zu können, verwendet das SIPRI-Institut den trend-indicator value (TIV), der nicht direkt den finanziellen Gegenwert, sondern das „Volumen" internationaler Waffentransfers angibt (vgl. ausführlicher zur Methodik: SIPRI 2005).

Abbildung 4: Chinas Waffenexporte und Erdölimporte (1980–2004)
Quelle: Eigene Darstellung basierend auf SIPRI (2006g) sowie BP (2005).

(Grimmett 2006: 61). Chinas prozentualer Anteil an den internationalen Waffentransfers an afrikanische Staaten zwischen 2000 und 2004 betrug laut den Berechnungen des SIPRI weniger als 1,6 % (SIPRI 2005: 420). Abweichend hiervon zeigen die Zahlenangaben im offiziellen Bericht des amerikanischen Kongresses, dass sich der Marktanteil chinesischer Waffen in Afrika von 15,1 % (1998 bis 2001) auf 18,4 % (2002 bis 2005) erhöhte. Diesem Zugewinn steht aber gleichzeitig eine Verringerung des Anteils der Rüstungsgeschäfte mit afrikanischen Abnehmern an den gesamten Waffenausfuhren Chinas von 24 % auf 16,7 % gegenüber (zum Vergleich: Afrikas Anteil an den deutschen Rüstungsexporten betrug zwischen 2002 und 2005 40 %. Vgl. Grimmett 2006: 62, 63). Offensichtlich war demnach der Umfang chinesischer Rüstungsexporte in afrikanische Länder rückläufig, obwohl China seine Öleinfuhren massiv ausweitete. Der geringe Zusammenhang zwischen Ölinteressen und Waffenlieferungen zeigt sich auch daran, dass beispielsweise Ägypten und Algerien, die keinerlei Erdöl bzw. minimale Mengen nach China liefern, zu den wichtigsten Kunden der chinesischen Waffenindustrie gehören.

Insgesamt nahm der finanzielle Umfang chinesischer Waffenveräußerungen absolut und im Vergleich zu anderen Exportstaaten wie Russland und den USA gerade in jenen Regionen deutlich ab, die in der internationalen Energiediplomatie Pekings eine immer zentralere Position einnehmen. Dies gilt insbesondere für den Mittleren Osten und Afrika. An die Staaten Südamerikas und Zentralasiens, zwei Regionen, in denen chinesische Unternehmen massiv in Öl- und Gasexploration investierten und große Pipelineprojekte geplant wurden, sind seit 1995 mit Ausnahme Boliviens keine Waffenlieferungen gegangen (Grimmett 2002; SIPRI 2006a).

Weisen die Waffenexporte an einzelne bedeutende Lieferpartner Chinas ebenfalls denselben rückläufigen Trend auf? Beispielsweise erhielten Oman und Yemen, die zusammengenommen noch im Jahr 2004 mehr Rohöl als Saudi-Arabien nach China exportierten, zwischen den Jahren 1993 und 2005 mit zwei Ausnahmen keine Produkte aus chinesischen Waffenschmieden (SIPRI 2006a).

Für den Iran, in den 1980er Jahren ein Großabnehmer chinesischer Waffenexporte, ist besonders nach dem Jahr 1996 ein signifikanter Rückgang der Verkäufe feststellbar (Medeiros/Bates 2000: 8). Hatten die Regierungen beider Länder zwischen 1994 und 1997 noch Waffenlieferungen im Umfang von 900 Mio. US-Dollar vereinbart, reduzierte sich diese Summe in den drei Folgejahren auf unter 50 Mio. US-Dollar. Nach dem Jahr 1997 verharrte der jährliche chinesische Anteil an den Waffenimporten Irans (mit einer Ausnahme) bei durchschnittlich 12 %, während die übrigen 88 % aus russischen, ukrainischen und polnischen Quellen stammten (Grimmett 2002: 47; SIPRI 2006b; Bates 1998).

Ebenso kam es bei Saudi-Arabien – wie der Iran ein aufsteigender Energiepartner Chinas – entgegen zahlreicher anders lautender Meinungen (Blumenthal 2005; Luft/ Korin 2004) nicht zu einer Zunahme von Waffenverkäufen. Im Gegenteil, während Chinas Regierung im Jahr 1987/88 die Weltöffentlichkeit mit dem erstmaligen Verkauf von CSS2-Mittelstreckenraketen an Saudi-Arabien überraschte, bezog Saudi-Arabien im Verlauf der 1990er Jahre seine Waffenimporte im Gesamtwert von ca. 14 Mrd. US-Dollar in keinem einzigen Fall aus chinesischer Herstellung. Spekulationen, denen zufolge China ein geheimes Atomprogramm Saudi-Arabiens unterstütze oder die Lieferung weiterer Raketensysteme plane, erwiesen sich bisher ebenso als haltlos (Grimmett 2002: 47; Cordesman 2004: 86; Calabrese 2005: 4).

Auch die umfangreichen Bohrrechte und Lieferabkommen, die zwischen der chinesischen und der irakischen Regierung Mitte und Ende der 1990er Jahre vereinbart worden waren, wurden nicht durch Waffengeschäfte abgesichert. China hielt sich strikt an die UN-Sanktionen. Selbst im Fall des Sudan, in dem China zum bedeutendsten ausländischen Investor im Ölsektor geworden ist, sanken die chinesischen Waffenlieferungen in den 1990er Jahren weit unter das Niveau vorhergehender Jahrzehnte, als China noch Panzer, Artillerie, Kampfflugzeuge etc. verkaufte (Shichor 2005: 10; SIPRI 2006c; SIPRI 2006a).

Für den generellen Einbruch des chinesischen Waffenhandels gibt es vielfältige Ursachen, angefangen von der minderen Qualität der Mehrzahl der in China produzierten Waffensysteme sowie des im Zuge des Wirtschaftwachstums sinkenden chinesischen Bedarfs nach Deviseneinnahmen bis hin zu einer enormen, den Wettbewerb zuungunsten Chinas verschärfenden Preissenkung für hochqualitative Waffen (Medeiros/Bates 2000; Byman/Cliff 1999). Unzweifelhaft lässt sich demnach festhalten, dass steigende Ölimporte weder im Falle der genannten Lieferregionen noch bei einzelnen Ländern zu einer Ausweitung von chinesischen Waffenverkäufen geführt haben. Tatsächlich nahm der Gesamtverkauf signifikant ab und die Marktanteile chinesischer Waffenfirmen in den Ölregionen gingen deutlich zurück. Kurz gesagt beeinflussten Chinas wachsende Erdölimporte offensichtlich den Umfang und die Trends seiner weltweiten Waffenlieferungen nicht im angenommenen Maße.

Wie Verbindungen zwischen Chinas „Öldurst" und Waffentransfers konstruiert werden

Vor dem Hintergrund der größtenteils im Verborgenen ablaufenden Waffengeschäfte Chinas verwiesen Wissenschaftler auf eine Vielzahl von unterschiedlichen Motiven, die sich hinter Chinas Waffenverkäufen verbergen mochten. Diese reichen vom Devisenmangel bis hin zur Unterstützung der weltweiten maoistischen Ideologie. Strategische Energieinteressen spielten hingegen bei den Untersuchungen westlicher Wissenschaftler lange Zeit keine oder lediglich eine untergeordnete Rolle. Sie rückten erst seit Anfang des neuen Jahrtausends zunehmend in den Fokus der internationalen und insbesondere der amerikanischen Debatte. In vielen aktuellen Analysen wird jedoch die Tatsache unterschlagen, dass sich die chinesischen Waffenexporte trotz steigender Ölimporte de facto erheblich verringert haben und zugleich der Eindruck erweckt, es wären schon immer hauptsächlich Energieinteressen gewesen, die China bewogen hätten, Kriegsgüter weiterzugeben.

Einige Experten berufen sich dabei beispielsweise auf Waffengeschäfte mit Saudi-Arabien, die in den 1980er Jahren stattfanden – zu einer Zeit, in der die Volksrepublik noch der größte asiatische Ölexporteur war. Obwohl Saudi-Arabien seitdem (mit einer Ausnahme) kein militärisches Gerät mehr aus chinesischer Fabrikation erhalten hat, vermitteln Analysten unter Hinweis auf die „strategische Öl-Partnerschaft", die beide Länder seit 1999 verbindet, den Eindruck, China veräußere kontinuierlich militärisches Material dorthin.

Insbesondere amerikanische Sicherheitsexperten kritisieren China wiederholt für seine – angeblich im Austausch gegen Erdöl erfolgten – Raketenlieferungen und die Weitergabe von Nukleartechnologie an den Iran (und Saudi-Arabien), die als ernsthafte Bedrohung für Amerikas sicherheitspolitische und militärische Interessen im Golfgebiet angesehen werden. Diese Vorgänge werden aber ausschließlich unter Berufung auf unbestätigte Informationen westlicher Geheimdienste oder Presseberichte erhoben (vgl. Russell 2005; Tkacik 2006). Doch selbst unter jenen chinesischen Firmen, die von der amerikanischen Regierung seit dem Jahr 1991 mit Sanktionen belegt worden sind, wurde bisher keine einzige bezichtigt, Atommaterial an den Iran weitergegeben zu haben (vgl. Kan 2006). Dabei bleibt meist unerwähnt, dass die Mehrzahl aller Raketensysteme sowie ein Großteil aller fremden Hilfe bei der Entwicklung von Irans eigener Waffenproduktion nicht aus China, sondern aus Russland, Nordkorea und Pakistan stammten und stammen (vgl. Medeiros 1999; CIA 2000; Cordesman 2004: 59ff. und 74ff.).

Sowohl in der Medienberichterstattung als auch in einem Großteil der wissenschaftlichen Analysen wird in Folge von Chinas Ölinteressen auf den Verkauf konventioneller Waffensysteme in die „Schurkenstaaten" Iran und Sudan verwiesen. Die Volksrepublik sei – so lautet die These – aufgrund ihres „Öldursts" zum wichtigsten Waffenlieferanten für isolierte Pariastaaten avanciert, die sonst keinen Zugang zu Raketentechnologie oder Massenvernichtungswaffen erhielten (Chen 2007; Taylor 2005; Jin 2005). So plausibel diese Verbindung auch zu sein scheint, ihr empirischer Beleg beschränkt sich ausschließlich auf Zeitungsberichte, Augenzeugen oder Geheimdienstinformationen. Auf diese Weise können vielleicht Einzelaspekte aufgezeigt, aber kein Gesamtbild erzeugt werden, das einen Vergleich ermöglicht. Eine der wenigen Datenbanken, die sich mit dem Bereich der internationalen Waffentransfers befasst, wird durch das schwedische SIPRI erstellt. Wenn man auf die Angaben des SIPRI zurückgreift, dann wird deutlich, dass China (infolge seiner wachsenden Erdölimporte aus dem Sudan und dem Iran) keineswegs zum dominierenden Akteur auf den Waffenmärkten beider Länder geworden ist; weder hinsichtlich der Menge noch der Gattung der Waffen. Im Iran beträgt Chinas Anteil an den Waffentransfers lediglich 18 % während allein Russland über 71,6 % und Polen über 3,9 % verfügen. Im Sudan kommen mehr als 88 % der importierten Waffen aus Russland und Belarus. Der chinesische Anteil beschränkt sich auf weniger als 10 % (siehe Tabelle 9).

Tabelle 9: Waffentransfers nach Sudan und Iran 1995 bis 2005

		Sudan	**Iran**
China	Anteil (TIV)	**9,3 %**	**18,0 %**
	Waffengattung und Mengen	6–7 Kampfflugzeuge	5 Kampfflugzeuge, 11 Transportflugzeuge, 743 Raketen, 17 Schnellboote, 25 Raketenabschussrampen
Russland	Anteil (TIV)	**77,4 %**	**71,6 %**
	Waffengattung und Mengen	17 Kampfhubschrauber, 12 Kampfflugzeuge, 60 gepanzerte Personentransporter	47 Hubschrauber, 3 Kampfflugzeuge, 100 Geschütze, 725 Infanterie-Kampffahrzeuge, 756 Panzer, 12 Flugzeugradare, 13.315 Raketen, 1 Unterseeboot, 304 Dieselmaschinen
Belarus	Anteil (TIV)	**10,9 %**	**0,9 %**
	Waffengattung und Mengen	69 Panzer, 6 Kampfhubschrauber, 12 Raketenabschussrampen, 9 Infanterie-Kampffahrzeuge, 24 Geschütze usw.	37 Panzer
Polen	Anteil (TIV)	**1,7 %**	**3,9 %**
	Waffengattung und Mengen	20 Panzer	104 Panzer
Ukraine	Anteil (TIV)	**0,3 %**	**4,4 %**
	Waffengattung und Mengen	6 Infanterie-Kampffahrzeuge	12 Transportflugzeuge, 6 Raketen

Eigene Darstellung
Quelle: SIPRI (2006b; 2006d; 2006e; 2006f) und AI (2004).

Auch im Bereich der Reparatur- und Serviceleistungen für die sudanesischen Streit-kräfte sowie dem Verkauf von „kleinen" Waffen (wie z. B. Pistolen, Gewehre und zu-gehöriger Munition) war China weder alleiniger noch bedeutendster Lieferant, son-dern befand sich in der Gemeinschaft vieler europäischer und arabischer Staaten, wie eine ausführliche Studie von Amnesty International zeigt. Sudans Truppen werden mit der Unterstützung indischer, russischer und anderer Experten trainiert – ohne chinesi-sche Beteiligung (AI 2004).[6] Analysen, die Gegenteiliges behaupten oder zumindest

---

[6] Zur Herkunft der unterschiedlichen kleineren vom Sudan importierten Waffentypen (*small arms*) siehe aus-führlicher die Datenbanken der Vereinten Nationen unter: http://unstats.un.org/comtrade/.

„zwischen den Zeilen" zu vermitteln versuchen, verletzen nicht nur wissenschaftliche Standards, sondern legen unverhohlen ihre propagandistische Stoßrichtung offen.

Ähnlich irreführend ist die Berichterstattung in amerikanischen und europäischen Medien, die Chinas militärische Zusammenarbeit und Waffenverkäufe nach Afrika vielfach verzerrt und übertrieben darstellen. Aber selbst bei der Lektüre wissenschaftlicher Arbeiten entsteht leicht die Wahrnehmung, China sei inzwischen zur Hauptquelle für die Waffenakquisitionen afrikanischer Ölstaaten aufgestiegen. Tatsächlich lag Chinas Anteil am Gesamtvolumen der Waffen, die zwischen 2000 und 2004 an afrikanische Abnehmer geliefert wurden, mit rund 1,6 % jedoch weit unter jenen von Russland oder den USA. Die Anteile betrugen für Russland 52 %, für die Ukraine 12 %, für Frankreich 3,5 %, für die USA 3,4 %, für Deutschland 0,4 % sowie 24 % aus anderen Quellen (SIPRI 2005: 420).

Es ist für zahlreiche Journalisten und Experten zur Mode geworden, zwischen Öl- und Waffengeschäften einen kausalen Zusammenhang herzustellen. Als z. B. im Jahr 2000 chinesische Offiziere in Äquatorialguinea eingetroffen waren, um dort für eine kurze Zeit die Streitkräfte zu trainieren, unterstellten westliche Experten sogleich, China wolle umfangreichen Waffengeschäften den Boden bereiten, um dadurch vollen Zugang zu den reichen Energieressourcen dieses Landes zu erhalten (Stratfor 2000; Taylor 2005). In der Tat erhielten chinesische Ölfirmen schließlich Bohrkonzessionen, allerdings ohne dass China im Gegenzug militärische Güter zur Verfügung stellte. Stattdessen wechselten Äquatorialguineas Truppen in amerikanische Trainingsprogramme über und chinesische Firmen verkauften für ca. eine Mrd. US-Dollar Waffen an die verfeindeten Staaten Eritrea und Äthiopien – sicherlich nicht aus energiestrategischen Erwägungen.

Demselben propagandistischen Muster folgend verweisen Beobachter in Zusammenhang mit Chinas sich intensivierender Präsenz in Südamerika und insbesondere bezüglich der „Öl-Achse" zwischen Peking und Caracas vermehrt auf die „beunruhigende" Ausweitung militärischer Kooperationen sowie die Weitergabe von Verteidigungstechnologie (Johnson 2005; Schiller 2006; Hearn 2005; Bajpaee 2005b). Jedoch fällt der einzige substantielle Beitrag Chinas, das eine Radaranlage für ca. 150 Mio. US-Dollar lieferte, angesichts von Venezuelas Waffenkäufen bei Russland, Spanien und Brasilien im Umfang von 1,7 Mrd. sowie weiterer Beschaffungspläne in Höhe von rund 31 Mrd. US-Dollar kaum ins Gewicht (Edenfens 2005; Bromley/Perdomo 2005: 13). Ein Zusammenhang mit Chinas Investitionen in Venezuelas Ölbranche, wie kolportiert wird, ist schlicht spekulativ.

Aus vergleichender analytischer Perspektive scheint die These, Rüstungsexporte und Ölinteressen seien (unweigerlich) eng miteinander verknüpft, ebenfalls unzureichend. Das macht der Vergleich der Strategie Pekings gegenüber dem Irak, den Peking als Hauptbezugsquelle für Öl aus dem Golf favorisierte (Downs 2000; Goodman 2005), mit der Politik gegenüber dem Iran, der inzwischen zu den vier wichtigsten Öllieferanten Chinas zählt, deutlich. Obwohl dieselben strategischen Energieinteressen bestanden, stoppte die chinesische Regierung im Einklang mit den UN-Sanktionen ausnahmslos alle Waffenlieferungen an den Irak (SIPRI 2006c). Im Fall des Irans stoppte sie hingegen trotz massiven Drucks aus Washington die Lieferungen von militärischem Gerät nie vollständig, riskierte aber ernsthafte Verstimmungen in den bilateralen Beziehungen mit dem Iran (Mayer 2007a: 65), um wenigstens den Forderungen nachzukommen, auf die Washington am meisten Wert legte. Wie dem auch sei, die pauschale These „Waffen für Öl" vermag an dieser Stelle nicht zu erklären, warum sich die chinesische Führung im ersten Fall strikt an ihre internationalen Verpflichtungen hielt und im zweiten Fall bereit war, Washingtons anhaltend harsche Kritik in Kauf zu nehmen und die eigene Vertrauenswürdigkeit aufs Spiel zu setzten.

Zwischen Rüstungsexporten und chinesischen Energieinteressen lassen sich insgesamt bestenfalls sporadische Verbindungen nachweisen. Stattdessen erweist sich ausgerechnet am Beispiel von Pekings international umstrittener Afrikapolitik, wie gering die Rolle chinesischer Waffenlieferungen und des Militärs überhaupt ist, was unübersehbar im Kontrast zum militarisierten Ansatz steht, den die Bush-Regierung auf dem afrikanischen Kontinent verfolgt (vgl. Hartung/Berrigan 2005). Es wird hier keinesfalls verneint, dass in einzelnen Fällen in der Tat von einer engen Verbindung zwischen dem Verkauf von Waffen und Ölgeschäften ausgegangen werden kann. Beispielsweise kündigte Nigeria im September 2005 unmittelbar nach dem Abschluss von Verhandlungen über Lieferverträge und Ölkonzessionen die Bestellung von chinesischen Kampfflugzeugen an (Reuters 2005; Mathani 2006). Dennoch übt Chinas globale Suche und Sicherung von Energieressourcen offensichtlich keinen maßgeblichen Einfluss darauf aus, wohin, wie viele und welche Waffen exportiert werden.

Energiepartnerschaften ohne Waffenlieferungen

Wenn es zum Verkauf von Waffen kam, dann selten im Rahmen der so genannten „Öldiplomatie", sondern hauptsächlich aufgrund anderweitiger strategischer, politischer oder ökonomischer Interessen. Warum führte die Ausweitung der Ölimporte nicht zu vermehrten Waffengeschäften? Der Grund hierfür besteht nicht in erster Linie in den selbst auferlegten Exportbeschränkungen oder etwa der mangelnden Konkurrenzfähigkeit chinesischer Waffen (Byman/Cliff 1999; Medeiros 2005a: 17ff), sondern darin, dass das Wirtschaftswunderland China im Austausch gegen Ölimporte und Förderkonzessionen nicht in erster Linie Militärgüter, sondern hauptsächlich Entwicklungshilfe, Billigkredite, Schuldenerlasse, Investitionen, Handel oder diplomatische Protegierung anbot.

China bezieht die große Mehrheit seiner Erdöleinfuhren aus Saudi-Arabien, Russland, Indonesien, Angola, Oman, Jemen, Venezuela, Kasachstan und vielen weiteren Quellen weltweit, ohne dass es zur Lieferung militärischer Güter in die betreffenden Länder kommt. Die These vom Tauschgeschäft „Waffen für Öl" gehört daher in ihrer pauschalen Form, aber auch in Bezug auf die wichtigsten Energiepartnerschaften Chinas, ins Reich der Mythen. Ob dies auch in Zukunft unterbleiben und der Trend abnehmender Waffenverkäufe in Ölförderländer anhalten wird, ist jedoch keinesfalls gesichert. Die Modernisierungsbemühungen der Volksbefreiungsarmee, die vor allem von

Russland massiv unterstützt werden, könnten die Wettbewerbsfähigkeit chinesischer Waffensysteme zumindest in Teilbereichen deutlich verbessern und lassen eine erneute Zunahme der Rüstungsexporte wahrscheinlicher werden (SIPRI 2006: 460). Gleichzeitig wird China bei seiner Politik z. B. gegenüber dem Sudan oder dem Iran keinesfalls seinen zentralen strategischen (Energie-)Interessen zuwiderhandeln. Selbst wenn die Internationale Gemeinschaft bzw. die Vereinigten Staaten versuchen sollten, starken Druck auszuüben, dürfte Peking genau abwägen, ob es auf die (möglicherweise entscheidende) Option verzichtet, Waffen an Ölproduzenten zu verkaufen.

Auch wenn eine Ausweitung chinesischer Waffenexporte also nicht ausgeschlossen werden kann, scheint sie dennoch aus einer Reihe von Gründen äußerst unwahrscheinlich. Neben der andauernd schlechten Marktposition chinesischer Rüstungsunternehmen zählen hierzu auch Chinas fortschreitende Beteiligung an internationalen Abkommen gegen die Weiterverbreitung von Massenvernichtungswaffen und deren zunehmend striktere Umsetzung (Medeiros/Bates 2000: 15ff.; Lieggi 2003; Medeiros 2005a). Darüber hinaus zeigten sich Regierungskreise zusehends sensibel gegenüber der Frage, inwieweit durch Waffenlieferungen die regionale Stabilität z. B. in der Golfregion unterminiert und dadurch die eigene Ölversorgung gefährdet werden könnte (Constantin 2005: 29; Jin 2005). Dieses Risiko wiegt umso schwerer, als China nicht über die militärischen Kapazitäten verfügt, seine Ölinteressen im Laufe eines regionalen Konflikts zu verteidigen.

Waffenlieferungen an afrikanische Ölstaaten wie Sudan, Nigeria, Angola oder den Kongo, die instabil oder von Bürgerkriegswirren geprägt sind, bergen darüber hinaus insofern ein hohes Risiko für Chinas Ölinteressen, als die ausländischen Waffen von der jeweiligen Regierungspartei oftmals gegen Widerstandsgruppen eingesetzt werden. Chinesische Ölfirmen sind aber im Falle eines Machtwechsels oder einer Gebietsabspaltung gerade von der Kooperationsbereitschaft der ehemaligen Opposition abhängig. Beispielsweise haben chinesische Firmen im ölreichen Südsudan, der nach dem Friedensvertrag von 2005 über eine eigene Regierung verfügt und weitgehend unabhängig verwaltet wird, im Vergleich zu ihren deutschen und anderen Konkurrenten einen wesentlich schwereren Stand, weil sie für die Waffenlieferungen Chinas an die Zentralregierung, mit deren Hilfe Vertreibungen und Massenmord betrieben worden sind, verantwortlich gemacht werden (Goodman 2004; NDR 2004).

Folglich liegt es kaum im Interesse von Chinas Energiesicherheit, in großem Maße zur Herkunftsquelle von Kriegsmaterial zu werden. Zudem muss Peking den Image-Verlust beachten, den seine militärische Kooperation mit „Schurkenstaaten" in den Augen der USA aber auch der internationalen Gemeinschaft auslösen kann. Für Chinas Waffenverkäufe an Öl exportierende Länder ist insgesamt zu erwarten, dass sie tendenziell eher weiter abnehmen werden. Um seine Erdöl- und Erdgaseinfuhren abzusichern, wird China noch intensiver als bisher auf wirtschaftliche und politische Zusammenarbeit setzen, was sich am Beispiel der afrikanischen Länder bereits deutlich zeigt.

Kapitel 9.
„Neokolonialistische Energiepolitik"?
Chinas Präsenz in Afrika und die Krise
der Entwicklungspolitik

China baut seine wirtschaftliche und politische Präsenz auf dem afrikanischen Kontinent in rasantem Tempo aus. Vor allem Chinas Suche nach Energieressourcen rückte dabei ins Zentrum der öffentlichen Aufmerksamkeit. Die Medienberichterstattung beurteilt das chinesische Engagement in Afrika äußerst skeptisch. Ein grundsätzliches Misstrauen gegenüber Pekings Ambitionen ist weit verbreitet, während Afrika in wissenschaftlichen Analysen meist als ein Schauplatz portraitiert wird, auf dem der Kampf um Ressourcen, Dominanz und normative Deutungshoheit ausgetragen wird (Klare 2004; Eisenmann/Kurlantzick 2005; Brookes/Shin 2006; Taylor 2006).

Der Vorwurf, China verfolge in Afrika eine „neokoloniale" Rohstoffpolitik, findet zur Zeit ein breites Echo in der Öffentlichkeit, vermag aber keine stichhaltige Antwort auf die Frage zu liefern, welche Rolle China in und für die Entwicklung Afrikas tatsächlich spielt. Die nachfolgende Fallstudie untersucht die Facetten und Auswirkungen der chinesischen Präsenz in Afrika, das zum Schwerpunkt der internationalen Energiepolitik Chinas geworden ist.

Ist China ausschließlich wegen der Energieressourcen in Afrika? Könnte China zum Vorbild für die afrikanische Entwicklung werden oder gefährdet Chinas „Energiehunger" Afrikas Zukunft? Untergraben chinesische Hilfskredite in Afrika Transparenzstandards? Welche Auswirkungen haben chinesische Direktinvestitionen in Afrika? Inwiefern stellt China die bisherige Entwicklungspolitik in Frage?

Misserfolge und doppelte Standards

Die Vorstellung, die Volksrepublik betreibe unter völliger Missachtung von Menschenrechten einen massiven Raubbau an afrikanischen Ressourcen, zeichnet das Bild einer rücksichtslosen Großmacht, deren Verhalten Reminiszenzen an die Epoche des Imperialismus weckt. Tatsächlich aber ist Chinas Afrikapolitik meilenweit entfernt von der Geschichte der militärischen Abenteuer, der ökonomischen Ausbeutung und den Genoziden, die europäische Mächte in Afrika betrieben und zu verantworten haben (Jian 2007). Nicht nur eingedenk dieses historischen Erbes – von den Stellvertreterkriegen während des Kalten Krieges ganz abgesehen –, sondern auch im Bewusstsein des weitgehenden Scheiterns der postkolonialen Entwicklungshilfe, sollten westliche Kommentatoren und Politiker ihre Sichtweise bzw. moralisierenden Thesen reflektieren.

Die Industrienationen haben bisher die hochgesteckten Ziele ihrer Entwicklungshilfe für Afrika nicht erreicht. Im Gegenteil, vielerorts wurden Volkswirtschaften durch inadäquate Privatisierungs- und Liberalisierungskonzepte, die gemäß den orthodoxen Richtlinien des *washington consensus* von internationalen Finanzinstitutionen diktiert wurden, in ihrer Entwicklung gestört oder gänzlich destabilisiert – mit katastrophalen Auswirkungen auf politische Systeme und soziale Stabilität (Ake 1996; Akyüz/Gore 2001; Putzel 2004; Stiglitz 2002; UNDP 2005).

Internationale Entwicklungshilfe leistete nicht nur der weitgehenden Korrumpierung örtlicher Eliten Vorschub. Sie unterminierte zudem den Innovationsgeist und das selbstständige Unternehmertum in Afrika. Gleichzeitig stiegen Zins- und Kreditrückzahlungen der Länder des „Südens" massiv an, sodass unter dem Strich trotz der Zahlung umfangreicher Hilfsgelder mehr Kapital abfloss als transferiert wurde. Seit Mitte der 1980er Jahre des letzten Jahrhunderts erreichte der Nettofinanztransfer an die Länder des Nordens einen Betrag von 30 Mrd. US-Dollar pro Jahr (Shikwati 2006). Die äußerst kontroverse Debatte über die Zukunft der Entwicklungshilfe kann an dieser Stelle nicht weitergeführt werden (Nuscheler 2005; Calderisi 2006; Easterly 2006). Vor dem Hintergrund der anhaltenden Kritik an Pekings Afrikapolitik ist es dennoch unerlässlich, die komplexe und ernüchternde Wirklichkeit von 50 Jahren Entwicklungspolitik und ihren Auswirkungen nüchtern im Auge zu behalten.

Gleichermaßen unreflektiert hinsichtlich eigener Ambivalenzen, wenn auch in der Sache zutreffend, ist die Verurteilung von Chinas Umgang mit Menschenrechten. De facto weicht China von der Vergabepraxis vieler Staaten und internationaler Organisationen ab, die Kredite und Hilfsgelder unter den Vorbehalt der Standards „guter Regierungsführung" (*good governance*) wie Transparenz und der Beachtung von Menschenrechten stellen. Peking lehnt die Einforderung derartiger Standards mit dem Verweis auf das Souveränitäts- und Nichteinmischungsprinzip strikt ab (Tull 2005; Chen 2007). Doch auch westliche Regierungen verletztn aufgrund ihrer Wirtschafts- und Energieinteressen systematisch die Standards der „guten Regierungsführung" und kooperieren – nicht nur im Zuge des „Krieges" gegen den Terror – aufs engste mit Diktatoren und die Menschenrechte verletzenden Regimen (Die Zeit 2006; Kampf 2007).

Nicht zuletzt gilt dies für die Zusammenarbeit mit China selbst. In diesem Sinne erhob der frühere Präsident von Mauritius, Karl Auguste Offmann, während des ersten European Development Day im November 2006 den Vorwurf doppelter Standards: Europa mache mit dem autoritären China „viele Geschäfte", in Afrika aber würde „schlechte Regierungsführung mit finanziellen Sanktionen belegt" (Creffier/Walschaerts 2006). In der Tat wird die europäische und amerikanische Kritik an der chinesischen Verfahrensweise im Rahmen der lebhaften und durchaus kritischen China-Debatten in vielen afrikanischen Ländern als „Doppelmoral und Respektlosigkeit" empfunden (vgl. Hofmann et al. 2006: 6).

Die heftige Kritik an Chinas Waffenlieferungen für autoritäre Regime ist etwa im Fall Simbabwes zweifelsohne begründet, aber dennoch ebenfalls ein Ausdruck doppelter Standards. Dies wird insbesondere klar, wenn die umfangreichen Waffenexporte beispielsweise der USA (vgl. Berrigan/Hartung 2005), aber auch Russlands, an diktatorische Regime in Betracht gezogen werden. Ohnehin sind militärische Instrumente von vergleichsweise untergeordneter Bedeutung für die chinesische Afrikapolitik (Wilson 2006). Der Unterschied liegt folglich nicht etwa in einer substantiell andersartigen Außenpolitik Pekings, sondern in der Begründung und Legitimation letztlich ähnlicher Vorgehensweisen aus einem anderen Blickwinkel.

Verdrängt wird in diesem Zusammenhang auch die Tatsache, dass chinesische Truppen gerade für die Friedensmissionen der Vereinten Nationen in Afrika eine herausragende Rolle spielen. Im Laufe des Jahres 2006 war China über Monate hinweg das Land unter den Mitgliedern des Weltsicherheitsrats, welches die mit Abstand größten Blauhelmkontingente stellte. China füllte damit die klaffende Lücke, die durch die mangelnde Bereitschaft der anderen Sicherheitsratsmitglieder, Soldaten an die UN-Missionen zu senden, entstanden ist (Ling 2007b).

Die Praxis doppelter Standards erschwert auch eine unvoreingenommene Analyse des chinesischen Engagements auf dem afrikanischen Kontinent. Diese ist aber ein notwendiges Unterfangen für eine strategisch durchdachte Außen- und Entwicklungspolitik Europas und Amerikas (vgl. Humphrey/Messner 2006). Nur wenn Vorurteile und ideologische Wertungen hinterfragt werden, kann eine Bewertung von Chinas Einfluss in Afrika mehr sein als eine Nabelschau bzw. die Abbildung der eigenen Neidgefühle und Ängste (marginalisiert zu werden). Weit entfernt von diesem Anspruch kritisierte Heidemarie Wieczorek-Zeul, die Bundesministerin für wirtschaftliche Zusammenarbeit und Entwicklung, anlässlich des Chinesisch-Afrikanischen Gipfeltreffens Ende 2006 in mehreren Interviews auf pauschale Art und Weise Chinas Engagement auf dem afrikanischen Kontinent. Sie warnte vor einem neuen „Kolonialismus" und bezeichnete Chinas konditionslose Hilfsleistungen als „Weckruf" für die europäischen und deutschen Bemühungen um gute Regierungsführung in Afrika.

Afrika als Rohstofflieferant und Geschäftschance

Im Jahr 2006 erreichte das Handelsvolumen zwischen China und den afrikanischen Ländern 55,5 Mrd. US-Dollar. Bereits im Vorjahr war China nach den Vereinigten Staaten und Frankreich zum drittwichtigsten Handelspartner Afrikas geworden. Ende des Jahres 2006 bezifferten chinesische Angaben den kumulierten Bestand der ausländischen Direktinvestitionen (ADI) chinesischer Firmen in afrikanischen Ländern mit 11,7 Mrd. US-Dollar (Xinhua 2007d). Die tatsächliche Summe dürfte aber noch höher liegen, denn die staatlichen Ölkonzerne investierten allein im Sudan und Nigeria mehr als 6 Mrd. US-Dollar. Ökonomische Analysen sprechen bereits von einer nachhaltigen Änderung der globalen Handelsströme (Goldstein et al. 2006). Begünstigt durch die komplementären Wirtschaftsstrukturen beider Seiten dürfte sich die Ankündigung der chinesischen Regierung realisieren, den Handel bis ins Jahr 2010 auf 100 Mrd. US-Dollar ausweiten zu wollen.

Die Mehrheit der europäischen Experten und Politiker sehen in Afrika noch immer einen zurückgebliebenen und hilfsbedürftigen „Elends-Kontinent", der keine nennenswerte Wachstumsperspektive zu haben scheint (vgl. Osmanovic 2006). Im Gegensatz hierzu ist es vor allem ökonomisches Interesse, was chinesische Diplomaten und Geschäftsleute bewegt, nach Afrika zu reisen. Offensichtlich stehen für sie die afrikanischen Länder nicht für Chaos, Unterentwicklung und ein miserables Geschäftsklima. Sie gelten stattdessen als lohnende Investitionsziele mit großem Wachstumspotential (China.org 2006).

Chinesische Unternehmer in Afrika zeichnen sich durch eine besondere Risikobereitschaft aus. Sie sind dafür bekannt, ihre Aufträge oftmals unter schwierigsten Arbeitsbedingungen und selbst bei niedrigsten Gewinnmargen zu erfüllen. Laut der Einschätzung von Experten sind chinesische Staatsunternehmen dazu in der Lage, weil sie Zugang zu zinsgünstigem Kapital erhalten. Darüber hinaus knüpft Peking die Vergabe günstiger Kredite an Entwicklungsländer oftmals an die Bedingung, Ölkonzessionen zu erhalten oder chinesische Firmen mit Großprojekten zu beauftragen (Kaplinsky et al. 2006; Alden/Davies 2006). Allerdings gibt es auch eine wachsende Zahl privater chinesischer Unternehmen in Afrika, die offenbar nicht auf günstige staatliche Kredite zurückgreifen können, sondern alle Geschäftsrisiken selbst tragen (vgl. Corkin/Burke 2007).

Hinter der regelrechten Explosion von Handel und Investitionen steht in erster Linie die wachsende Ressourcennachfrage in China. Erdöl machte in den Jahren 2002 bis 2004 durchschnittlich 62,2 % aller afrikanischen Exporte nach China aus. Darunter sind Angola, als insgesamt größter Einzellieferant (47 %), und Sudan (25 %) am bedeutendsten (Broadman 2006: 120). Umgekehrt stammten im Jahr 2005 30 % des von China importierten Rohöls aus afrikanischen Lieferländern. Außerdem nahmen die Einfuhren von Metallen wie Eisenerz, Mangan und Kupfer, sowie von Holz und Agrargütern wie Tabak oder Baumwolle massiv zu (Trinh et al. 2006). Der chinesisch-afrikanische Handel ist durch eine asymmetrische Struktur gekennzeichnet. Die Volksrepublik China importiert in der Hauptsache Rohstoffe, Mineralöl und Agrarerzeugnisse, während afrikanische Länder im Wesentlichen Textilwaren, Fertigwaren und Maschinen aus China einführen (Broadman 2006: 122).

Bei den Investitionstätigkeiten bilden bislang der Bergbau und die Ausbeutung von Ölreserven den Schwerpunkt. Nahezu ein Drittel der chinesischen Investitionen in die internationale Energiewirtschaft wurde in afrikanischen Ländern getätigt, vor allem im Sudan, Angola und Nigeria (Berke 2006; Lieberthal/Herberg 2006: 15). Allerdings wird mit zunehmender Tendenz auch in andere Branchen investiert. Dazu zählen große Verkehrs- und Kommunikationsinfrastrukturprojekte, der Bausektor, die Landwirtschaft, verarbeitende Industrien und die Tourismusbranche (Gu 2006; Broadman 2006: 304). Auch beim letzten Besuch des chinesischen Staatspräsidenten Hu Jintao bestätigte sich dieser Trend. Denn neben Rohstoffgeschäften bildeten insbesondere Investitionen und Kreditzusagen im Bereich der Aus- und Weiterbildung sowie für den Ausbau der Telekommunikationsinfrastruktur in Nigeria, Kamerun, Südafrika, Sambia und Mosambik im Wert von ca. 600 Mio. US-Dollar einen Schwerpunkt (Schüller/Asche 2007).

Nach Frankreich und den USA ist das Reich der Mitte inzwischen der drittwichtigste Investor in Afrika (Berke 2006). Allein im Jahr 2006 investierten rund 900 größere chinesische Firmen ca. 370 Mio. US-Dollar (Xinhua 2007d). Neben den Ölstaaten und Südafrika sind chinesische Direktinvestitionen besonders in der Region südlich der Sahara signifikant angestiegen. Dort überflügelten Chinas Investitionen zwischen 1998 und 2002 diejenigen Japans und waren mehr als doppelt so hoch wie die Südkoreas (Kaplinsky et al. 2006: 16).

Neben den großen Konzernen, die afrikanische Konsumenten mit allen möglichen Waren von Mobiltelefonen über Motorroller bis hin zu Klimaanlagen oder Kühlschränken versorgen, steigt die Zahl chinesischer Händler und Kleinunternehmer unaufhörlich. Diese wagen ihr Glück in Afrika mit dem Verkauf von günstiger Bekleidung, Haushaltswaren und Geschenkartikeln, die sie aus China importieren (vgl. Ostbo/Carling 2006; Dobler 2005) und leisten damit einen wesentlichen Beitrag zum überdurchschnittlichen Wachstum in den letzten Jahren – insbesondere in den kapitalarmen Ländern südlich der Sahara (vgl. Berke 2006). Zu den Vorzeigebeispielen gehören die chinesischen Handelsnetzwerke in Mauritius, die nicht nur lokale Fertigungsstätten etablierten, sondern durch langfristig erfolgreiche Jointventures mit ortsansässigen Unternehmern die Entstehung des industriellen Sektors maßgeblich förderten. Laut Bräutigam (2003) könnte sich diese „Katalysatorwirkung" in einigen Ländern südlich der Sahara in ähnlicher Weise wiederholen.

Mit der Ausweitung chinesischer (und indischer) Investitionen jenseits der Rohstoffsektoren kommt es zu einem spürbaren Schub für Afrikas Wettbewerbsfähigkeit und seine Einbindung in den internationalen Handel (Broadman 2006: 20, 28). Natürlich erzeugt dieser dynamische Prozess auch wirtschaftliche Verlierer. Zum Beispiel löste die Öffnung afrikanischer Märkte einen „Textiltsunami" aus dem Reich der Mitte aus. Sprunghaft angestiegene Einfuhren chinesischer Textilien wurden für die Massenentlassungen in der Textilindustrie Südafrikas verantwortlich gemacht. Auch in Sambia, Botswana und Lesotho mussten etliche Fabriken schließen. Es kam laut den Angaben afrikanischer Gewerkschaften zum Verlust von mehreren hunderttausend Arbeitsplätzen, was scharfe Proteste gegen chinesische Dumpingpreise provozierte (Marks 2006; Wilson 2006). Im Falle Südafrikas reagierte Peking umgehend und schränkte chinesische Textilexporte in das Land ein.

Allerdings ist der Anstieg afrikanischer Einfuhren chinesischer Textilien nicht die einzige Ursache für den Arbeitsplatzverlust. Ausschlaggebend ist ebenso die Konkurrenz asiatischer Textilexporte in Drittmärkten, die sich im Zuge des WTO-Beitritts Chinas und insbesondere nach Ablauf des Multifaserabkommens (MFA) massiv ausweiteten (Zafar 2007). Der Niedergang der Textilbranche in Afrika wird allzu oft allein dem „China-Faktor" angelastet, während andere Strukturprobleme, die ebenfalls mitverantwortlich sind, unter den Tisch fallen (vgl. Peluola 2007).

Den negativen Konsequenzen für den Arbeitsmarkt stehen die Arbeitsplätze gegenüber, die in Folge chinesischer ADI in der Ölindustrie, im Bergbau und in der Baubranche geschaffen worden sind. In der Kupferindustrie Sambias sind durch chinesische Investitionen bereits 10.000 Arbeitsplätze entstanden, weitere 50.000 sollen folgen (Peluola 2007). Im Rahmen eines Renovierungsprojekts des nigerianischen Eisenbahnnetzes wird ebenfalls mit der Entstehung von 50.000 Arbeitsplätzen gerechnet. Über die Zahl der Arbeitsplätze, die chinesische ADI im verarbeitenden Gewerbe, in der Landwirtschaft und der Telekommunikationsbranche geschaffen haben, existieren bislang keine verlässlichen Angaben.

Allen anders lautenden Berichten über die Bevorzugung chinesischer Arbeitskräfte zum Trotz, zeigen empirische Untersuchungen des Chinazentrums der Stellenbosch Universität in Südafrika, dass chinesische Baufirmen zwischen 85 % und 95 % ihrer Angestellten aus der örtlichen Arbeiterschaft rekrutieren (Corkin/Burke 2007). Nachdem es wiederholt zu Unfällen gekommen war – beispielsweise dem Tod von 51 afrikanischen Arbeitern in einer Kupfermine in Sambia – entzündeten sich anhaltende Kritik und Proteste gegen die vielerorts schlechten Arbeits- und Sicherheitsbedingungen in Bergwerken, die von chinesischen Firmen betrieben werden. Chinas Staatspräsident Hu Jintao sah sich deshalb gezwungen, im Februar 2007 einen geplanten Besuch in den Kupferabbaugebieten Zentralsambias abzusagen.

Um zu einer abschließenden Bewertung von Chinas ökonomischem Einfluss zu gelangen, ist es noch zu früh. Ob langfristig die positiven oder die negativen Auswirkungen der komplexen chinesisch-afrikanischen Wirtschaftsbeziehungen überwiegen werden, ist unklar (Zafar 2007). Trotzdem lassen sich einige unübersehbare Trends bereits jetzt feststellen. Die Volksrepublik ist ein maßgeblicher Faktor für hohe Wachstumsraten in fast allen afrikanischen Ländern, die vor allem, aber nicht ausschließlich, von ihren Rohstoffexporten nach China profitieren (Trinh et al. 2006; Broadman 2006). Chinas Außenhandelspolitik ist offenbar bestrebt, die afrikanische Exportwirtschaft zu fördern und insbesondere den ressourcenarmen Ländern zu helfen, ihr Handeldefizit mit China zu verringern. Denn die Regierung von Hu Jintao erhöhte die Zahl der Güter, die zollfrei auf den chinesischen Markt eingeführt werden dürfen, von bisher 190 auf 440. Immerhin handelt es sind bei den betroffenen Güterarten um 25 % der gesamten Ausfuhren nach China. Fertigwaren haben darunter einen Anteil von mehr als einem Drittel, was verdeutlicht, dass mit der Senkung der Importbarrieren nicht nur bezweckt wird, den eigenen Importbedarf zu befriedigen, sondern tatsächlich auch Afrikas verarbeitende Industrie zu unterstützen (FOCAC 2005; Müller 2006b: 97ff.).

Eine in Medienberichten und wissenschaftlichen Analysen oftmals übersehene, aber für das Alltagsleben umso wichtigere Verbesserung bringt die Zunahme der Importe günstiger chinesischer Haushaltswaren, Konsumgüter und Medikamente mit sich. Sie heben effektiv den Lebensstandard von Millionen von AfrikanerInnen (Alden/Davies 2006: 93) und leisten darüber hinaus einen wesentlichen Beitrag zur Verbesserung des Gesundheitszustandes und der sanitären Verhältnisse. Insbesondere in Ländern mit einer durch Bürgerkriege zerstörten Infrastruktur, wie z. B. Angola, sorgen chinesische Firmen durch ihre rasche und effiziente Bautätigkeit sowie durch Investitionen in die Telekommunikationsinfrastruktur für eine Verbesserung der Lebenssituation von Millionen von Menschen, die oft jahrelang auf befahrbare Straßen, sichere Brücken oder eine zumindest minimale Stromversorgung gewartet haben (Mayer 2007b; Kappel/Schneidenbach 2006: 4). Überdurchschnittlich profitieren hiervon Regionen und Länder (z. B. Subsahara-Afrika), die in den letzten Jahren von anderen internationalen Investoren gemieden oder vernachlässigt worden sind (Berke 2006).

Die Chance, dass sich über die Rohstoffsektoren hinaus nachhaltiges Wachstum einstellt, ist aber im Wesentlichen von den ordnungspolitischen Rahmenbedingungen abhängig, die für die Regulierung des Wettbewerbs, der Arbeits- und Umweltstandards sowie für das Steuerwesen gelten. Ebenso entscheidend ist aber auch eine kluge Ausgabenpolitik der Staatseinnahmen (vgl. Broadman 2006; Wurthmann 2006).

Hilfe ohne Konditionen?

Da die chinesische Regierung seit 2002 keine regelmäßige Dokumentation ihrer offiziellen Hilfsgelder mehr veröffentlicht, kursieren diesbezüglich unterschiedliche Angaben. Ohne Zweifel lässt sich jedoch sagen, dass China mit ca. 2,7 Mrd. US-Dollar (2004) inzwischen zu den bedeutenden Geberländern in Afrika zählt (Kurlantzick 2006: 2), insbesondere in Ländern südlich der Sahara. Während die Weltbank dort insgesamt lediglich 2,3 Mrd. US-Dollar an Hilfskrediten vergab und die Vereinigten Staaten 500 Mio. US-Dollar, verlieh die staatliche chinesische Import-Export Bank allein im Jahr 2006 an Mosambik, Angola und Nigeria zusammen 8,1 Mrd. US-Dollar (Müller 2006b: 97; Moss/Rose 2006).

Beim Schuldenerlass positionierte sich Peking an vorderster Front und erließ 31 Staaten vorzeitig ihre finanziellen Verpflichtungen im Umfang von rund 1,3 Mrd. US-Dollar (Gu 2006: 71). Es versprach außerdem im Dezember 2006, in den kommenden fünf Jahren noch umfangreichere Finanzmittel bereit zu stellen. Dazu zählen 5 Mrd. US-Dollar in Form von Niedrigzinskrediten sowie die Einrichtung eines Chinesisch-Afrikanischen Entwicklungsfonds, der mit Finanzmitteln in derselben Größenordnung ausgestattet werden soll (Jia 2006). Im Mai 2007 fand das jährliche Treffen der Afrikanischen Entwicklungsbank in Shanghai statt, was die Bedeutung widerspiegelt, die China inzwischen für die Kreditvergabe und die Finanzpolitik Afrikas erlangt hat.

Ein weiterer Bestandteil der chinesischen Entwicklungspolitik ist die Finanzierung diverser Weiterbildungs- und Trainingsprogramme für Schulleiter, Lehrer und Beamte, sowie die Versendung von 530 Experten zur Verbesserung von schulischen und universitären Einrichtungen; ferner existieren 60 chinesische Förderprogramme, die 25 afrikanische Länder im Bereich von Ausbildung, Forschung und Technologie unterstützen. Im Rahmen des African Human Resources Development Funds der chinesischen Regierung erhielten laut chinesischen Angaben fast 19.000 Afrikaner Auslandsstipendien (Xinhua 2006k).

Außerdem werden im Zusammenhang mit staatlicher Entwicklungshilfe Technologie und Know-how insbesondere in den Bereichen Medizin und Landwirtschaft weitergegeben. Chinas Regierung sagte während des jüngsten Chinesisch-Afrikanischen Gipfeltreffens u. a. zu, 30 Krankenhäuser und dutzende Behandlungsstationen für Malariapatienten zu errichten, 100 führende Agrarexperten nach Afrika zu entsenden und 10 Agrartechnologiezentren aufzubauen (Jia 2006). Laut chinesischen Angaben waren seit 1963 rund 16.000 Chinesen im Rahmen von medizinischen Teams für die Bevölkerung von 47 afrikanischen Ländern unentgeltlich im Einsatz.

Bei der Vergabe von Krediten und Entwicklungshilfe verfährt Peking unübersehbar nach anderen politischen Normen als internationale Geldgeber. Es betont die nationale Souveränität und die „Nichteinmischung in innere Angelegenheiten". Mit Ausnahme der Nicht-Anerkennung Taiwans werden keinerlei politische Bedingungen gestellt (Taylor 2006). Allerdings setzten Chinas Unterhändler im Falle eines Niedrigzinskredits über 2 Mrd. US-Dollar, den Angola im März 2004 im Gegenzug für Ölkonzessionen erhielt, durch, dass 70 % des Betrags an Aufträge für chinesische Unternehmen gebunden wurden. Angola hatte damit zwar langwierige, die Transparenz im Ölsektor und die Korruption betreffende Verhandlungen mit dem IWF umgangen, von dem es ursprünglich einen Entwicklungskredit beziehen wollte (vgl. Irinnews 2006). Dafür musste es sich jedoch Pekings ökonomischen Vorgaben beugen.

Derartige Vorgehensweisen stoßen auf harsche internationale Kritik, da sie die Bemühungen westlicher Geberländer zu unterminieren drohen, höhere Transparenzstandards zu etablieren und generell „gute Regierungsführung" zu fördern. Weil viele der gewährten Kredite, wie im Falle Angolas, im Zusammenhang mit chinesischen Energieinteressen stehen dürften, wurde der Vorwurf erhoben, China verschaffe sich mit konditionslosen Krediten einen Vorteil bei der Vergabe von Ölkonzessionen (Chen 2007; Eisenmann/Kurlantzick 2005). Dagegen kann eingewendet werden, dass es nicht Chinas Ölinteressen sind, die das Land zu einer konditionslosen Vergabe von Krediten verleiten. Chinesische Hilfskredite werden ausnahmslos ohne politische Bedingungen vergeben – ein Ansatz, den im Übrigen auch Indien und Brasilien verfolgen.

Wie dem auch sei – die Behauptung, die vom „Öldurst" geprägte Kreditvergabepraxis Chinas führe zu einer Senkung der Standards, lässt sich empirisch nicht belegen. Eine Studie der OECD gelangt stattdessen zu dem Schluss, dass sich die gemessenen Transparenzwerte in Afrika seit des Einsetzens des Stroms der chinesischen (und indischen) Öldollars nicht verschlechtert haben (Goldstein et al. 2006). Die kritisierte enge Verzahnung der chinesischen Entwicklungskredite mit der Vergabe von Infrastrukturaufträgen an chinesische Firmen hat außerdem de facto den positiven Effekt, dass die Finanzmittel tatsächlich für die Umsetzung der geplanten Projekte eingesetzt werden.

Vorbild China

Das Reich der Mitte erfreut sich unter afrikanischen Regierungen großer Beliebtheit. Zu den Gründen hierfür zählen neben den chinesischen Petrodollars und seiner Bereitschaft, Kredite ohne politische Konditionen zur Verfügung zu stellen, auch die diplomatische Protegierung einzelner „Schurkenstaaten" sowie umfangreiche Geschenke und Gesten des guten Willens (Shinn 2006; Gu 2006). Auch Pekings Rhetorik, der zufolge es afrikanische Länder als ebenbürtige und gleichberechtigte Partner behandelt, wirkt zumindest aus Sicht der afrikanischen Eliten bislang glaubwürdig (Müller 2006b).

Eine tiefer gehende Ursache für Chinas enorme Anziehungskraft ist allerdings in einem anderen Sachverhalt zu suchen: Das Land hat unter den Bedingungen der Globalisierung aus sich selbst heraus eine grandiose wirtschaftliche Entwicklung gemeistert und mehrere hundert Millionen Menschen über die Armutsgrenze gehievt. Die Volksrepublik gilt folglich als Vorbild (Schmitz 2006). Jeffrey Sachs, ein enger Berater des ehemaligen UN-Generalsekretärs Kofi Annan, äußerte sich euphorisch über Chinas Erfolge, die er als modellhaft für Afrikas Entwicklung bezeichnete (Forbes 2006).

Chinas Entwicklung ist in zweifacher Hinsicht ein Symbol. Zum einen liefert sie den schlagenden Beweis dafür, dass Entwicklungsländer einen selbst bestimmten Entwicklungspfad beschreiten können, ohne sich von außen aufgezwungenen Reformrezepten unterwerfen zu müssen. Zum anderen hat sie aufgezeigt, dass erfolgreiche Entwicklungspolitik mit Rezepten betrieben werden kann, die dem *washington consensus* diametral zuwiderlaufen (vgl. Thompson 2005; Mittelman 2006).

In der Tat scheint das chinesische Entwicklungsmodell – auch als *beijing consensus* bezeichnet (Ramo 2004) – eine Alternative zu sein, die zur Gestaltung der Entwicklungspolitik afrikanischer Länder herangezogen werden könnte. Dabei handelt es sich jedoch nicht um eine Blaupause, die einfach kopiert werden kann (vgl. Schmitz 2006: 8). Der *beijing consensus* besteht nicht aus einem feststehenden Katalog konkreter Maßnahmen und Anweisungen, die man schlicht in Politik umsetzen muss. Vielmehr kann er nur seinem Sinngehalt nach rekonstruiert, verstanden und dann als Handlungsprinzip für Entwicklungspolitik angewendet werden.

Die inzwischen gebräuchlich gewordene Definition des *beijing consensus* reduziert dessen Kerngehalt auf die strikte Ablehnung von Konditionalität auf Basis der Norm der Nichteinmischung (vgl. Thompson 2005; Legwaila 2006). Dies greift jedoch viel zu kurz: Im Unterschied zum *washington consensus*, der die wirtschaftliche und politische Liberalisierung als miteinander verwobene Prozesse voraussetzt, ist das Ziel des *beijing consensus* die soziale und wirtschaftliche Entwicklung, die ohne weiteres unter Weglassung politischer Mitbestimmungsrechte erreicht werden kann.

Abstrakter interpretiert kann der *beijing consensus* als handlungsleitendes Prinzip verstanden werden, das ausdrücklich von einer Vielzahl möglicher ordnungspolitischer Wege ausgeht. Das erklärte Ziel ist gesellschaftliches und individuelles „well being." Entscheidend ist jedoch, dass „well being" auch im Laufe des Entwicklungs- und Reformprozesses angestrebt werden soll. Politik soll nicht nur flexibel und experimentierfreudig bleiben, sondern auch wirtschaftliche Reformen im Gleichgewicht mit ihren sozialen Folgewirkungen halten. Die (graduelle) Liberalisierung der Ökonomie dient hierzu als ein Instrument – ist aber kein Selbstzweck (vgl. Qian 2003; Ramo 2004: 3ff.). Politische Stabilität und stabile Staatlichkeit sind die Voraussetzung von Entwicklung – nicht umgekehrt. Hieraus erklärt sich dann auch die in China enorm erfolgreiche „Politik der kleinen Schritte". Das Ergebnis ist ein oftmals widersprüchliches Flickwerk an Maßnahmen, das jene hybride Mischung aus markt- und planwirtschaftlichen Bestandteilen erzeugt hat, die kennzeichnend für den heutigen Zustand der chinesischen Ökonomie ist (Qian 2003; Lin et al. 2003).

Chinesische Politiker heben immer wieder die Bedeutung eigenständiger nationaler Wirtschaftsmodelle und Entwicklungspfade in Afrika hervor. Dies steht in deutlichem Kontrast zum Vorgehen der Weltbank und des Internationalem Währungsfonds (IWF), die dogmatisch an einem neoliberalen Entwicklungskonzept – kombiniert mit Anforderungen der „guten Regierungsführung" – festhalten, das beharrlich afrikanischen (und vielen anderen) Ländern übergestülpt wird. Bedeutende Kritiker des IWF, wie der ehemalige Chefvolkswirt der Weltbank Stiglitz, bemängeln, dass dieser mit seiner Vorgehensweise nach dem Motto *one size fits all* ganze Volkswirtschaften in Krisen gestürzt habe (Stiglitz 2002).

Kritische Entwicklungsökonomen betonen ebenfalls die zentrale Bedeutung von kleinen Schritten und „suchenden" experimentellen Verfahren ohne *grand design* (Easterly 2006). Gleichzeitig bescheinigt die Wirtschaftswissenschaft indigen gewachsenen Entwicklungsstrategien die größte und langfristigste Effektivität, ohne allerdings die Ursachen ihres Erfolges verstehen oder erklären zu können (Easterly 2007). Die Prinzipien hinter dem *beijing consensus* scheinen auch durch neueste politikwissenschaftliche Erkenntnisse bestätigt zu werden, denen zufolge es in keinem Fall verlässlich festgestellt werden kann, welche Kombination von Institutionen in einem konkreten Entwicklungsland positive Auswirkungen erwarten lässt. „*Projects of institutional reform must take as their point of departure the actual conditions, not blueprints based on institutions that have been successful elsewhere*" (Przeworski 2004: 540).

Neben diesen in erster Linie theoretischen Aspekten könnte sich auch ganz konkretes chinesisches Know-how als wertvoll erweisen. Dazu zählen die strategische Technologie- und Bildungspolitik (Altenburg et al. 2006) und insbesondere Chinas Erfahrungsschatz mit Sonderwirtschaftszonen (SWZ) und exportorientierten Wachstumsstrategien. Obwohl derartige SWZ als geeignetes Entwicklungsinstrument in Afrika gelten (Iyoha 2005), blieb ihr Erfolg bisher weitgehend hinter den Erwartungen zurück (Broadman 2006: 158). Die chinesische Regierung verpflichtete sich im gemeinsamen Aktionsplan, der Ende 2006 während des letzten Forum on China-Africa Cooperation (FOCAC) beschlossen wurde, ihr Wissen im Bereich ausländische Direktinvestitionen und Sonderwirtschaftszonen weiter zu reichen (FOCAC 2006) und versprach die Etablierung von fünf „Handels- und Wirtschaftszonen" zu unterstützen. Laut Medienberichten sind in Kooperation mit chinesischen Firmen bereits in Nigeria und Sierra Leone spezielle Export- und Handelszonen eingerichtet worden.

Westliche Entwicklungspolitik auf dem Prüfstand

Chinas eigene Entwicklung stellt das bisherige neoliberale Credo der Entwicklungspolitik, aber auch das Paradigma der „guten Regierungsführung" grundsätzlich in Frage (Qian 2003; Schmitz 2006). Obwohl die Verwirklichung politischer Freiheiten kein Bestandteil des *beijing consensus* darstellt, fordert dieser, bei ökonomischen Reformen immer die sozialen und politischen Folgen für den Einzelnen und die Gesellschaft im Auge zu behalten. Damit dürfte der eigentlich abendländischen Idee vom Vorrang des Individuums unter den faktischen Umständen in Entwicklungsländern letztlich besser Genüge getan sein, als durch den vordergründig nach wirtschaftlichen und politischen Freiheiten gerichteten *washington consensus*, denn dessen unflexibler Maßnahmenkatalog bezieht sich ausschließlich auf makroökonomische Rahmenbedingen. Er umreißt die „Traumbedingungen für Entwicklung aus Sicht eines Bankers (...) ohne eine direkte Verbesserung des Alltagslebens von Individuen anzustreben" (Ramo 2004: 29).

Im Einklang mit dieser Logik gewährte der IWF zwar verschuldeten Staaten Kredite, damit diese weiterhin dazu in der Lage waren, ihre Schulden zu tilgen. Doch er unterließ es, die katastrophalen finanziellen und sozialen Folgekosten seiner eigenen schocktherapeutischen Politikberatung zu tragen, die zur Verschlechterung der Lebensbedingungen von Millionen Menschen geführt hatten (vgl. Stigliz 2002; Putzel 2004). Die westliche Entwicklungspolitik kann von China vor allem Experimentierfreude sowohl auf konzeptioneller als auch auf praktischer Ebene lernen. Ein Entwicklungsmodell kann schwerlich für alle ökonomischen (und politischen) Wirklichkeiten Afrikas passen. Das Beispiel Chinas zeigt darüber hinaus, wie Korruption so beschränkt und kanalisiert werden kann, dass sie nicht „räuberisch" wird (vgl. Heilmann 2004: 184ff.), d. h. nicht grundsätzlich wachstums- und entwicklungshemmende Wirkungen entfaltet.

Zudem ist China ironischerweise in Sachen pluralistische Politikdebatten ein Vorbild. Während internationale Finanzinstitutionen nicht bereit sind, über ihre neoliberalen Konditionen zu verhandeln, sondern diese Entwicklungsländern unilateral auferlegen, ist ein kontroverser Diskurs und Aushandlungsprozess von Beginn an fester Bestandteil des chinesischen Reformpfades gewesen (Mittelman 2006). Auch wenn die große Mehrheit der chinesischen Bevölkerung bislang bestenfalls indirekt daran beteiligt ist und es in Namen von Stabilität und Ordnung unverändert zu massiven Menschenrechtsverletzungen kommt, wurden dennoch unterschiedliche Interessenlagen im Sinne eines Gemeinwohls beachtet und mit einbezogen.

Im Vergleich mit dem *beijing consensus*, der nationale Sonderwege zur Regel erhebt, wird die eurozentrische Ausrichtung von neoliberalen Entwicklungskonzepten besonders deutlich. Da sie letztlich von den sozioökonomischen Rahmenbedingungen der ersten Welt ausgehen, geht ihre Umsetzung oft auf Kosten der angestrebten liberalen Ideale von Freiheit und Privatbesitz. Umgekehrt erwies sich das Konzept des *beijing consensus*, zumindest bezogen auf China selbst, als wesentlich nachhaltiger bei der Verwirklichung liberaler Normen, auch wenn es nicht explizit auf diesen aufbaut. Aus diesen Überlegungen wird ersichtlich, dass die Kritik an Chinas Ansatz in Afrika als Teil eines größeren hegemonialen Diskurses verstanden werden kann, der durch chinesische Konzepte herausgefordert wird, sein neoliberales Credo zu verteidigen.

Dennoch lassen sich auch Brücken zur aktuellen wissenschaftlichen Debatte über „gute Regierungsführung" schlagen. So werden die vorherrschenden essentialistischen Idealvorstellungen über „gute Regierungsführung", alle Einzelpunkte aus dem umfangreichen Forderungskatalog gleichberechtigt und zur selben Zeit umsetzen zu wollen, immer kritischer zu sehen. Die neue Vorstellung von *good enough governance* weicht bewusst von Maximalforderungen ab. Stattdessen sollen Prioritäten für geeignete Maßnahmen und institutionelle Reformen gefunden werden. Deren Bestimmung muss sich diesem Ansatz gemäß am Kontext der politischen, gesellschaftlichen und wirtschaftlichen Gegebenheiten jedes einzelnen Landes einerseits und der staatlichen Reform- und Interventionskapazitäten andererseits orientieren. Die Vorstellung „weniger, nützlichere und machbare Interventionen" (Grindle 2005) umzusetzen, die von den divergierenden nationalen und regionalen Gegebenheiten ausgehen, zeigt überraschende Ähnlichkeiten mit der chinesischen Entwicklungs- und Reformstrategie.

Vorläufige Bilanz

Für China ist Afrika ein Geschäftspartner auf Augenhöhe. Um es in der treffenden Formulierung Siemons (2006) auszudrücken: Chinesen behandeln Afrikaner als „ökonomische Subjekte". Peking macht den Kontinent nicht zum Objekt eigener Ambitionen, sondern bindet ihn in einen „realen Interessenaustausch" ein. Abgesehen von der höchst problematischen Unterstützung autoritärer Regime, bei der China allerdings keine Ausnahme bildet, bringt Chinas Engagement in Afrika bislang durchaus positive und nicht selten unerwartete Auswirkungen mit sich. Das komplexe Geflecht der afrikanisch-chinesischen Wirtschaftsbeziehungen lässt sich mit dem Begriff „Neokolonialismus" nicht überzeugend erfassen (Schüller/Asche 2007: 76). Der Vorwurf, China betreibe auf dem afrikanischen Kontinent eine neokoloniale Energiepolitik, ist schlicht unhaltbar.

Die Frage, die sich aufdrängt, lautet nicht, ob etwa der chinesische Rohstoffhunger einen Fluch für Afrika darstellt. Aus Sicht der afrikanischen Länder geht es vielmehr hauptsächlich darum, Chancen und Risiken zu antizipieren, die sich aus Chinas weiterer Wirtschaftsentwicklung und deren Nebeneffekten ergeben (Kaplinsky et al. 2006). Dazu müssen sie, darüber sind sich westliche und afrikanische Experten einig, die eigenen wirtschaftlichen Interessen genauer bestimmen und gegenüber China geltend machen. Dies kann z. B. in Form spezieller Einfuhrpräferenzen für chinesische Waren geschehen, wie sie etwa Brasilien und Venezuela mit Peking ausgehandelt haben (Alden 2005; Schwengsbier 2007), oder durch die Einforderung von Exportbeschränkungen für Textilien auf Seiten Chinas wie im Falle von Südafrika. Insbesondere sollten afrikanische Regierungen eine von China selbst erfolgreich angewendete Strategie übernehmen und im Rahmen von chinesischen ADI einen größeren Transfer von Technologie und Wissen erzwingen.

Chinas wirtschaftliches Engagement birgt trotz komplementärer Wirtschaftsstrukturen neben den Chancen auch unübersehbare Risiken. Dies gilt in besonderem Maße für die Leichtindustriezweige, die durch eine Zunahme chinesischer Billigimporte, aber stärker noch vom Wettbewerb mit der chinesischen Konkurrenz auf den globalen Absatzmärkten und um ausländische Direktinvestitionen bedroht sind (Zafar 2007; Kaplinsky et al. 2006). Alden (2005) argumentiert daher zu Recht, dass Afrika lernen muss, zu gegebener Zeit auch „nein zu sagen zu können." Dies gilt nicht zuletzt auch für die neuen Kreditlinien chinesischer Banken, die die Gefahr neuer Verschuldungszyklen mit sich bringen.

Psychologisch entscheidender ist aber, dass viele afrikanische Nehmerländer durch Pekings Kredite aus ihrer einseitigen Abhängigkeit von Weltbank und IWF befreit werden und mehr politischen Freiraum erhalten. Die Entwicklungshilfe und die Investitionen aus China lockern das Gängelband internationaler Finanzorganisationen. Sie beenden vielfach das entwicklungspolitische Diktat der wirtschaftlichen Liberalisierung und bringen gleichzeitig umso klarer die doppelten Standards der „westlichen" Menschenrechtsrhetorik ans Licht. Mit dieser neuen Erfahrung ist für viele Afrikaner ein Unabhängigkeitsgefühl verbunden, das außerordentlich wertgeschätzt wird und sich trotz vorhandener Kritik aus der Zivilgesellschaft an China keineswegs nur auf die Eliten beschränkt. Dass europäische Analysten diese Sichtweise pauschal als „oberflächlichen antikolonialen Konsens" (Kappel/Schneidenbach 2006: 1) abtun, ist selbst ein Ausdruck postkolonialer Traumata und verdeutlicht, wie erschreckend weit europäische Denkfabriken vom Stand innerafrikanischer Debatten entfernt sind.

Insgesamt betrachtet geht Chinas Rolle in der Entwicklung Afrikas bereits weit über den Ressourcensektor hinaus. Auch wenn chinesische Akteure in erster Linie in afrikanische Länder kommen, um Energieressourcen und Rohstoffe einzukaufen, bringt Chinas Engagement auch in andere Sektoren dringend benötigtes Kapital und Know-how. Chinesische Unternehmen sind auf dem besten Weg, den afrikanischen Volkswirtschaften zu helfen, wettbewerbsfähiger zu werden und sich in den Weltmarkt zu integrieren (Broadman 2006).

Dies steht in einem gewissen Widerspruch zu den Erfahrungen aus der Geschichte der Ausbeutung fossiler Energieressourcen. Es gilt nämlich hinlänglich als erwiesen, dass die Investitionstätigkeit in die Ölförderung meist in weitgehender Isolation, das bedeutet ohne nennenswerte *spill over*-Effekte auf den Rest der Wirtschaft eines Landes, bleibt (vgl. ECA 2006). Allem Anschein nach handelt es sich aber bei den Wirtschaftsbeziehungen zwischen afrikanischen Ländern und China um einen Prozess, in dem die Aktivitäten im Energiebereich und die Finanz- und Warenströme in die anderen Wirtschaftszweige zumindest eine parallele Steigerung erleben. Ohne die langfristigen Konsequenzen der chinesischen Afrikapolitik abschätzen zu wollen, lässt sich vorläufig zumindest für die kurze Periode der „Wiederentdeckung" Afrikas durch China und deren Auswirkungen auf afrikanische Staaten und Gesellschaften eine positive Bilanz ziehen.

Kapitel 10.
Führt Chinas „Energiehunger" zu einem globalen Konflikt um fossile Energieressourcen?

Die Geschichte des Ölzeitalters wird typischerweise als ein „epischer" Kampf um Macht und Ressourcen beschrieben. In der Tat sehen zahlreiche Politiker, Publizisten und Wissenschaftler im Wettkampf um die weltweiten Erdöl- und Erdgasvorkommen den Dreh- und Angelpunkt nationaler Interessen sowie der internationalen Politik (Yergin 1991; Heinberg 2005; Klare 2001; Engdahl 2004). Zugrunde liegt dem die Vorstellung, dass zwischen den „Großmächten" natürlicherweise geostrategische Rivalitäten um Rohstoffe und Energiereserven vorhanden sind. In diesem Sinne warnte der ehemalige amerikanische Außenminister Henry Kissinger kürzlich vor dem Aufkommen eines neuen „großen Spiels" (*great game*) und verwies darauf, dass der Wettbewerb um den Zugang zu Energie für viele Gesellschaften eine Frage von „Leben und Tod" werden könne (zitiert nach Washington Times 2006).

Gemäß diesem Weltverständnis wird China die Rolle eines Landes zugewiesen, das durch seinen unstillbaren „Appetit auf Öl" (Rabe/Wiede 2005) geradezu prädestiniert ist, internationale Spannungen oder gar Kriege um die ohnehin schrumpfenden Erdöl- und Erdgasvorkommen auszulösen. Westliche Politiker und Experten sind nicht nur misstrauisch gegenüber den Aktivitäten der chinesischen Ölfirmen, die als verlängerte Arme einer staatlichen Energiestrategie begriffen werden, sondern auch, weil China scheinbar vorbehaltlos mit autoritären Regierungen zusammenarbeitet, um seine Ölversorgung abzusichern (Jaffe/Lewine 2002; Klare 2004; Luft 2005; Navarro 2006; Calder 1996; Umbach 2003, 2007; Bajpaee 2005c; Kreft 2006; Chen 2007).

Um so vehementer die Stimmen werden, die vor eventuellen machtpolitischen Rangeleien oder schlimmstenfalls militärischen Auseinandersetzungen – ausgelöst durch den „Energiehunger" Chinas – warnen, desto nebulöser erscheinen jedoch die theoretischen Begründungen und empirischen Belege für eine derartige Sichtweise. Im nachfolgenden Kapitel wird versucht, der Frage auf den Grund zu gehen, ob China bedingt durch seinen Energiebedarf tatsächlich zu einem gefährlichen Akteur geworden ist, von dem begründet erwartet werden kann, Ressourcenkonflikte herauf zu beschwören.

Aus welchen Elementen besteht die chinesische Energiediplomatie? Welche Strategie verfolgen die chinesischen Ölkonzerne? Macht der „Öldurst" Chinas Verhalten unverantwortlich und unkooperativ? Welche strategischen Konflikte bestehen mit anderen Ölimportstaaten und wie lassen sich diese erklären? Welche gemeinsamen Interessen sind auszumachen?

Schwieriger Einstieg in die internationale Energiewirtschaft

Chinesische Ölfirmen begannen bereits Anfang der 1990er Jahre ins weltweite Ölgeschäft einzusteigen. Aber erst im Zuge der vom damaligen Ministerpräsidenten Zhu Rongji im Jahr 2001 für alle chinesischen Unternehmen angeregten Politik des „Ausschwärmens" (*zou chu qu*) verstärkten sich die globalen Geschäftstätigkeiten staatlicher chinesischer Ölkonzerne derart spürbar (Xu 2006), dass sie in die internationalen Schlagzeilen gelangten. Dabei vollzog die chinesische Führung eine radikale Abkehr von ihrer bisherigen Politik. Sie gab das seit Gründung der Volksrepublik bestehende Ziel auf, mittels einer fortdauernden Ausweitung der heimischen Ölproduktion die Energieautarkie des Landes aufrechtzuerhalten. Fortan war es offizielle Regierungslinie, Energie auch aus dem Ausland zu importieren. Dieser Schritt geschah allerdings keineswegs freiwillig. Im Jahr 1993 hatten chinesische Ölfirmen begonnen, mehr Erdöl einzuführen als sie exportierten, um den rasanten Anstieg des Erdölverbrauchs decken zu können. Die Nachfragesteigerung hielt ungebrochen an und die heimische Produktion war außerstande, den Mehrbedarf zu befriedigen (siehe Kapitel 6). Damit wurde eine ständige Ausweitung von Erdölimporten unausweichlich.

Zeitgleich zu stetig wachsenden Ölimporten begann Peking, seine Beziehungen zu wichtigen Ölstaaten zu vertiefen (Downs 2000). Ziel dieser Kooperations- und Bündnispolitik war aber nicht in erster Linie, politisch motivierten Lieferunterbrechungen seitens der Ölproduzenten vorzubeugen, mit denen die Industrienationen während der Ölkrisen in den 1970er Jahren konfrontiert waren (Downs 2004). Stattdessen ging es Peking darum, die notwendige Ausweitung der Erdöleinfuhren und zugleich die angestrebte Diversifizierung von Lieferanten und Lieferwegen strategisch vorzubereiten. Gleichzeitig sollten chinesische Ölfirmen bei der Intensivierung ihres Engagements in der überseeischen Exploration und Förderung fossiler Ressourcen durch diplomatische Initiativen flankiert werden (Xu 2006).

Innerhalb der Eliten verwiesen zahlreiche Stimmen skeptisch auf die Konsequenzen für die nationale Energiesicherheit, die sich aus der Importabhängigkeit bei der Erdölversorgung ergaben. Regierungsmitglieder zogen hauptsächlich die negativen Auswirkungen der Ölpreisschwankungen auf dem Weltmarkt auf Chinas wirtschaftliche Entwicklung und soziale Stabilität in Betracht. Für Militär- und Sicherheitseliten stand hingegen das strategische Risiko der militärischen Verwundbarkeit langer Versorgungsrouten im Vordergrund (Downs 2004).

Aus Sicht der Ölkonzerne war vor allem die nachteilige Ausgangslage des Reichs der Mitte problematisch, denn China befand sich – und das mag beim jetzigen Stand der Debatte erstaunlich klingen – in einer schwachen Position vis-à-vis den anderen staatlichen und privatwirtschaftlichen Akteuren in der globalen Energiewirtschaft. Diese Schwäche hatte mehrere Ursachen. Zunächst waren die Förderrechte der bis Ende der 1970er Jahre weltweit entdeckten Riesenölfelder bereits vergeben. Da neuere Bohrungen nur Vorkommen kleinerer oder mittlerer Größe erschlossen, konnten chinesische

Unternehmen nur schwer in den Besitz umfangreicher ausländischer Reserven gelangen (Müller 2006a). Ein weiterer Nachteil für die an staatliche Planwirtschaft gewöhnten Firmen bestand darin, dass sie im Vergleich zu ihren europäischen und amerikanischen Konkurrenten keine geeigneten Managementstrukturen und nur geringe Branchenkenntnis besaßen. Mangelnde Finanzkraft und das Fehlen adäquater Fördertechniken bildeten weitere Hindernisse für die Durchführung großer Explorationsprojekte.

Ein weiterer Aspekt, der für den Nachzügler China einen schwerwiegenden Nachteil darstellte, ist das etablierte Netzwerk enger Partnerschaften (wie z. B. der amerikanisch-saudi-arabischen), das die ökonomische und politische Zusammenarbeit im internationalen Energiegeschäft durchzieht. Eine entscheidende Rolle kommt hierbei der globalen Präsenz amerikanischer Bodentruppen und Flottenverbände zu, die in den Augen vieler Analysten eine Art globalen „Öl-Schutz-Service" versehen (Klare 2004). China verfügt hingegen, wie bereits in Kapitel 7 untersucht wurde, über keinerlei vergleichbare militärische Kapazitäten, die es zur Flankierung seiner Energiepolitik einsetzen könnte.

Tatsächlich musste die chinesische Energiepolitik entsprechend ihrer schlechten Ausgangslage empfindliche Rückschläge hinnehmen. So vereitelten internationale Ölmultis im Jahr 2003 erfolgreich den Versuch der SINOPEC und CNOOC, einen Anteil am Kashagan-Riesenölfeld in Kasachstan zu erwerben. Ebenso wenig konnten chinesische Ölfirmen bislang in die russische Erdölproduktion investieren, wie sie es sich ursprünglich erhofft hatten. Im Jahr 2005 musste schließlich CNOOC in den USA einen herben Rückschlag einstecken, als das Unternehmen gezwungen war, sein Übernahmeangebot für eine amerikanische Ölfirma nach massiven Protesten im amerikanischen Kongress zurückzuziehen.

Schon Mitte der 1990er Jahre hatte die staatliche Planungskommission das ehrgeizige Ziel verfolgt, eine „pan-asiatische kontinentale Ölbrücke" zu errichten. Im Rahmen dieses Vorhabens wurde der Bau mehrerer großer Pipelines für Erdöl und Erdgas von Turkmenistan und Sibirien nach Westchina ins Auge gefasst (Christoffersen 1998; Andrews-Speed et al. 2002). Trotz intensiver Bemühungen der CNPC ließ die erste Verwirklichung dieser Projektideen – die Fertigstellung des ersten Abschnitts einer Pipeline von Kasachstan nach Westchina – eine vollständige Dekade auf sich warten.

Aus chinesischer Sicht war aber besonders frustrierend, dass die von der russischen Regierung bereits zugesicherten Gas- und Ölpipelines trotz der engen politischen Partnerschaft, die beide Länder verbindet, (bis vor kurzem) nicht realisiert worden sind. Diese Wahrnehmung verstärkte sich insbesondere, als Japan den Zuschlag für eine alternative Route zu erhalten schien, die nicht wie geplant ausschließlich ins chinesische Ölgebiet Daqing führen sollte. Zeitweise musste die chinesische Führung sogar mit der Möglichkeit rechnen, dass die Ölpipeline zumindest in ihrer ersten Phase ganz ohne Abzweigung nach China zum russischen Pazifikhafen Nakhodka gebaut werden würde (Christoffersen 2005). China erhält infolgedessen seine Ölimporte aus Russland, die sich inzwischen auf rund 21 Mio. t belaufen, noch immer per Bahnverladung.

Insgesamt wählten Chinas Ölkonzerne jene Förderländer für ihre Investitionen und Öleinfuhren aus, die für die Ölversorgung Europas und Nordamerikas bisher keine Rolle spielten, wie etwa Papua Neuguinea, Kongo, Oman oder Ekuador. Sie verfolgten eine Ausweich-Strategie, um sich nicht dem hohen internationalen Wettbewerbsdruck aussetzen zu müssen und einer direkten Konfrontation mit amerikanischen Ölinteressen aus dem Weg zu gehen (Xu 2006). So stammte bis zur Jahrtausendwende mehr als die Hälfte aller chinesischen Ölimporte aus benachbarten Ländern im asiatisch-pazifischen Raum (im wesentlichen Indonesien) sowie aus Yemen und Oman – Länder, die für die Energieversorgung westlicher Volkswirtschaften unbedeutend sind. Auch heute noch stammen ca. 40 % aller Ölimporte aus kleinsten, für andere Importstaaten unbedeutenden Quellen (vgl. Kapitel 6).

Auch das chinesische Engagement im Sudan, in dessen brachliegenden Ölsektor CNPC 1997 erstmals investierte, folgt diesem Muster. Hier war eine Nische entstanden, die so gut wie keinen Wettbewerbsdruck aufwies, weil alle westlichen Ölkonzerne, gezwungen durch die Sanktionsmaßnahmen ihrer Regierungen und den öffentlichen Druck in ihren Heimatländern, abziehen mussten (Tull 2005: 17). Chinas Einstieg in die iranische Gas- und Ölproduktion ist ein weiteres Beispiel für das Ausweichen auf einen Energiemarkt, auf dem wegen internationaler Sanktionsmaßnahmen nur geringer Konkurrenzdruck herrscht.

Energiediplomatie

Chinas vielschichtige und weltumspannende Energiediplomatie vermischt sich in der Praxis übergangslos mit seiner Außenpolitik sowie der Außenwirtschaftspolitik. Unter Beobachtern herrschen unterschiedliche Ansichten, welche politischen Initiativen aus theoretischer Sicht ausschließlich oder zumindest hauptsächlich Chinas Energiediplomatie zugerechnet werden können. Immerhin gelten aber einige Punkte als unstrittig. Darunter befinden sich vor allem die engen zwischenstaatlichen Kooperationen, die Peking mit einigen Ölstaaten eingegangen ist (Zweig/Bi 2005; Kong 2005).

Hinsichtlich der beteiligten Akteure ist für die chinesische Energiediplomatie kennzeichnend, dass beinahe der gesamte Regierungs- und Verwaltungsapparat vom Staatspräsidenten über das Außen- und Handelsministerium bis hin zu den Ölfirmen sowie den Handelsattachés in den chinesischen Botschaften (zudem auch militärische Kreise) in die diplomatischen Aktivitäten involviert sind. Auch wenn die Führungsspitze zumindest bei Großprojekten die ausschlaggebende Kraft bildet, kann man hier von einem regelrechten Akteurswirrwarr ohne eindeutige Aufteilung von Kompetenzbereichen sprechen (Mayer 2006; Downs 2004).

- Das wichtigste Instrument der chinesischen Energiediplomatie bilden die Energiepartnerschaften, die meist einen bilateralen Charakter aufweisen, d.h. sich auf einen einzelnen Staat beschränken. Offiziell ist die Volksrepublik China mit Saudi Arabien, Russland, Kasachstan, Nigeria, Indonesien und Venezuela eine solche „strategische (Öl-)Partnerschaft" eingegangen (Jin 2004; Kong 2005: 38ff:). Die enge Kooperation findet ihren Ausdruck in regelmäßigen, hochrangig besetzten Staatsbesuchen sowie engen diplomatischen Konsultationen auf allen Ebenen. Darüber hinaus werden aber auch mit anderen wichtigen Lieferländern, wie Angola, Iran und Sudan, enge politische Kontakte unterhalten. Gute Beziehungen zu den ausländischen Regierungen sind unerlässlich, weil in vielen Ölstaaten, wie in China selbst auch, die Ölproduktion faktisch in staatlicher Hand liegt.

Weltweit sind chinesische Diplomaten im Verbund mit den Managern von CNOOC, CNPC und SINOPEC von Peru über Madagaskar, Nigeria und Myanmar bis nach Australien oder Kanada in fast allen Ländern vorstellig geworden, die über Erdöl- und Erdgasreserven verfügen. Der regionale Schwerpunkt liegt aber auf dem afrikanischen Kontinent. Das zeigt sich allein an der Anzahl der offiziellen Staatsbesuche. Laut Angaben des chinesischen Außenministeriums fanden zwischen den Regierungen afrikanischer Länder und der chinesischen Führung allein im Jahr 2005 annähernd 60 Staatsbesuche auf höchster Regierungsebene statt. Im Verlauf des Jahres 2006 und Anfang 2007 bereiste mit Premierminister Wen Jiabao, Staatspräsident Hu Jintao und dem (damaligen) Außenminister Li Zhaoxing die komplette Führungsspitze Chinas mehrmals den afrikanischen Kontinent.

Peking ergänzt seine Reisediplomatie in Afrika durch großzügige Geschenke. Es finanziert die Errichtung von Fußballstadien, Regierungsgebäuden und Kongresszentren oder spendet Büromaterial an Parlamentsabgeordnete. Dies geschieht nicht ausschließlich mit dem Ziel, eine Vorzugsbehandlung bei der Versteigerung von Ölkonzessionen zu erlangen (Gu 2006), sondern auch mit dem Ziel, Chinas *soft power* auszubauen. Über Gesten des guten Willens hinaus macht Peking, wenn nötig, auch von seinen diplomatischen Einflussmöglichkeiten in den internationalen Institutionen Gebrauch, um seine Loyalität gegenüber Partnerländern unter Beweis zu stellen. Dabei scheint es vor allem die Sicherheit seiner Rohstoffversorgung im Blick zu haben.

Besondere chinesische Protegierung erhielten Iran und Sudan, sehr zum Ärger Washingtons, das die beiden Länder im Jahr 2001 auf seine Liste der „Schurkenstaaten" setzte. Zweifelsohne ging es hierbei in erster Linie um Ölinteressen, da China iranisches und sudanesisches Erdöl bezieht. Peking blockierte im Weltsicherheitsrat über Jahre hinweg die Verhandlung bzw. den Beschluss von Sanktionen gegen den Iran wegen dessen Atomprogramms, oder versuchte zumindest, ihre Schärfe abzuschwächen. Im Fall des Sudans kam es ebenfalls in Zusammenarbeit mit Russland zum Blockadeverhalten Chinas im Weltsicherheitsrat (Blumenthal 2005; Shen 2006; Zweig/Bi 2005). Auf diese Weise wurde ein von amerikanischen, französischen und deutschen Diplomaten angestrengtes Embargo verhindert, das die massiven Menschrechtsverletzungen im Sudan hätte stoppen sollen (Goodman 2004; Mooney 2005). Offenbar war die chinesische Führung bereit, den Ölinteressen des Landes trotz anhaltender internationaler Kritik an der chinesischen Politik der

Nichteinmischung in Darfur Vorrang zu geben. Dies hängt nicht zuletzt mit ihrer tiefen Skepsis zusammen, ob ein internationales Wirtschaftsembargo, hauptsächlich getragen durch westliche Staaten, aber unter Nichtbeteiligung der Mehrheit afrikanischer Staaten, überhaupt die Kraft erzeugen könnte, um das sudanesische Regime zu bewegen, den Genozid zu verhindern.

Experten sehen in der Strategie der chinesischen Führung, sich auf die Verbesserung der bilateralen Beziehungen zu seinen Öllieferanten zu konzentrieren, generell ein hohes Risiko für die chinesische Energiesicherheit, ganz zu schweigen von den negativen Konsequenzen für die Ziele westlicher Diplomatie (Jaffe/Lewine 2002). Trotzdem erwies sich Chinas Strategie im Großen und Ganzen als Erfolg. Das Land vermochte nicht nur seine Importquellen zu diversifizieren. Ungeachtet von Rückschlägen und Verzögerungen konnte sich die chinesische Führung mit den neuen Pipelineverbindungen aus Kasachstan und Russland (im Bau, vgl. Kapitel 6 und 7) schließlich selbst den Wunsch nach kontinentalen Versorgungslinien erfüllen. Allerdings verlässt sich China keineswegs ausschließlich auf bilaterale Partnerschaften.

● So kann die Gründung der Shanghai Cooperation Organization (SCO) als Baustein einer regionalen Energiestrategie verstanden werden. Die Schaffung einer regionalen Organisation ist ein revolutionärer Schritt in Chinas Außenpolitik, den Peking bislang nur einmal wagte. Die SCO, die im Wesentlichen auf Betreiben Chinas im Jahr 2001 ins Leben gerufen wurde, bringt China, Russland, Kasachstan, Usbekistan, Kirgisien und Tadschikistan zu regelmäßigen Gipfeltreffen, Ministerkonferenzen und zahlreichen themenorientierten Arbeitsgruppen zusammen (Shambaugh 2004; Chung 2004). Beobachter sehen in den Energieinteressen Chinas den ausschlaggebenden Faktor, denn Peking verfügt mit der SCO über ein Forum, mit dem es wichtige Öl- und Gasförderländer politisch stärker an sich bindet.

In der Tat könnte die SCO zum Ausgangspunkt für eine „asiatische Öl- und Gasunion" werden. Schließlich dient sie aus realistischer Perspektive der Abfederung eventueller Großmachtkonkurrenz und zuwiderlaufender Energieinteressen mit Russland (Swanström 2005a; Weitz 2006). Inzwischen erhielten Indien, Pakistan und der Iran mit Unterstützung Chinas einen Beobachterstatus in der SCO. Dies könnte möglicherweise zur institutionellen Grundlage eines von Russland unterstützen weiteren Pipelineprojektes werden, das Südasien übergreifend vom Iran über Pakistan nach Indien und West-China reichen soll (Escobar 2006; Varadarajan 2006).

Doch schon bevor es zur Gründung der SCO kam, bildeten multilaterale Dialoge einen wichtigen Bestandteil chinesischer Energiepolitik. Spätestens seit der Asienkrise (1997/1998) hatte Peking begonnen, seine Beteiligung an regionalen Foren, wie z. B. bei den regelmäßigen Treffen der Energieminister der APEC oder ASEAN plus 3, zu intensivieren. Es engagierte sich außerdem im Bereich der erneuerbaren Energien verstärkt bei internationalen Konferenzen und Initiativen (Ebert 2006; Kupfer 2006).

- Über die asiatisch-pazifische Region hinausgehend wurden Gesprächsforen etabliert, die es der chinesischen Führung erlauben, sowohl mit Staaten aus dem Nahen Osten als auch mit afrikanischen Ländern – also mit den entscheidenden Lieferregionen – in Kontakt zu bleiben. Darunter ist der China-OPEC energy dialogue, ein jährliches Treffen zwischen hochrangigen Vertretern der Mitgliedsstaaten der OPEC und Chinas. Das 2004 ins Leben gerufene China-Arab Cooperation Forum, bei dem sich die Minister der Staaten der Arabischen Liga regelmäßig mit ihren chinesischen Kollegen treffen, soll ebenfalls durch ein spezielles Öl-Forum erweitert werden (Xinhua 2006e; Xinhua 2006g). Ferner werden mit dem Gulf Cooperation Council (GCC), zu dem wichtige Erdöl- und Erdgasförderstaaten wie Kuwait, Saudi-Arabien und Katar gehören, regelmäßige Treffen abgehalten.

Bereits im Jahr 2000 etablierte China mit dem Forum on China-Africa Cooperation (FOCAC) einen Mechanismus, der eine Plattform für Ministerkonferenzen unter Einschluss regionaler Organisationen wie der Afrikanischen Union sowie für regelmäßige Arbeitstreffen von hochrangigen Regierungsmitgliedern und Botschaftern bietet. Der vergangene China-Afrika-Gipfel in Peking, an dem 48 afrikanische Staats- und Regierungschefs teilnahmen, war der bisherige Höhepunkt der multi- und bilateralen Diplomatie Chinas gegenüber Afrika (vgl. Müller 2006b). Energiefragen bildeten einen Schwerpunkt dieses Gipfeltreffens, das weltweit in den Medien kommentiert wurde und besonders seitens der europäischen Regierungen kritische Aufmerksamkeit erlangte.

China beteiligt sich auch an der Klimapolitik der internationalen Gemeinschaft. Es gehört zur Gruppe jener Entwicklungsländer, die das Kioto-Protokoll unterzeichneten, aber nicht zu den Annex-1-Ländern gehören. Das bedeutet, China beteiligt sich im Rahmen des Clean Development Mechanism (CDM) an der Ausgabe von Emissionszertifikaten, ohne sich auf bestimmte Reduktionsziele für die Kohlenstoffdioxidemissionen festzulegen (Lee 2005). Ferner nimmt die Volksrepublik an zahlreichen multilateralen Initiativen wie etwa der Asia-Pacific Partnership teil, die sich auf Zusammenarbeit im Bereich Klima und Energietechnologie konzentrieren. Da die Volksrepublik kein offizielles Mitglied der Internationalen Energie Agentur (IEA) ist, besitzt sie lediglich einen Beobachterstatus. Sie beteiligt sich aber an zahlreichen länderübergreifenden Programmen. Auch bei der Verwaltung seiner strategischen Erdölreserven steht China in engem Kontakt mit der IEA und hat sich bereit erklärt, seine Informationspolitik transparenter zu gestalten.

- Entwicklungszusammenarbeit gilt als weiteres wichtiges Instrument Chinas, um seinen Ölinteressen größeres Gewicht zu verleihen. Den Schwerpunkt hierbei bildet der Ausbau der Infrastruktur. Chinesische Firmen errichten – vornehmlich in afrikanischen Ländern – Brücken, Autobahnen, Eisenbahnlinien, Krankenhäuser und Schulen aber auch Staudämme, Kraftwerke, Stromnetze und Telekommunikationsnetzwerke. China gewährt außerdem u. a. im Zusammenhang mit der Vergabe von

Ölkonzessionen zinsgünstige Hilfskredite, die weder an menschrechtliche Konditionen, noch an Forderungen nach Transparenz gebunden sind (vgl. Kapitel 9).

● Direktinvestitionen und die Etablierung von Handelsregimen bilden die außenwirtschaftlichen Komponenten der chinesischen Energiediplomatie. Zum Kernbereich gehören die Investitionen in die Öl- und Gasförderung, Raffinierung und Transportinfrastruktur von (potentiellen) Lieferländern. Im Gegenzug erhalten einzelne Lieferpartner die Möglichkeit, in Chinas Ölsektor zu investieren. Während chinesische Ölfirmen mit rund einem Drittel aller Energieinvestitionen ihren Schwerpunkt auf afrikanische Länder wie Nigeria, Sudan und Angola legten, sind es bislang insbesondere Ölfirmen aus den Golfstaaten Saudi-Arabien und Kuwait, die in China investierten. Sie beteiligen sich im Umfang von mehreren Mrd. US-Dollar am Bau von Raffinerieanlagen in den Küstenprovinzen Fujian, Guangdong und Shandong sowie an einer Tankanlage für 100 Mio. t Rohöl. Der saudi-arabische Staatsölkonzern soll den Betrieb von mindestens 600 Tankstellen in China übernehmen (People's Daily 2006, Tu 2006a). Ebenso plant Rosneft, der größte Ölproduzent Russlands, in Kooperation mit CNPC ein Tankstellennetz in China zu etablieren. Darüber hinaus schlossen CNPC und der venezolanische Staatskonzern PDVSA ein Abkommen, drei Ölraffinerien in China zu bauen, die 800.000 Barrel pro Tag verarbeiten können.

Chinas Handel mit den Ländern und Regionen, aus denen es Erdöl bezieht, ist dramatisch angestiegen, obgleich sich die wechselseitige wirtschaftliche Verflechtung teilweise noch auf geringem Niveau befindet. Beispielsweise liegt der Anteil Chinas an den Ausfuhren vieler afrikanischer Länder weitaus höher als ihr Anteil an den chinesischen Importen (Trinh et al. 2006). Um einer weiteren Handelsausweitung den Weg zu bereiten, hat Peking Ende 2004 mit dem GCC Verhandlungen über eine Freihandelszone aufgenommen (Chinaview 2005). Dasselbe soll offensichtlich auch mit den Staaten Zentralasiens verwirklicht werden. Nachdem die Mitglieder der SCO im Jahr 2003 ein „multilaterales Rahmenabkommen zur ökonomischen Kooperation" unterzeichnet hatten, schlug der chinesische Ministerpräsident Wen Jiabao die Errichtung einer Freihandelszone vor (Suryanarayana 2003). Allerdings sind die Verhandlungen bislang nicht aufgenommen worden. Die geplante Freihandelszone mit den ASEAN-Staaten befindet sich hingegen bereits in der Umsetzungsphase. Alle beteiligten Staaten haben bereits damit begonnen, ihre Handelsbarrieren zu reduzieren. Aus Sicht Pekings dürfte die Schaffung derartiger Handelsregime nicht nur dazu dienen, die ökonomischen Verflechtungen mit bestimmten Regionen weiter auszubauen, sondern auch, um die Erdöl- und Erdgasimporte abzusichern.

Das Verhalten der chinesischen Ölkonzerne

Westliche Experten spekulieren seit Jahren darüber, inwiefern chinesische Ölkonzerne bei ihren internationalen Geschäftstätigkeiten vom strategischen Interesse des Staates bestimmt werden. Denn der chinesische Staat kontrolliert bis heute einen gesetzlich festgelegten Mehrheitsanteil, der ihm vollen Zugriff auf die Unternehmen zu erlauben scheint (vgl. Andrews-Speed et al. 2002: 51ff.; Kreft 2006). Für die These einer engen Verflechtung spricht beispielsweise, dass die führenden Manager der Ölkonzerne von der KPC eingesetzt werden. Die unternehmerische Führungsebene unterhält ihrerseits engste Kontakte bis in die höchsten Führungsspitzen der chinesischen Regierung (vgl. Downs 2004).

In der Tat waren die „Großen Drei" während der letzten Jahre in China selbst verstärkt in die Kritik geraten – jedoch weniger wegen ihrer Verbindung mit dem Staat als hauptsächlich deswegen, weil sie die Energiepolitik zu sehr auf ihre angebotsseitige Komponente, d.h. auf die Beschaffung des Ölnachschubs, beschränkt hätten. Dabei haben sie, so die Ansicht zahlreicher Energieexperten aus führenden Forschungsinstituten, die Bemühungen um Energieeffizienz und inländische Energiegewinnung aus den Augen verloren. Chinesische Experten fürchteten darüber hinaus ebenjene aufgeregten internationalen Reaktionen auf chinesische Ölinvestitionen (Christoffersen 2005: 63ff.), die in diesem Buch diskutiert werden. Es gibt auch innerchinesische Kritik an der geringen Bedeutung marktwirtschaftlicher Mechanismen in der Ölbranche (Shi 2005b). Diese beziehen sich aber nicht auf die internationale Unternehmenspolitik der CNOOC, CNPC oder SINOPEC, sondern auf die Mängel des heimischen Ölmarktes (siehe hierzu Kapitel 3).

Sind die staatlichen Ölkonzerne in der Praxis tatsächlich Instrumente einer „neomerkantilistischen" Energiestrategie? Um jenseits anekdotischer Evidenz bewerten zu können, ob Chinas Ölfirmen strategisch oder eher kommerziell ausgerichtet arbeiten, lassen sich eine Reihe von Indikatoren heranziehen: die internationale Verflechtung der chinesischen Ölbranche, der Anteil des *equity oil* an den chinesischen Ölimporten, das Verhältnis zwischen ausländischen Direktinvestitionen und Lieferabkommen sowie der tatsächliche Umfang der Überseereserven der „Großen Drei".

Ende des Jahres 2005 operierten CNPC, SINOPEC, CNOOC und andere chinesische Ölfirmen im Rahmen von Jointventures oder Kooperationen in über 139 Projekten außerhalb Chinas (Lieberthal/Herberg 2006: 15). Gleichzeitig haben sie sich zwischen den Jahren 1982 und 2002 laut IEA bei ca. 140 Erdölförderungsprojekten auf chinesischem Territorium mit internationalen Partnern wie British Petroleum, Exxon-Mobil, Frankreichs Total oder Malaysias Petronas in allen Bereichen von der Erschließung von Ölfeldern bis zur Raffinierung zusammengetan (IEA 2002a: 243; Alexander's 2005a).

Etwa 58 % des Investitionskapitals im Offshorebereich stammen von ausländischen Investoren. Bei der Modernisierung des Raffineriewesens und beim Ausbau der Verteilungsinfrastruktur für Erdgas weitete sich die Zusammenarbeit mit ausländischen Unternehmen ebenfalls aus (Ögütcü 2002), obwohl bei Jointventures in China unverändert die chinesische Seite über einen Anteil von mindestens 51 % verfügen muss. Unter den Unternehmenskooperationen befindet sich beispielsweise ein Jointventure zwischen SINOPEC, Saudi Aramco und ExxonMobil, das mit einem Investitionskapital von rund 5 Mrd. US-Dollar Raffinerieanlagen, Verladeterminals sowie ca. 750 Tankstellen umfasst (Reuters 2007a). Den ersten chinesischen LNG-Terminal baute CNOOC gemeinsam mit BP in Shenzhen. Weitere derartige Jointventures ausländischer Ölfirmen mit den „Großen Drei" befinden sich in der Verhandlungsphase. Kurz gesagt sind die chinesischen Ölkonzerne auf dem besten Wege, sich irreversibel in die globale Energiewirtschaft zu integrieren und gleichzeitig den chinesischen Ölmarkt schrittweise zu öffnen.

Unternehmerische Zusammenarbeit macht aber alles andere als konfliktorientierte Verhaltensweisen erforderlich. In der Praxis kann sich das Geschäftsgebaren chinesischer Ölfirmen zudem kaum den internationalen Rechtsstandards und der *lex mercatoria* – dem globalen Wirtschaftsrecht – entziehen. Mit der Internationalisierung staatlicher Ölfirmen verfolgte Peking de facto einen „liberalen, marktwirtschaftlichen Politikansatz" (Beng/Li 2005: 22; Chang 2001). Die von Sicherheitsexperten unter anderem im Bezug auf die Übernahme PetroKazakhstans durch CNPC erhobene Behauptung, dass chinesische Ölkonzerne aus strategischen Beweggründen bereit sind, mehr als die üblichen Marktpreise zu bezahlen, erweist sich aus Sicht von Finanzexperten als unzutreffend (Moore 2005). Wie alle großen multinationalen Ölkonzerne expandieren sie weltweit und erwerben Ölfelder oder Förderkonzessionen nicht in erster Linie aufgrund staatlicher Anweisungen, sondern wegen des privatwirtschaftlichen Wettbewerbsdrucks sowie der Begrenztheit heimischer Öl- und Gasvorkommen (Lieberthal/Herberg 2006: 17ff.).

Obwohl viele Pekinger Strategen wegen ihres tiefen Misstrauens gegenüber Marktmechanismen den ausländischen Ölnachschub am liebsten mittels direkter Kontrolle über die Erdölerzeugung absichern würden, entschieden sich die staatlichen Ölkonzerne in der Praxis für die pragmatischere und effektivere Lösung. Sie verließen sich beim Großteil des von ihnen importierten Öls auf Verträge oder Vereinbarungen. Der Anteil der Erdöleinfuhren, den sie vom Weltmarkt bezogen, lag im Jahr 2005 bei rund 87 %, wohingegen das *equity oil* nur knapp 7 % der gesamten chinesischen Erdölversorgung abdeckte (siehe Kapitel 6).

Dass der Weltölmarkt auch in Zukunft für die Erdölversorgung Chinas eine herausragende Rolle spielen wird, zeigt zweifelsohne die Errichtung einer strategischen Ölreserve. Diese gehört zu den klassischen Instrumenten der Ölimportnationen und bildet im Übrigen eine Voraussetzung für die Mitgliedschaft in der IEA. Die chinesische Führung, die seit Jahren über den Bau einer solchen Erdölreserve diskutierte (Downs 2000), hat sich endlich dafür entschieden. Nach einer Verzögerung, die durch die hohen Ölpreise bedingt war, wird diese nun seit Ende November 2006 schrittweise aufgefüllt. Mit dem eingelagerten Öl können nicht nur internationale Preisschocks abgefangen werden, sondern auch die strategische Verwundbarkeit verringert werden. Diese Reserve, bestehend aus fünf großen Tanklagern, soll China in der ersten Phase 30 bis 35 Tage unabhängig von Öllieferungen machen (Mayer 2006: 32; Niu 2006). Laut der Auskunft Han Wenkes, des Direktors des Energie-Forschungsinstituts der Nationalen Entwicklungs- und Reformkommission, ist bis zum Jahr 2020 geplant, die Ölmenge weiter aufzustocken, damit sie, wie von der IEA gefordert, die nationale Ölimportmenge volle 90 Tage abzudecken vermag (Zhu 2007).

Lässt sich hinsichtlich des Investitionsverhaltens von CNPC, SINOPEC und CNOOC eine Neigung zu „strategischem Vorgehen" nachweisen, wie es unter dem Hinweis auf die massiven Investitionen oftmals unterstellt wird? Wenn man das Verhältnis zwischen Direktinvestitionen in Ölfelder oder Firmenbeteiligungen (mit dem Ziel *equity oil* zu fördern) und Lieferabkommen betrachtet, scheint dies nicht der Fall zu sein. Während zwischen den Jahren 2005 und 2006 – nach dem Einsetzen der großen Übernahmewelle – rund 12 Mrd. US-Dollar in den direkten Besitz von Ölquellen investiert wurden (U.S.-China Economic and Security Review Commission 2006: 101ff.), kam es allein mit dem Iran und Australien zum Abschluss von Liefervereinbarungen (für LNG und Erdöl) in Höhe von 100 Mrd. bzw. 18 Mrd. US-Dollar (siehe Kapitel 4 und 6). Außerdem schloss Peking mit der turkmenischen Regierung ein Lieferabkommen für Erdgas mit einer Laufzeit von 30 Jahren über 30 Mrd. m^3 jährlicher Liefermenge. Weitere Öllieferabkommen im Wert von jeweils mehreren hundert Millionen US-Dollar wurden etwa mit Ölfirmen aus Nigeria, Venezuela, Russland, Angola, Libyen und Brasilien vereinbart. Dies bedeutet, das Verhältnis der Investitionen in *equity oil* gegenüber „marktbasierten" Verfahren beträgt mindestens Eins zu Zehn. Der Schwerpunkt liegt also zweifellos nicht darauf, Ölquellen oder Gasfelder zu kontrollieren.

Ein unübersehbares Zeichen für die pragmatische Haltung Pekings ist ferner die Tatsache, dass mehr als 90 % aller Öleinfuhren von Tankern ausländischer Reedereien verschifft werden. Bislang gibt es keine offiziellen Pläne, die den Bau einer eigenen Tankerflotte vorsehen und damit das „outsourcing" des Transports von ca. 2,6 Mio. Barrel Öl pro Tag beenden würden (Kong 2005; Ebel 2006: 57). Dies kann nur so interpretiert werden, dass die chinesische Führung auch hier ganz „kostenempfindlich" entschied und auf die marktwirtschaftlichen Mechanismen des globalen Transportwesens vertraut. Mit anderen Worten erweist sich auch an diesem Aspekt, dass die chinesische Energiesicherheit offensichtlich nicht mit Hilfe strategischer Maßnahmen gewährleistet werden soll, sondern durch marktwirtschaftlich ausgerichtete Politik.

Die Befürchtung vieler Experten, das von China direkt importierte Erdöl schränke die Fähigkeit des Weltölmarktes ein, z.B. unerwartete Produktionsausfälle flexibel ausgleichen zu können, und beeinträchtige deshalb die Versorgungssicherheit anderer Importländer (Umbach 2003; Taylor 2006), erweist sich als reiner Mythos. Ende des Jahres 2005 kontrollierten alle chinesischen Ölfirmen zusammen weniger als 1 % der weltweiten Erdölproduktion. Laut Schätzungen des amerikanischen Energieministeriums wird dieser Anteil trotz geplanter Investitionen großen Stils auch bis 2020 nur bei höchstens 2 % liegen (DOE 2006; Xu 2006: 278). So Aufsehen erregend die Zeitungsberichte über chinesische Firmenübernahmen und neu erworbene Ölfelder in den Jahren 2005 und 2006 waren, das *equity oil*, das in den Besitz chinesischer Ölfirmen gelangte, entsprach laut der U.S.-China Economic and Security Review Commission (2006: 102) lediglich 0,3 % der weltweiten Reserven. Zum Vergleich machen die Überseereserven aller chinesischen Firmen zusammengenommen lediglich rund ein Zehntel der Reserven eines internationalen Ölmultis wie BP aus (Bradsher/Mouawad 2005). Es kann also keine Rede davon sein, dass das „energiehungrige" China auf dem besten Wege dazu ist, die Weltölreserven unter seine Kontrolle zu bringen.

Übersehen wird zudem meist, dass Chinas Engagement in nicht-traditionellen Förderländern den Weltmarkt für Erdöl entlastet. So steigerte sich seit dem Beginn des chinesischen Engagements im Sudan die Erdölerzeugung innerhalb von nur neun Jahren von 0 Barrel auf täglich 365.000 Barrel Anfang vergangenen Jahres (Hoyos 2006). Laut den Angaben der EIA verdoppelten sich außerdem Sudans gesicherte Ölreserven seit 2001 auf nunmehr 563 Mio. Barrel (EIA 2006). Im Jahr 2007 wird mit einer Förderung von rund 520.000 Barrel täglich gerechnet. Das sudanesische Erdöl sorgt in einer Phase, in welcher der Weltölmarkt von einer anhaltenden Nachfragesteigerung und knappen Förderkapazitäten gekennzeichnet ist, für dringend notwendige Entlastung.

In jüngster Zeit waren chinesische Ölkonzerne dank großer Profite immer weniger gezwungen, ihrer bisherigen Ausweich-Strategie zu folgen und dehnten ihre Geschäftsaktivitäten auch auf Länder in der westlichen Hemisphäre wie z. B. Venezuela, Kanada und die USA aus. Ihre fortschreitende Internationalisierung als „Nullsummen-Energiestrategie" zu bewerten und daraus eine generelle Bedrohung für die nationale Energiesicherheit westlicher Importländer abzuleiten (Kreft 2006: 54), hieße das friedliche Funktionieren der globalen Wirtschaftsordnung grundsätzlich in Frage zu stellen. Bei einer ausgewogenen Betrachtung erweist sich Chinas Agieren auf den globalen Energiemärkten „sehr ähnlich und gleich energisch wie das anderer Länder" (IEA 2000: 74).

Aus den genannten Aspekten wird aber noch ein weiteres Faktum ersichtlich. Anders als vielfach kolportiert wird, verfolgt das Reich der Mitte bislang keine durchdachte Gesamtstrategie; vielmehr besteht die chinesische Ölpolitik eher aus einer Ansammlung von schlecht koordinierten „Ad-hoc-Initiativen, die teils von staatlichen und teils von kommerziellen Interessen angetrieben werden" (Lieberthal/Herberg 2006: 17). Die „Großen Drei" – als die tragenden Säulen der Ölversorgungssicherheit Chinas – handeln kooperativ, marktorientiert und betreiben ihre Geschäfte vor allem mit einem *ausgeprägten Pragmatismus*. Dass der angeblich „neomerkantilistisch" agierende Staat unverändert Mehrheitseigner dieser Unternehmen ist, hielt sie offenbar nicht davon ab, 87 % der Ölimporte und 36 % des gesamten chinesischen Ölverbrauchs vom Weltmarkt abhängig zu machen sowie 90 % dieses Öls durch internationale Transportbetriebe verschiffen zu lassen.

Macht der „Energiehunger" China unkooperativ, unverantwortlich und aggressiv?

Die populäre These, Chinas Außenpolitik sei aufgrund seiner „verzweifelten" Suche nach Ölquellen und seiner steigenden Abhängigkeit von ausländischem Erdöl unkooperativer, unverantwortlicher und aggressiver geworden, erweist sich ebenfalls als kaum belegbar. Wie oben beschrieben, verhält sich Peking alles andere als unkooperativ. Seine energiepolitischen Initiativen gehen weit über die Stufe bilateraler Ölpartnerschaften hinaus und weisen eine starke multilaterale Komponente auf. Selbst die Rivalitäten mit Japan um den Verlauf der russischen Ölpipeline, die in der chinesischen und japanischen Öffentlichkeit zum Ausbruch einer wütenden und kriegerischen Rhetorik führten, ließ in Pekinger Führungskreisen offensichtlich die Einsicht Oberhand gewinnen, dass nur eine regionale Energiekooperation eine solide Grundlage für Chinas Energiesicherheit bilden kann (vgl. Christoffersen 2005).

Einen besonderen Lackmustest für Chinas Kooperationsbereitschaft stellen die Streitigkeiten um Territorialansprüche auf Inselgruppen im Südchinesischen Meer dar, unter denen umfangreiche Energiereserven vermutet werden. Trotz der stetig wachsenden chinesischen Abhängigkeit von Erdölimporten gab Peking mit der Unterzeichnung der „Declaration on the Conduct of Parties in the South China Sea" im Jahr 2002 seine vormalig eher konfrontative Haltung auf (Schofield/Storey 2005; Leonhardt 2006). Es begann sogar im Rahmen mehrerer Kooperationsabkommen damit, die Öl- und Gasvorkommen auch im Südchinesischen Meer (sowie im Golf von Tonkin) gemeinsam mit den Anliegerstaaten Indonesien, den Philippinen sowie Vietnam zu explorieren (siehe Kapitel 7). Offensichtlich brachte der „Ressourcenhunger" die chinesische Führung in diesem Fällen dazu, sich für eine kooperative Strategie zu entscheiden (Niazi 2006).

Chinas Abhängigkeit von iranischem Erdöl hat bei Beobachtern die Frage aufgeworfen, ob die chinesische Regierung schlimmstenfalls eine Nuklearmacht Iran in Kauf nehmen würde, um den Ölnachschub zu gewährleisten.[7] Auf Druck Washingtons verringerte China zwar seine Waffenlieferungen an den Iran ab Mitte der 1990er Jahre drastisch und nahm aller Ölinteressen zum trotz eine deutliche Abkühlung seines Verhältnisses zu Teheran in Kauf (Medeiros/Bates 2000: 8; Afrasiabi/Maleki 2003: 263), doch zeigte es auf diplomatischer Ebene lange Zeit keinerlei Bereitschaft, den geplanten Resolutionen der internationalen Atomenergiebehörde gegen Teherans Programm

---

[7] Dieses Argument stellt natürlich eine starke Vereinfachung dar. Über das Erdöl hinaus verbindet China mit dem Iran nicht nur das Interesse, mehr strategischen und politischen Einfluss in der Golfregion zu entfalten, sondern auch das chinesische Konzept einer „multipolaren Weltordnung", das sich implizit gegen amerikanische Hegemonieansprüche und tatsächliche Machtasymmetrien richtet.

zur Urananreicherung zuzustimmen, geschweige denn Verhandlungen über internationale Sanktionen im Weltsicherheitsrat (Shen 2006).

Seitdem sich die Atomkrise im Frühjahr 2006 nach zahlreichen gescheiterten Vermittlungsversuchen zuspitzte, scheint sich aber eine Wende abzuzeichnen. Nachdem die chinesische Führung einer Beschäftigung mit der Atomfrage im Weltsicherheitsrat zugestimmt hatte, votierte der chinesische Vertreter im Weltsicherheitsrat im Juli 2006 erstmalig für eine Resolution, die der Regierung Mahmud Ahmadinedschad unter Androhung diplomatischer und ökonomischer Konsequenzen eine konkrete Frist setzte, um der Forderung nach einer bedingungslosen Aufgabe der Urananreicherung Folge zu leisten (Lynch 2006).

Im Dezember 2006 sowie im März 2007 beschloss der Weltsicherheitsrat mit der Zustimmung Chinas schließlich wirtschaftliche Sanktionen gegen den Iran (China view 2007). Abweichend von ihrer bisherigen diplomatischen Linie entsandte die chinesische Führung in diesem Zusammenhang Unterhändler nach Teheran, die nicht nur hinter den Kulissen verhandelten. In den chinesischen Medien, durch hochrangige Regierungsmitglieder und zuletzt von Staatspräsident Hu Jintao persönlich wurde die iranische Regierung mehrmals aufgefordert, die Anreicherung von Uran im Einklang mit den beiden UN-Resolutionen zu stoppen (Cody 2007c; Xinhua 2007h) und Inspektionen der IAEA zuzulassen. Chinas Ministerpräsident Wen Jiabao wies öffentlich Präsident Ahmadinedschads verächtliche Bezeichnung der UN-Resolution 1737 als „Stück Papier" zurück und ließ keinen Zweifel an den ernsten Bedenken der internationalen Gemeinschaft.

Hinter diesen diplomatischen Anstrengungen dürfte nicht zuletzt Pekings Interesse stehen, seine Beziehung zu den Vereinigten Staaten und zu Europa nicht zu gefährden und gleichzeitig die amerikanische Politik im Rahmen des Weltsicherheitsrats zu halten. Wie der indische Diplomat Bhadrakumar vermerkt, dürfte aber aus Sicht der Energiediplomatie Pekings noch entscheidender gewesen sein, den Verpflichtungen gegenüber Saudi-Arabien, dem regionalen (und konfessionellen) Kontrahenten Irans, nachzukommen. Saudi-Arabien zählt zu den wichtigsten Öllieferanten Chinas und besitzt als einziges Land weltweit die notwendigen freien Produktionskapazitäten, die zur Auffüllung der strategischen Erdölreserve in China unerlässlich sind (Bhadrakumar 2007).

Damit steht jedoch nicht fest, ob China nun generell auf den Kurs der USA und der EU einschwenkt und möglicherweise sogar ein gewaltsames Vorgehen unterstützt. Das Widerstreben der Pekinger Regierung gegen (militärische) Interventionen im Iran lässt sich vor dem Hintergrund der traumatischen Erfahrungen im Irak leicht verstehen. Dort waren sämtliche bestehenden Ölkonzessionen und Bohrrechte (geplant waren ca. 400.000 Barrel täglicher Fördermenge) in Folge der amerikanischen Invasion hinfällig geworden. Dasselbe möchten Pekings Strategen im Iran unter keinen Umständen erneut erleben (Goodman 2005). Die Erhöhung des diplomatischen Drucks aus Peking führte in der Tat nicht zu einer Unterbrechung der laufenden Verhandlungen über die

Erschließung des riesigen Yadavaran-Ölfelds und über Flüssiggaslieferungen zwischen SINOPEC, CNOOC und iranischen Ölfirmen.

Zweifelsohne würde aber die chinesische Führung, sollten sich die USA zu einer militärischen Intervention entschließen, abgesehen von symbolischen Gesten keinesfalls auf der Seite Irans in den Konflikt eingreifen. Dies würde nicht nur Pekings außenpolitischer Prioritätenliste widersprechen, auf der das Verhältnis zu den Vereinigten Staaten weit über dem zum Iran rangiert (Tang 2006; Bhadrakumar 2007). Eine iranische Atombombe ist nicht zuletzt deswegen völlig inkompatibel mit Chinas Energieinteressen, weil die Gefahr von Rüstungswettläufen und einer Destabilisierung der gesamten Golfregion (und Südasiens) eine schwerwiegende Bedrohung für Chinas Ölversorgung darstellt.

Selbst hinsichtlich der chinesischen Zusammenarbeit mit der Regierung Sudans, aufgrund derer sich Peking mit einer anhaltenden internationalen Kritik konfrontiert sieht (Chen 2007; Tull 2005; Shichor 2005), entsteht ein ambivalentes Bild, das unmöglich mit dem pauschalen Label „Kooperationsverweigerung" versehen werden kann. So lehnten nicht nur China, sondern zeitweise auch Frankreich und Russland eine UN-Resolution ab, die ein militärisches Eingreifen im Sudan ermöglicht hätte. Hingegen drohte China im Gegensatz zu den Vereinigten Staaten zu keinem Moment die schließlich im April 2005 beschlossene Einschaltung des Internationalen Strafgerichtshofs mit seinem Veto zu verhindern (Die Zeit 2005; Wild/Mepham 2006) und unterstützt außerdem den Einsatz der Friedenstruppen der Afrikanischen Union finanziell.

Zudem scheint sich momentan ein Kurswechsel abzuzeichnen. Denn gerade im Falle der Krise in Darfur pocht Peking rhetorisch zwar weiterhin auf dem Prinzip der Nichteinmischung und lehnt wirtschaftliche Sanktionen ab, doch arbeitet es auf Druck Washingtons und Brüssels hinter den Kulissen verstärkt im Sinne der Durchsetzung von Menschenrechten. So drängte Hu Jintao während des afrikanisch-chinesischen Gipfels erstmals öffentlich Sudans Präsident Omar Hassan Al-Bashir zur engen Zusammenarbeit mit der UN (Cody 2007a; Associated Press 2007). Im Mai 2007 erklärte das chinesische Außenministerium sogar, China werde eine militärische „Multifunktionseinheit" in die Krisenregion verlegen (Cody 2007b). Dies kann durchaus als vorsichtige Abkehr vom Souveränitätsprinzip gewertet werden. Ähnliches gilt für Chinas Bekenntnis zur New Partnership for Africa's Development (NEPAD; vgl. MFA 2006; Thompson 2005). Denn die afrikanischen Regierungen, die an dieser Entwicklungspartnerschaft teilnehmen, bekennen sich nicht nur zu Demokratie und Transparenz, sondern beschlossen auch einen gegenseitigen Überwachungsmechanismus, der sich mit der bisherigen Praxis der chinesischen Nichteinmischungspolitik kaum vereinbaren lässt.

Mitte April 2007 organisierten Hollywood-Stars eine Kampagne gegen Chinas Nichteinmischungspolitik im Sudan, in der die Olympischen Spiele 2008 in China als „Völkermordspiele" bezeichnet wurden. Damit sollte im Vorfeld des olympischen Jahres der Druck auf die chinesische Führung verstärkt werden, ihrerseits die Regierung Sudans zur Annahme des UN-Friedensplans zu bewegen (Blume 2007). Die große internationale Aufmerksamkeit dürfte wohl die Hauptursache für die Ernennung von Liu Guijin als chinesische Sondergesandte für Darfur gewesen sein. Dieser unternahm unmittelbar nach seiner Einsetzung eine Reise in die Krisenregion, während der er in einer bisher einmaligen Aktion drei Flüchtlingslager besuchte und mit Vertretern der regionalen Parlamente in Darfur zusammentraf (vgl. Xinhua 2007i). Wenige Tage später gab die sudanesische Regierung ihren monatelangen Widerstand gegen eine 3.000 Soldaten umfassende UN-Friedenstruppe auf, die zur Unterstützung der 7.000 Mann starken Friedensmission der Afrikanischen Union in der Region Darfur stationiert werden soll. Dieses Zugeständnis dürfte vermutlich vor allem mit dem erhöhten diplomatischen Druck aus Peking in Zusammenhang stehen (Montesquiou 2007).

Laut Medienberichten soll die chinesische Regierung bereits im März 2007 den Sudan von der offiziellen Liste der Länder gestrichen haben, in denen chinesische Investoren bei ihren Direktinvestitionen mit der finanziellen Unterstützung der Regierung rechnen können. Insofern zeigen all diese Entwicklungen, dass China – Ölinteressen hin oder her – zunehmend bereit ist, Verantwortung im Fall Sudan zu übernehmen oder zumindest empfindlicher auf die Kritik seitens der Weltöffentlichkeit zu reagieren, die seinem internationalen Image schaden könnte. Ein weiterer Grund dürfte indes in der sinkenden Bedeutung des Sudans für Chinas Ölversorgung zu suchen sein. Im Jahr 2006 kamen lediglich 3,3 % aller Rohölimporte aus dem Sudan, während es fünf Jahre zuvor noch 8,3 % waren (Tian 2007: 17). Insofern eröffnet die erfolgreiche Diversifizierung der Öllieferquellen mehr Spielraum gegenüber der sudanesischen Regierung.

Trotzdem bleibt Pekings Unterstützung der sudanesischen Regierung zweifelsohne das problematische Kapitel chinesischer Energiediplomatie. Jedoch werden bei aller berechtigten Kritik häufig zwei Sachverhalte übersehen: zum einen die bereits im Kapitel über Chinas Engagement in Afrika erwähnten doppelten Standards „westlicher" Regierungen, die nahezu jeder Kritik von offizieller Seite die Berechtigung nehmen. Und zum anderen die strukturellen Beschränkungen, innerhalb derer sich Chinas Energiediplomatie entwickeln musste. Die enge Verbindung mit Ländern wie Iran und Sudan entstand keineswegs in der Absicht, Europa und den USA die Stirn zu bieten, wie es häufig interpretiert wird. Paradoxerweise war es stattdessen das Ergebnis der Wettbewerbsschwäche der chinesischen Ölfirmen, denen als Späteinsteiger in die internationale Energiewirtschaft nichts anderes übrig blieb, als nach den wenigen verbliebenen Nischen zu suchen. Peking wollte zudem verhindern, dass der steigende Ölimportbedarf zu einem direkten Kollisionskurs mit den USA führt (Xu 2006: 278). In Folge dieses pragmatischen Ansatzes geriet die Volksrepublik allerdings auf einer anderen Ebene in Konflikt mit dem „Westen", was sie offensichtlich überrascht hat.

Ähnlich wie andere Staaten, die Öl und Gas importieren müssen, betreibt die Volksrepublik China eine vielgestaltige Öldiplomatie, die auch Rüstungsexporte mit einschließt. Insgesamt betrachtet, stehen aber Waffenlieferungen in der Praxis äußerst selten in Zusammenhang mit Ölgeschäften. Insbesondere in Bezug auf die chinesischen Waffenlieferungen für den Sudan und den Iran sind Zerrbilder und Falschmeldungen in Presseberichten und wissenschaftlichen Analysen weit verbreitet (siehe Kapitel 8). Beim Vergleich mit den USA tritt es umso klarer hervor, was nicht zu den Bestandteilen der internationalen Energiepolitik Chinas gehört: Peking unternahm weder militärische Interventionen zum Schutz von Ölfeldern noch den Versuch, einen Regimewechsel in einem Erdölförderstaat herbeizuführen. Ferner hat die Volksbefreiungsarmee keinen Rüstungswettlauf – etwa mit dem Aufbau einer eigenen Hochseemarine (vgl. Kapitel 7) – begonnen und es sind keine chinesischen Truppen in Ölförderländern stationiert. Gerade in Afrika, wo Chinas Energiepolitik sich bislang am weitesten entfaltet haben dürfte, kommt militärischen Instrumenten, wenn überhaupt, nur eine marginale Bedeutung zu (Wilson 2006).

Ob man dies als Ergebnis einer außenpolitischen Strategie, die nach Frieden und Stabilität strebt, oder als faktische Beschränktheit der chinesischen Streitkräfte interpretieren möchte, die zu Drohgebärden, Truppenstationierungen oder gar militärischen Interventionen über die unmittelbare Peripherie Chinas hinaus überhaupt nicht in der Lage ist – es ändert sich nichts an der Tatsache, dass die internationale Energiepolitik Chinas mindestens so gewaltlos verläuft wie die Deutschlands, Japans oder Indiens.

Daraus darf aber nicht geschlossen werden, dass es die oberste Priorität der Volksbefreiungsarmee sein müsse, sich Kapazitäten zur globalen Machtprojektion zu schaffen. Realistisch betrachtet, verfolgt Peking nicht etwa eine blinde Aufrüstungsstrategie. Vielmehr gründet es seine internationale Energiepolitik auf einer pragmatischen Abwägung. Chinas Regierung verlässt sich hinsichtlich des „öffentlichen Guts" der Sicherheit auf internationalen Seewegen sowie regionaler Stabilität (insbesondere im Nahen Osten) auf die militärischen und diplomatischen Dienstleistungen der Vereinigten Staaten (Feigenbaum 1999; Manning 2004; Harmat 2006). Diese Vorgehensweise scheint nicht nur vergleichsweise „kostengünstig" zu sein. Sie ist zugleich eine ausgesprochen friedliche Form der internationalen Energiepolitik.

Führt Chinas Energiesuche zu strategischen Konflikten?

Zu den Kernthesen realistischer Ansätze gehört die Vorstellung, dass zwischen Großmächten natürlicherweise (geo-)strategische Konflikte bestehen, die durch Konzentration der fossilen Energiereserven noch verstärkt werden (das sog. „great game"). Vor diesem Hintergrund fand die Sichtweise weite Verbreitung, dass es bedingt durch den chinesischen „Energiehunger" zwischen China und den USA, Indien, Japan aber auch der Europäischen Union zu einer Intensivierung großmachtpolitischer Rivalitäten kommt. Während die EU erst langsam beginnt, China als potentielle Gefahr für die eigene Energiesicherheit zu erkennen (vgl. Götz 2006; Umbach 2007), existieren in Japan, Indien und den USA bereits heute breite Debatten über den richtigen Umgang mit Chinas globaler Energiepolitik.

Japan und China befinden sich im Streit über Territorialansprüche auf die Diaoyu (Senkaku)-Inseln im ostchinesischen Meer, deren Besitz beide Seiten gleichermaßen beanspruchen. Unter diesen Inseln werden reiche Erdgasvorkommen vermutet. Verhandlungen über gemeinsame Erschließungsprojekte sind bislang ergebnislos geblieben. Zwischen beiden Staaten besteht außerdem – so lautet zumindest die gängige Lesart – eine ausgeprägte Rivalität um den Verlauf der geplanten russischen Pipeline von den sibirischen Ölfeldern nach Nordostasien (Economist 2004; Goldstein/Kozyrev 2006). Russische Rohöllieferungen würden Japan, das seinen gesamten Ölkonsum durch Importe abdecken muss, die dringend notwendige Verringerung seiner Abhängigkeit vom Erdöl der Golfstaaten ermöglichen.

Indien und China stehen sich vermehrt als Bieter bei Versteigerungen von Ölfeldern in Afrika und Zentralasien gegenüber, denn Indien ist bei seiner Ölversorgung sogar zu 70 % von Einfuhren abhängig. Auf der Suche nach erwerbbaren Ölfeldern trafen indische Ölfirmen wiederholt auf ihre chinesischen Konkurrenten und unterlagen diesen z. B. bei Verhandlungen in Ekuador, Myanmar und Kasachstan. Bei einem Bieterwettbewerb für ein Bohrvorhaben in Angola übervorteilte Chinas Regierung indische Konzerne, indem sie das Gebot von CNOOC mit einem zwei Mrd. US-Dollar umfassenden Entwicklungshilfekredit versilberte (Dadwal/Sinha 2005). Die „Ausschwärmen-Strategie" chinesischer Ölmultis ruft unter japanischen und indischen Strategen gleichermaßen die Befürchtung hervor, bei der Aufteilung der verbliebenen globalen Energieressourcen ins Hintertreffen zu geraten. In Neu-Delhi wird vor allem befürchtet, bei der Ausbeutung der Erdgasreserven im benachbarten Myanmar zu kurz zu kommen, weil die Regierung Myanmars sich bei der Vergabe von Förderlizenzen und dem Verlauf von Pipelines zugunsten chinesischer Ölfirmen entscheiden könnte.

Während sich zwischen Japans und Chinas Position weiterhin keine substantielle Annäherung abzeichnet, entschieden sich Peking und Neu-Delhi für einen Kurswechsel und haben im Januar 2006 ein umfassendes Rahmenabkommen zur bilateralen Zusammenarbeit im Energiebereich vereinbart. Indiens Öl- und Gasminister Mani Shankar Aiyar versicherte, seine Regierung „sehe in China keinen strategischen Konkurrenten, sondern einen strategischen Partner." Es bestünde „weder für Indien noch für China eine Notwendigkeit, ihre Energiesicherheit auf Kosten des anderen zu verfolgen" (China Daily 2006c).

Bereits im unmittelbaren Vorfeld dieses Abkommens hatten CNPC und die indische Oil and Natural Gas Corporation (ONGC) für eine halbe Milliarde US-Dollar zu gleichen Teilen einen 37 %igen Anteil an einem syrischen Ölfeld erworben. SINOPEC und ONGC kauften dann im Mai 2006 für 850 Mio. US-Dollar gemeinsam einen 50 %igen Anteil an einer kolumbianischen Ölfirma (Srivastava 2006; Mayer 2007a). Außerdem nahmen ONGC und CNPC in der Elfenbeinküste gemeinsam an einem Bieterwettbewerb teil und kooperieren bei der Erschließung eines Ölfelds in Nigeria. Ähnliche Jointventures bei Projekten in Russland, Indonesien, Iran und Australien sollen mit dem Ziel folgen, durch die Verhinderung eines Preiskampfs ökonomische Verluste zu vermeiden. Beide Seiten vereinbarten während des letzten Gipfels der SCO in Shanghai einen formellen Mechanismus zu etablieren, der gemeinsame Gebote für Öl- und Gasfelder in Afrika und Südamerika vereinfachen soll (Joseph 2006).

Während Ölkonzerne beider Länder im Sudan bereits seit Jahren Partner sind, sollen nun durch Unternehmensbeteiligungen auch die heimischen Energiesektoren miteinander verflochten werden (Srivastava 2006). Im Frühjahr 2007 begann eine Tochtergesellschaft der CNPC mit dem Bau einer 1.600 km langen Pipeline, die von der West- an die Ostküste quer durch Indien verlaufen soll (Peng 2007). China und Indien präsentierten zudem ambitionierte Pläne für eine gemeinsame Energiepolitik in Asien. Dazu gehörten unter anderem die Vision einer multilateralen Zusammenarbeit, die zum Gegenpol der IEA werden soll, sowie die Absicht, ein asiatisches Öl- und Gasversorgungsnetz als Eckstein der regionalen Energiesicherheit aufzubauen (vgl. Varadarajan 2006). Ein wichtiger Schritt hierzu ist der Beobachterstatus, den Indien bei der SCO mit Unterstützung Chinas erhielt.

Für das Verhältnis zwischen **China und den Vereinigten Staaten** konstatieren Beobachter einen latenten Konflikt, der sich aus divergierenden politischen und strategischen Interessen – insbesondere im Mittleren Osten, Afrika und Zentralasien – ergibt. Obwohl zwischen beiden Ländern die direkte Konkurrenz um Erdölreserven momentan noch keine große Rolle spielt, rücken Fragen der Energiepolitik immer weiter ins Zentrum der politischen Aufmerksamkeit (Bajpaee 2005). Während ranghohe Regierungsmitglieder wiederholt betonten, Chinas Energiesuche stelle keine grundsätzliche Bedrohung für die Interessen Amerikas dar, wird Pekings Öldiplomatie mit Schurkenstaaten wie Sudan, Iran und Myanmar in der Anfang 2006 veröffentlichten neuen Version der Sicherheitsstrategie des Weißen Hauses explizit als Grund zur Sorge erwähnt. In dem Dokument wird die chinesische Führung außerdem dafür kritisiert, dass sie einen merkantilistischen Kurs eingeschlagen habe und so vorgehe, als „ob sie die Weltölreserven auf irgendeine Weise wegsperren könne" (White House 2006: 41).

China wird vorgeworfen, mit seiner nicht durch humanitäre Bedenken gelenkten Politik Amerikas Ziel zu unterminieren, jene Regime mittels internationaler Sanktionen zu isolieren (Taylor 2006; Tull 2005). Es weite gleichzeitig, so die Interpretation zahlreicher amerikanischer Beobachter, seinen regionalen Einfluss in Afrika und Südamerika auf Kosten der USA aus. Peking betrachtet seinerseits die Vereinigten Staaten zunehmend als aggressiven Konkurrenten um Ölressourcen und fühlt sich „umzingelt" von den amerikanischen Truppenstationierungen im Mittleren Osten, Ostasien und Zentralasien. Chinesische Strategen verweisen darauf, dass die USA durch die militärische Dominanz ihrer Marine in der Lage seien, innerhalb kürzester Zeit die chinesische Ölversorgung zu unterbrechen (Herberg 2005; Klare 2005).

Die Bush-Regierung steht noch vor der Herausforderung, die globalen energiepolitischen (und ökonomischen) Interessen der Wirtschaftssupermacht China adäquat in ihre eigene weltpolitische Strategie mit einzubeziehen. Das betrifft vor allem die Frage, wie Washington mit der zunehmenden diplomatischen Orientierung einiger Golf-

staaten, wie Saudi-Arabien, aber auch Angola und Venezuela in Richtung der ölimpor-
tierenden Länder in Süd- und Ostasien umgehen soll (Leverett/Bader 2005; Zweig/Bi
2005). Die Befürchtung, in Zentralasien komme es wegen Energieinteressen zu wach-
sendem Konkurrenzverhalten zwischen China, Russland und den USA, erweist sich
hingegen als übertrieben (Weitz 2006).

Die chinesische Energiediplomatie befindet sich gerade in der Golfregion keineswegs auf Konfrontationskurs mit den USA. Im Gegenteil: Gerade dort lassen gemeinsame strategische Interessen die chinesische Führung im Sinne Washingtons handeln.
Dazu zählt das weitgehende Stillschweigen Pekings gegenüber dem amerikanischen
Vorgehen im Irak, ebenso wie seine verzögerungslose Beteiligung an der Friedenstrup-
pe der Vereinten Nationen im Libanon (Wu 2003a; Bhadrakumar 2007). Chinas Kooperationsbereitschaft wird umso deutlicher, wenn man in Betracht zieht, dass die
Volksbefreiungsarmee mit der Stationierung eines 1.000 Mann starken Kontingents im
Libanon ihren bislang größten Auslandseinsatz absolviert (Ling 2007b). Die chinesische Diplomatie unterstützte zwar nicht ausdrücklich das Ziel der amerikanischen Regierung, mit Hilfe des Internationalen Strafgerichtshofs ein UN-Tribunal im Libanon
einzurichten, um das vermeintliche Attentat auf den früheren libanesischen Ministerpräsidenten Rafik al-Hariri aufzuklären. Aber es verhinderte Anfang Juni 2007 auch
nicht die Verabschiedung einer entsprechenden Resolution durch ein Veto im Weltsicherheitsrat. Wie dem auch sei – entscheidend ist, dass China noch mindestens bis
Mitte des Jahrhunderts auf die Vereinigten Staaten angewiesen bleibt, wenn es darum
geht, die Golfregion zu stabilisieren und die internationalen Schifffahrtsstraßen zu sichern. Die chinesische Regierung wird daher weder strategisch noch wirtschaftlich
riskieren können, ernste Konflikte heraufzubeschwören.

Wie argwöhnisch die amerikanischen Eliten und die Öffentlichkeit in den USA trotz
alledem gegenüber Chinas Energiepolitik sind, zeigte sich an dem gescheiterten Über-
nahmeversuch seitens eines chinesischen Unternehmens im Sommer 2005. Nachdem
CNOOC mit ihrem Angebot von 18,5 Mrd. US-Dollar den einheimischen Wettbewer-
ber Chevron im öffentlichen Bieterwettbewerb überboten hatte und eine Übernahme
des amerikanischen Ölkonzerns Unocal unmittelbar bevorstand, trugen zahlreiche Ab-
geordnete ihre Befürchtung in die Öffentlichkeit, der Verkauf von Unocal beeinträchtige Amerikas nationale Energiesicherheit. Die Gegner der Übernahme bezweifelten,
ob CNOOC aus „rein" ökonomischen Beweggründen handle. Sie unterstellten der chinesischen Führung verborgene strategische Absichten und fürchteten die Aneignung
militärisch nutzbarer Technologien und knapper inländischer Mineralienvorkommen
(Gaffney 2005). Kongressmitglieder versuchten schließlich die Bush-Regierung, die
sich noch nicht zu den Vorwürfen geäußert hatte, zu zwingen, in den Unocal-Fall einzugreifen und die Übernahme zu verhindern (Nanto et al. 2005). Aufgrund des har-
schen Widerstands im Kongress zog CNOOC schließlich sein Gebot widerstrebend
zurück.

Wie lassen sich Konflikte und Kooperationen erklären?

Offensichtlich besteht im Kontext von Chinas energiepolitischen Aktivitäten ein Nebeneinander von Konflikten und Kooperationen. Hierbei scheint vor allem die Frage von Interesse zu sein, wie die unterschiedlichen Reaktionsweisen innerhalb der Gruppe der importabhängigen Staaten erklärt werden können. Das Beispiel Indiens zeigt, dass Chinas viel beschworene „Jagd nach Öl" zwischenstaatliche Zusammenarbeit selbst mit potentiellen Rivalen keinesfalls ausschließt. Ein Vergleich indischer, amerikanischer (und europäischer) Reaktionsmuster macht deutlich, wie gering die Erklärungskraft der These vom „Krieg um Ressourcen" ist.

Auch die mangelnde Bearbeitung und Lösung der japanisch-chinesischen Energiekonflikte lässt sich nicht mit der These natürlicher Ressourcenkonkurrenz erklären. Vielmehr sind historische Streitigkeiten und widerstrebende strategische Interessen die Hauptursachen für den generell schlechten Zustand der bilateralen Beziehungen (vgl. Taniguchi 2005). Darüber hinaus war nicht die chinesisch-japanische Rivalität der ausschlaggebende Faktor für die Auseinandersetzungen um den Verlauf der russischen Pipeline. Stattdessen spielten bei der ins Stocken geratenen Planung und Errichtung der Pipeline innenpolitische Entwicklungen in Russland wie der Konflikt zwischen privaten und staatlichen Ölkonzernen, die Zerschlagung der russischen Ölfirma Yukos sowie regionalpolitische Interessen eine entscheidende Rolle (Christoffersen 2005).

Indien und China verpflichteten sich zu einem konzertierten, partnerschaftlichen Vorgehen, obwohl die chinesische Seite, ausgestattet mit deutlich größerem Investitionskapital, mehr Technologie und Übernahmeerfolgen, nicht zwingend darauf angewiesen war. Beide Seiten scheinen aber zu der Überzeugung gelangt zu sein, von der Vermeidung des „großen Spiels" profitieren und ihre eigene Energiesicherheit eigentlich erst durch enge Zusammenarbeit verbessern zu können.

Auch wenn die Eliten in Indien und China ihre gegenseitige Skepsis keineswegs völlig abgelegt haben (Giese 2006), beginnen sie davon auszugehen, dass die Absicht der anderen Seite nicht darin besteht, die strategische Aufteilung der globalen Energieressourcen auf Kosten des jeweils anderen zu betreiben. Vielmehr steht für beide Seiten eine sichere Ölversorgung für die eigene Wirtschaftsentwicklung im Vordergrund. Selbst unter den bekanntermaßen als „Realisten" geltenden chinesischen Energie- und Sicherheitsexperten überwiegt die Meinung, dass Chinas Energiesicherheit nur durch regionale Kooperation gewährleistet werden kann (vgl. Wesner/Braun 2006; Constantin 2005; Zha 2005).

Davon weicht die Sicht eines beträchtlichen Teils der politischen und wissenschaftlichen Elite in Amerika erheblich ab, die im Unocal-Fall eine ohnehin durch hohe Treibstoffpreise sensibilisierte Öffentlichkeit gegen die Übernahme Unocals mobilisieren konnte. Die von Hardlinern beschworene Gefahr für die nationale Energiesicherheit der Vereinigten Staaten ist aber im Gegensatz zu ihrer enormen Suggestionskraft nach Einschätzung zahlreicher Experten empirisch kaum nachweisbar (Economist 2005; Dorn 2005; Bluestein 2005). Die hysterische Reaktion in den Vereinigten Staaten lässt sich hingegen mit Hilfe der sog. „China-Threat"-Theorie verstehen, die postuliert, ein aufstrebendes China stelle unweigerlich eine ernste, wenn nicht existentielle Bedrohung für die USA dar (vgl. Barnes 1999; Broomfield 2003). Mittels der Unterstellung verborgener strategischer Interessen – mitunter der Behauptung, der Aufkauf von Unocal sei ein entscheidender Schachzug Chinas mit dem letztendlichen Ziel, die Vereinigten Staaten von ihrer beherrschenden Position in der internationalen Politik zu verdrängen –, wurde CNOOC der freie Marktzugang in die amerikanische Energiebranche verwehrt.

Die entscheidenden Faktoren im Unocal-Fall und bei der indisch-chinesischen Zusammenarbeit bildeten nicht materielle Tatbestände, die einen „natürlichen" Kampf um Ressourcen auslösten. Stattdessen waren einerseits die Vorstellung der betroffenen Regierungen von der Natur der internationalen Energiewirtschaft (als Nullsummenspiel oder Win-win-Situation) und andererseits die Einschätzung der Interessen und Absichten des Gegenspielers ausschlaggebend. Es ist in diesem Zusammenhang offensichtlich Unsinn, von „natürlichen" geostrategischen bzw. durch knappe Energieressourcen hervorgerufenen Konflikten zu sprechen.

Große Schnittmenge gemeinsamer Interessen

Ohne Zweifel berührt Chinas internationale Energiepolitik bereits heute die Interessen westlicher Importländer. Der steigende Bedarf des Landes nach Erdöl- und Erdgasimporten und seine globale Energiediplomatie werden zukünftig aber weder ausschließlich noch automatisch (Interessens-)Konflikte hervorrufen. Stattdessen besteht eine breite Schnittmenge übereinstimmender Interessen (Tang 2006), die vielfältige Kooperationen auf internationaler Ebene wahrscheinlich machen.

Am grundsätzlichsten ist das Interesse aller am Welthandel beteiligten Länder, dass China als „Motor der Weltkonjunktur" weiterhin über eine ausreichende und günstige Energieversorgung verfügt. Denn eine energiebedingte Krise seiner Wirtschaftsentwicklung hätte auf der ganzen Welt negative Auswirkungen für Unternehmen und den Wohlstand der Bevölkerung zur Folge. Aus diesem Grund ist auch die in China vielfach befürchtete Möglichkeit eines amerikanischen Ölembargos durch die US-Flotte sehr unwahrscheinlich.

Ebenso elementar ist das klimapolitische Interesse an einer deutlichen Reduzierung der Kohlenstoffdioxidemissionen, die aus Chinas ineffizienter Kohlenutzung stammen. Für Europa und Amerika hat die Kooperation mit China im Bereich technologischer Transfers zur Erhöhung der Energieeffizienz oder die Entwicklung von „Clean-Coal"-Technologie sowie bei der Fortentwicklung und Verbreitung der Nutzung erneuerbarer Energien bereits heute eine hohe Priorität (Nicolas et al. 2004; China Daily 2006b). Pekings Beteiligung am Kioto-Prozess zeigt darüber hinaus, dass es bereit ist, seine Energiepolitik in völkerrechtliche Kooperationsmechanismen zu integrieren. Weitreichende internationale Kooperationen bilden auch ein Kernstück des nationalen Klimawandelprogramms der chinesischen Regierung.

Angesichts der geographischen Konzentration der Erdöl- und Erdgasreserven verbindet alle Öl importierenden Länder ein vitales Interesse an der Stabilität der politischen Lage in der Golfregion, aber auch innerhalb wichtiger Ölförderstaaten Afrikas. Allerdings unterscheiden sich die Vorstellungen, mittels welcher politischen Konzepte und Strategien dieses Ziel erreicht werden soll. Chinesische Eliten sehen z. B. in der amerikanischen Besetzung des Iraks und möglicher Eskalationen des Atomstreits mit dem Iran eine ernsthafte Gefährdung der Energiesicherheit ihres Landes. Der amerikanische Plan, den Mittleren Osten „von Außen" zu demokratisieren, stößt ebenfalls auf wenig Gegenliebe in Peking. Wie im Falle der amerikanischen Libanonpolitik überwiegt aber auch hier eindeutig Pekings Bereitschaft zur Kooperation – nicht zuletzt aus eigenem Interessenkalkül.

Die Sicherheit der internationalen Seewege sowie die Vermeidung von Ölkrisen und Preisschocks bieten sich gleichermaßen als Kooperationsbereiche an. In der Tat signalisierte die chinesische Führung mit ihrer Entspannungspolitik in Südostasien, ihrer zurückhaltenden Flottenmodernisierung sowie etwa mit dem Aufbau einer strategischen Ölreserve die unbedingte Bereitschaft zu friedlicher Zusammenarbeit – und dies nicht trotz, sondern wegen des „Energiehungers" ihres Landes. Desto mehr China in Zukunft gezwungen ist, Erdöl und Erdgas von den Weltmärkten zu beziehen, um seine Energieversorgung sicherstellen zu können, umso mehr ist Peking auf internationale Zusammenarbeit angewiesen.

Alternative Strategien: Aufbruch ins postfossile Zeitalter?

Kapitel 11.
Wie groß sind die Chancen für erneuerbare Energien in China?

Im Hinblick auf die Verbreitung und Durchsetzung erneuerbarer Energiequellen in China bestehen unterschiedliche Einschätzungen. Optimisten weisen darauf hin, dass die Abwendung von Kohle und die Hinwendung zu erneuerbaren Energien unter umweltpolitischen Aspekten, aber auch im Blick auf das angestrebte Ziel einer nachhaltigen Entwicklung, für die Volksrepublik einen politischen Imperativ darstellen. Hingegen sehen pessimistische Beobachter erhebliche technische und finanzielle Barrieren, die China zuerst überwinden muss, um einen „echten Markt" für erneuerbare Energien etablieren zu können.

Wie sieht die Lage in China tatsächlich aus? Welche politischen Motive stehen hinter dem Ausbau der erneuerbaren Energien? Wie groß ist das Potential und worin liegen die bedeutendsten Hindernisse für die Nutzung regenerativer Energien?

China: kein Neuling bei erneuerbaren Energien

Nach dem Bericht des Worldwatch Institute spielt China im Bereich erneuerbarer Energien (EE) im internationalen Vergleich bereits eine bedeutende Rolle. Das Land ist in einigen Branchen sogar führend. So steht China weltweit an der Spitze der dachintegrierten Sonnenkollektoren. Von den 40 Mio. Haushalten weltweit, die ihre Warmwasserversorgung mit Hilfe von Solaranlagen auf dem Dach erlangen, kommt die Mehrzahl aus China. Der chinesische Anteil an der global installierten Gesamtkapazität von solaren Warmwasser- und Heizungsanlagen beläuft sich auf 60 % und dürfte weiter steigen. Im Verlauf des Jahres 2005 wurden weltweit 13 GWth an neuer Leistung installiert, allein auf China entfielen davon 77 %.

Auch bei der Stromerzeugung mittels Wasserkraft gehört China zu den Vorreitern. Die Hälfte der globalen Kapazität der „kleinen" Wasserkraft, die im letzten Jahrhundert installiert worden ist, entfällt auf China (Xinhua 2006d). Unter den fünf führenden Wasserkraftnutzern nahm China im Jahr 2004 den zweiten Platz (11,7 % der globalen Stromerzeugung) ein, nur hinter Kanada (12 %), aber vor Brasilien (11,4 %), den USA (9,4 %) und Russland (6,3 %) (REN21 2005: 4ff.).

Im Jahr 2005 wurden in China im EE-Sektor (ohne große Wasserkraft) insgesamt 6 Mrd. US-Dollar investiert. Weltweit betrugen die Investitionen in erneuerbare Energien 38 Mrd. US-Dollar. Damit verfügte China über einen Anteil von 15,8 % und ist im Bereich der EE zum global führenden Investor avanciert (Yang 2006). Allerdings sind gleichzeitig auch Chinas Schwächen bei der Nutzung erneuerbarer Energien unübersehbar. Tabelle 10 zeigt, dass das Land hinsichtlich der installierten Kapazitäten im Bereich der Photovoltaik und Windkraft noch als unterentwickelt gelten kann. Bei der Photovoltaik hatte China bis zum Jahr 2005 lediglich eine Kapazität von etwa 80 MW installiert. Im Vergleich dazu waren in Deutschland allein im Jahr 2005 zusätzliche Kapazitäten im Umfang von etwa 600 MW errichtet worden.

Die asymmetrischen Entwicklungen in den einzelnen EE-Branchen Chinas gehen auf unterschiedliche Ursachen zurück. Der Grund für die Unterentwicklung der Windkraft dürfte darin liegen, dass die einheimische Industrie noch nicht in der Lage ist, den Markt mit leistungsstarken Windkraftanlagen (mit 1 MW und mehr) zu beliefern. 75 % der Marktnachfrage müssen durch kostenträchtige Technologieimporte befriedigt werden.

Tabelle 10: Chinas installierte EE-Kapazitäten im Jahr 2005

Große Wasserkraft (in GW)	80
Kleine Wasserkraft (in GW)	35
Windkraft (in GW)	1,3
Photovoltaik (in GW)	0,07
Solarthermie (in Mio. m^2)	80
Biomasse (in GW)	2,3
Biogas (in Mrd. m^3)	8
Geothermie (in GW)	0,05
Wellen- und Gezeitenkraft (in GW, Jahr 2000)	0,001

Quelle: Jun (2007: 68)

Im Bereich der Photovoltaik sieht die Situation jedoch umgekehrt aus. Es gibt zwar eine produktionsfähige Photovoltaik-Industrie in China, doch keinen ausreichenden Binnenmarkt. Die chinesischen Photovoltaik-Hersteller produzieren in der Mehrzahl für den internationalen Markt. Angetrieben durch die internationale Nachfrage, insbesondere aus Europa, sind die chinesischen Fertigungskapazitäten für Solarzellen in den letzten Jahren um das Hundertfache gestiegen. Im Jahr 2006 verfügte das Land über eine Fertigungskapazität für Solarzellen in Höhe von 1645,5 MW. Die Produktion von Solarzellen weitete sich von 3 MW im Jahr 2000 auf 145,7 MW im Jahr 2005 aus, was einem Weltmarktanteil von 8 % entspricht. Damit liegt China bei der Produktion nur noch hinter Japan und Europa. Auch die chinesischen Fertigungskapazitäten für Solarmodule erlebten eine rasante Expansion: Um die Jahrtausendwende gab es noch so gut wie keine Kapazitäten. Ende des Jahrs 2005 waren 874 MW (Zhao et al. 2006) und Mitte 2007 bereits ca. 2.000 MW errichtet (Sieg 2007). Deutsche Unternehmen erwarten, dass in China sowohl der Binnenmarkt als auch die Produktionskapazitäten für Solarenergie in den kommenden Jahren äußerst rasch expandieren werden.

Politische Willenserklärung

China gehört zu den zehn Entwicklungsländern, die nationale Zielvorgaben für erneuerbare Energien veröffentlicht haben. Die anderen neun Länder sind Brasilien, die Dominikanische Republik, Ägypten, Indien, Malaysia, Mali, die Philippinen, Südafrika und Thailand (REN21 2005: 21). Das Ziel der chinesischen Regierung ist ehrgeizig und abenteuerlich zugleich. Im Jahr 2020 sollen 16 % des Primärenergieverbrauches des Landes durch erneuerbare Energien gedeckt werden. Dies entspricht in der Tat einer Verdopplung des jetzigen Anteils der erneuerbaren Energien (große Wasserkraft eingeschlossen) an der chinesischen Gesamtenergieversorgung. Nach Einschätzung der chinesischen Regierung werden Investitionen in Höhe von etwa 170 Mrd. Euro benötigt, um dieses Ziel zu erreichen (Bfai 2005). Dieser Betrag macht praktisch annähernd ein Viertel des gesamten Kapitals aus, das von ausländischen Investoren bislang in China investiert wurde.

In der Tat ist das Erreichen dieser ehrgeizigen Zielsetzung nur dann vorstellbar, wenn es zu einem enormen Wachstumsschub bei den erneuerbaren Energien kommt und die vorhandenen Kapazitäten der Stromgewinnung mittels erneuerbarer Energien durch die Einrichtung weitaus größerer Anlagen erweitert werden können. Tabelle 11 zeigt, wie groß nach den Angaben der chinesischen Regierung das Wachstumspotential in den jeweiligen Branchen gegenüber dem Jahr 2005 aussieht.

Tabelle 11: Chinas EE-Kapazitäten bis zum Jahr 2020

	Zielvorstellung NDRC	Progose (New Energy Finance)
Große Wasserkraft (in GW)	225	225
Kleine Wasserkraft (in GW)	75	76,8
Windkraft (in GW)	30	54
Photovoltaik (in GW)	2	5,3
Solarthermie (in Mio. m^2)	300	292
Biomasse (in GW)	20	27
Biogas (in Mrd. m^3)	40	40
Geothermie (in GW)	0,25	0,21
Wellen- und Gezeitenkraft (in GW)	3–5	3

Quelle: Jun (2007: 68)

Nach den Zielvorgaben, die von der Nationalen Entwicklungs- und Reformkommission bis zum Jahr 2020 festgelegt wurden, soll die Stromerzeugungskapazität basierend auf Wasserkraft auf 300 GW ausgebaut werden. Dabei ist für die „große Wasserkraft" und die „kleine Wasserkraft" eine Steigerung von 181,3 % bzw. 114,3 % vorgesehen. Für die gesamten Wasserkraftkapazitäten in China entspricht dies annähernd einer Verdreifachung. Im Bereich der Windkraft soll die installierte Leistung innerhalb der kommenden 13 Jahre von 1,3 GW auf 30 GW ausgebaut werden. Auch die Photovoltaik und die Biomasse werden einen kräftigen Anschub erhalten: Die installierten Kapazitäten zur Stromerzeugung sollen um mehr als das 28-fache bzw. 8-fache zunehmen. Außerdem ist geplant, die Nutzung von Geothermie, Wellen- und Gezeitenkraft auszubauen.

Insgesamt betrachtet wird dabei deutlich, dass der Schwerpunkt der chinesischen Politik für erneuerbare Energien nach wie vor auf der Wasserkraft liegt. Von den veranschlagten rund 170 Mrd. Euro entfallen etwa 110 Mrd. Euro auf die Wasserkraft. An zweiter Stelle kommt die Windkraft mit ca. 20 Mrd. Euro, gefolgt von der Biomasse mit einem Investitionsvolumen von ca. 11 Mrd. Euro (Bfai 2005). Trotz der enormen Wachstumsraten bei anderen erneuerbaren Energieträgern von teilweise mehr als 1.000 % wird die Dominanz der Wasserkraft unverändert anhalten.

Das wird auch durch unabhängige Prognosen bestätigt, die sich hinsichtlich des Entwicklungspotentials der EE im Großen und Ganzen im Einklang mit den offiziellen Zielvorstellungen befinden, jedoch sogar mit einem Anteil von bis zu 19 % am gesamten Primärenergiebedarf rechnen (Jun 2007: 66). Vor allem bei der Windkraft, der Biomasse und der Photovoltaik könnte es zu einer deutlich größeren Ausweitung der Kapazitäten zur Stromerzeugung kommen als von der chinesischen Regierung geplant (siehe Tabelle 11).

Neue Rahmenbedingungen

Die Entwicklung erneuerbarer Energien in China hat im Jahr 2006 ein ordnungspolitisches Rückgrat erhalten. Es handelt sich dabei um das chinesische Erneuerbare-Energien-Gesetz, das ab dem 1. Januar 2006 Gültigkeit erlangte. Dieses Gesetz, sowie ein Dutzend zugehöriger Implementierungsverordnungen, haben die Voraussetzungen für die Entwicklung der erneuerbaren Energien in China grundlegend verändert und neue Rahmenbedingungen für den Markt geschaffen. Insgesamt übertrafen die Regelungen des EE-Gesetzes gar die Erwartungen von Unternehmern und Experten (Jacobelli 2006). Die neuen Regulierungen werden aller Wahrscheinlichkeit nach die Etablierung des chinesischen Marktes für erneuerbare Energien entscheidend vorantreiben.

Ähnlich wie beim deutschen Vorbild wird die Abnahme des Stroms, der mit Hilfe von erneuerbaren Energien gewonnen wurde, durch die Netzbetreiber gesetzlich gewährleistet. Die Netzbetreiber sind verpflichtet, den Strom aus erneuerbaren Energien bevorzugt einzuspeisen. Solange der Strom aus erneuerbaren Energien von Einrichtungen erzeugt wird, die staatlich genehmigt worden sind, müssen die Netzbetreiber ihn zu 100 % abnehmen. Nach Paragraph 14 des chinesischen EE-Gesetzes sind sie sogar verpflichtet, umfassende Serviceleistungen anzubieten, um die Einspeisung des Stroms aus erneuerbaren Energien in ihre Netze zu erleichtern. Diese Regulierung kann als staatliche Garantie für die Abnahme von EE-Strom betrachtet werden, auch wenn die Details der Stromeinspeisung ins Netz stets zwischen Stromproduzenten und Netzbetreibern ausgehandelt werden müssen.

Ein wesentliches Merkmal der neuen Rahmenbedingungen für EE stellt die Einführung einer Mindestvergütung für Strom aus erneuerbaren Energien dar. Das EE-Gesetz sieht eine Mindestvergütung für Strom aus Solarenergie, Wasserkraft, Windenergie, Erdwärme und Biomasse sowie Wellen- und Gezeitenkraft vor. Die Produzenten des „grünen" Stroms können stets davon ausgehen, dass die Netzbetreiber bei der Festlegung des Einspeisepreises kaum eine Rolle spielen. Die neue Rechtslage kennt nämlich nur zwei Möglichkeiten, wie Einspeisepreise festgelegt werden können: Preisbestimmung durch den Staat nach seinen eigenen Bemessungen oder aufgrund des Angebots des jeweiligen Produzenten, der bei einem Ausschreibungsprozess den Zuschlag für die Errichtung eines neuen Stromerzeugungsprojektes mit Hilfe von erneuerbaren Energien erhalten hat. Im letzteren Fall wird die Einspeisevergütung in der Höhe festgelegt, die der Gewinner bei der Abgabe seines Gebotes verbindlich angegeben hatte.

Allerdings differenziert der Gesetzgeber ausdrücklich zwischen den unterschiedlichen Energiequellen, wenn es um die Modalität der Preisfestlegung geht. Während die Einspeisepreise für den Strom aus Solarenergie, Erdwärme und Meeresenergien allein durch staatliche Behörden festgelegt werden, werden die Abnahmepreise für Strom aus Windenergie durch Ausschreibungen bestimmt. Für Strom aus Biomasse gilt eine flexible Reglung: Der Einspeisepreis kann durch den Staat oder durch ein Ausschreibungsverfahren bestimmt werden.

Ein anderer wichtiger Aspekt der neuen Rahmenbedingungen für erneuerbare Energien in China ergibt sich aus der Verteilung der Mehrkosten für den Strom aus erneuerbaren Energien. Im Vergleich zu konventionellen Energieträgern, vor allem der Kohle, liegen die Kosten für die Stromgewinnung aus erneuerbaren Energien in China immer noch sehr hoch. Vor diesem Hintergrund schreibt das EE-Gesetz vor, dass die Mehrkosten für den EE-Strom landesweit auf alle Stromverbraucher umgelegt werden sollen. Als Konsequenz dieser Regelung können die Produzenten und Netzbetreiber die Mehrkosten für EE-Strom an den Endverbraucher weitergeben. Ausgenommen von der entsprechenden Anhebung der Strompreise sind Verbraucher in der Provinz Tibet sowie alle Verbraucher, die den Strom für Agrarbetriebe beziehen. Auch die Kunden lokaler Selbstversorgungsnetze, die nicht mit überregionalen Versorgungsnetzen (ab Provinzebene) gekoppelt sind, sollen von den Aufpreisen für den Strom aus erneuerbaren Energien befreit bleiben.

Erneuerbare Energien und Armutsbekämpfung

Chinas Motivation, erneuerbare Energien voranzutreiben, begründet sich zum Teil auch mit der Notwendigkeit, die armen Hinterlandprovinzen zu entwickeln. Vor allem entdeckte die chinesische Regierung erneuerbare Energien als ein hilfreiches Instrument für die Armutsbekämpfung. Mit dem erklärten Ziel, weitere Millionen Menschen in entlegenen Regionen über die Armutsgrenze zu heben, hängt die Geschwindigkeit der Verbreitung erneuerbarer Energien in der Tat eng zusammen (vgl. UNDP 2005).

Erneuerbare Energien haben sich weltweit als eines der effektivsten Mittel zur Armutsbekämpfung erwiesen, insbesondere in den von Stromnetzwerken abgekoppelten Regionen. Wenn man bedenkt, dass die Versorgung mit Elektrizität grundlegend für den Anschluss an eine moderne Lebensweise ist, kann die Bedeutung der erneuerbaren Energien für die Armutsbekämpfung gar nicht hoch genug eingeschätzt werden. Dies gilt insbesondere für China, wo schätzungsweise immer noch mehr als 20 Mio. Menschen auf dem Land ohne Strom leben. Vor allem in Westchina, das sehr rückständige arme Regionen umfasst, verspricht die Nutzung erneuerbarer Energien eine gute Perspektive für die Armutsbekämpfung.

Diese Regionen haben oftmals keinen Strom, nur eine unzureichende Infrastruktur, und liegen zu weit vom offiziellen Versorgungsnetz entfernt. Für die großen Energiekonzerne ist es wegen ihrer der Besiedelungsdichte uninteressant, dort moderne Netzwerke aufzubauen. Gleichzeitig ist in diesem Gebiet die Sonneneinstrahlung sehr hoch. Offensichtlich hat die chinesische Regierung diesen Kontext erkannt und zeigt sich entschlossen, die Eigenschaft der dezentralen Energieversorgung durch erneuerbare Energien zur Armutsbekämpfung massiv auszunutzen.

Milliardenschwere EE-Projekte wie das „Brightness Program" oder das im Jahr 2001 begonnene „Township Electrification Program" wurden bereits erfolgreich abgeschlossen. Mehr als 1.000 Gemeinden in sieben Provinzen Westchinas werden seitdem durch Strom aus Solaranlagen, Windkraft oder aus kleiner Wasserkraft versorgt (Ku et al. 2003). Als Anschlussprojekt wurde das „Village Electrification Program" in den elften Fünfjahresplan (2006 bis 2010) aufgenommen, mit dem Ziel, bis zum Jahr 2010 alle Dörfer in China flächendeckend zu elektrifizieren (NVK 2006).

Erneuerbare Energien und politische Stabilität

Eine andere Motivation für die chinesische Führung, erneuerbare Energien in China zu fördern, ergibt sich aus der Sorge um die Stabilität der Parteiherrschaft. In der Tat ist die politische Stabilität zunehmend von der Energiestrategie der Regierung und deren Auswirkungen abhängig geworden. In China mehren sich die Zeichen dafür, dass die Bereitschaft der Bevölkerung, das nationale Wirtschaftswachstum auf Kosten der Umwelt zu akzeptieren, spürbar abgenommen hat. Gleichzeitig ist in der Gesellschaft die Ansicht populärer geworden, dass China einen ökologisch verträglichen Entwicklungsweg einschlagen sollte. Dies findet seinen Ausdruck nicht zuletzt in der dramatisch gestiegenen Zahl der Nichtregierungsorganisationen, die oftmals geduldet oder sogar unterstützt durch die Zentralregierung bzw. die SEPA im Umweltbereich tätig geworden sind (Wu 2003b; Willmott 2006).

Seit Jahren versucht die Bevölkerung auf unterschiedliche Art und Weise, die politische Führung an den „stillschweigenden Gesellschaftsvertrag" zu erinnern, auf dem das heutige politische System Chinas praktisch beruht. Dieser Gesellschaftsvertrag verpflichtet die politische Führung, für Wohlstand und Ordnung zu sorgen. Als Gegenleistung wurde ihr vorbehaltlos die letzte Entscheidungsgewalt und Ordnungsmacht zuerkannt.

Tatsächlich zeigte sich die Regierungsklasse selbst schockiert von den Dürren, Überschwemmungen und Hitzewellen, die China immer intensiver und häufiger heimsuchen. Nach Angaben der chinesischen Regierung gehen jährlich nahezu 20 % des Bruttoinlandsprodukts verloren, weil soviel Mittel aufgewendet werden müssen, um die Folgeschäden der Umweltverschmutzung wieder zu beheben (vgl. State Council 2006b).

Unter der Bevölkerung setzte sich vor dem Hintergrund der Verschlechterung der Umweltsituation zunehmend das Bewusstsein durch, dass zum Wohlstand nicht nur materieller Reichtum, sondern auch ökologische Lebensqualität gehört. Lebensqualität im Sinne von sauberem Wasser und sauberer Luft gewinnt immer mehr an Gewicht, wenn es um die Beurteilung der Regierungsleistungen geht. Was etwa die Zufriedenheit mit den Umweltschutzbemühungen lokaler Regierungen betrifft, zeigt eine groß angelegte chinesische Umfrage, dass diese unter zehn nachgefragten Kriterien zur Zeit den drittschlechtesten Wert aufweist (Fewsmith 2007: 16).

Naturzerstörung und Umweltverschmutzung stellen eine stetig stärker werdende Quelle für soziale Unruhen und Proteste dar, insbesondere unter der chinesischen Landbevölkerung (Jun 2000). Beispielswiese protestierten im April 2005 rund 60.000 Menschen gegen die Umweltverschmutzung, die von mehreren Chemiefabriken in der Nähe von Huaxi (Zhejiang-Provinz) ausgeht. Im August 2005 protestierten 10.000 Menschen (ebenfalls in der Provinz Zhejiang) gegen die giftigen Emissionen einer pharmazeutischen Fabrik (Turner/Kenji 2006: 6). Ein weiterer potentiell bedrohlicher Aspekt ist die Zunahme von Umweltmigration. Westliche Experten erwarten für die kommenden 15 Jahre bis zu 30 Mio. Umweltflüchtlinge innerhalb der Grenzen Chinas (Economy 2004b).

Somit verbinden sich ökologische Fragen mittel- und langfristig unweigerlich mit der Aufrechterhaltung der Herrschaft der Kommunistischen Partei Chinas. Vor diesem Hintergrund ist die chinesische Führung sehr besorgt, dass sie eine dramatische Steigerung der Unzufriedenheit der Bevölkerung riskieren könnte, sollten die Luftverschmutzung und der massive Ausstoß von Treibhausgasen nicht gestoppt werden. Das Zentralkomitee der Kommunistischen Partei Chinas (KPC) betrachtet Umweltverschmutzung inzwischen als einen der vier wichtigsten Gründe für soziale Unruhen.

Dass man sich in Peking im Blick auf die zunehmende „Disharmonie" mit der Natur auch vor einer gesellschaftlichen „Disharmonie" fürchtet, gilt als offenes Geheimnis. Angetrieben durch diese Besorgnis, wird leidenschaftlich nach Mitteln gegen den Klimawandel gesucht. Erneuerbare Energien wurden von der chinesischen Regierung auch in diesem Zusammenhang aufgegriffen. Man hofft, mit der Verdopplung des Anteils der erneuerbaren Energien an der Gesamtenergieversorgung von heute 8 % auf 16 % im Jahr 2020 einen wesentlichen Beitrag zur ökologischen Lebensqualität in China leisten zu können und dadurch zur Beruhigung der Bevölkerung beizutragen.

Allein von der Installierung von 300 Mio. m² Sonnenkollektoren zur Warmwasserbereitung erwartet die chinesische Regierung einen Ersatz für 40 Mio. t Kohle, etwa 4 % des heutigen Gesamtkohleverbrauchs Chinas. Auch von der Nutzung von Biomasse und Biogas werden massive Einsparungen beim Verbrauch von Erdöl erwartet. Dadurch sollen in Zukunft jährlich 10 Mio. t Erdöl weniger verbrannt werden. In dem am 4. Juni 2007 veröffentlichten „nationalen Klimawandelprogramm" wird dieser Aspekt deutlich hervorgehoben (NDRC 2007). Es ist zu erwarten, dass die Bedeutung der erneuerbaren Energien für die Verwirklichung der ökologischen Zielsetzungen der chinesischen Regierung – und damit für die Bewahrung der gesellschaftlichen Stabilität – dramatisch zunehmen wird.

Erneuerbare Energien passen als Energieträger offensichtlich auch zu den politischen Ambitionen der chinesischen Regierung unter der Führung von Staatspräsident und Parteichef Hu Jintao. Es hat den Anschein, dass Hu und Ministerpräsident Wen Jiabao einen anderen Entwicklungspfad als ihre Vorgänger einschlagen wollen. Im elften Fünfjahresplan (2006 bis 2010) bewegt sich die Regierung weg vom alten Entwicklungsmodell hin zu einem neuen Typ der Modernisierung. Dieser soll folgende Kernelemente beinhalten: Eine energiesparende Entwicklung im Rahmen eines umweltfreundlichen und sozial gerechten Wirtschafts- bzw. Gesellschaftssystem (Xinhua 2005c; siehe Kapitel 13). Anscheinend ist die politische Klasse nicht mehr bereit, das Ausmaß der Umweltschäden weiter in Kauf zu nehmen. Diese Entwicklung kann durchaus als ein positives Signal aus Peking wahrgenommen werden. Immerhin zeigt sich, dass der politische Wille der chinesischen Führung zur Durchsetzung der erneuerbaren Energien als eine tragende Säule der chinesischen Energieversorgung vorhanden ist.

Potentielle Hindernisse bei der Durchsetzung erneuerbarer Energien

Doch es existieren auch erkennbare Barrieren in China, die eine erweiterte Nutzung erneuerbarer Energieträger blockieren oder zumindest erschweren könnten. Zum einen handelt es sich hierbei um institutionelle Schwächen. Das chinesische Energieministerium wurde abgeschafft, so dass für die Energiepolitik des gesamten Landes im Wesentlichen lediglich eine Abteilung in der Nationalen Entwicklungs- und Reformkommission zuständig ist (vgl. Andrews-Speed 2004). Die so genannte „Zentrale Leitungsgruppe für Energiefragen", die im Jahr 2005 unter Vorsitz des Ministerpräsidenten Wen gegründet wurde, ist bei ihrer Arbeit institutionell auf die Nationale Entwicklungs- und Reformkommission derart angewiesen, dass sie kaum eigenständig handeln kann. Es müssen offensichtlich erst institutionelle Reformen durchgeführt und ein eigenständiges, mit weit reichenden Vollmachten ausgestattetes Energieministerium eingerichtet werden. Außerdem fehlt ein Gesamtkonzept, ein ordnungspolitischer Rahmen, um die Entwicklung der verschiedenen Energieträger zu koordinieren, auch wenn das Gesetz für Erneuerbare Energien diesen Aspekt bereits im Ansatz berührt.

Ein weiteres Problem besteht darin, dass die EE-Branche keine politische Lobby bei der Zentralregierung vorweisen kann. Der Grund hiefür liegt hauptsächlich in der Unternehmensgröße der betroffenen Betriebe. Die Firmen, die ihre Geschäfte mit erneuerbaren Energien machen, sind in der Mehrzahl kleine und mittelständische Unternehmen, die nicht wie die staatlichen Ölkonzerne zu jeder Zeit Zugang zur Staatsführung haben. Diese Situation könnte sich aber in Zukunft ein Stück weit verbessern, weil CNOOC, einer der großen Staatskonzerne, angekündigt hat, entlang der chinesischen Küste große Windparks errichten zu wollen (Winning/Ruan 2007). Mit dem Ziel, seinen Kerngeschäftsbereich zu erweitern, könnte CNOOC damit zu einem entscheidenden Akteur in der Windenergiebranche Chinas werden.

Abzuwarten ist zudem, welche Konflikte das Gesetz für erneuerbare Energien noch mit der Lobby der Kohlekraftwerksbranche auszufechten hat. China braucht einen ausgewogenen Einspeisungsmechanismus, ein System, das die verschiedenen Interessenkonflikte im Vorfeld regelt.

Hinderlich für die Expansion der EE-Branche ist ferner der weitgehende Mangel an eigenständigen Entwicklungs- und Forschungsprogrammen. Chinesische Unternehmen verfügen mit Ausnahme von Teilen der Photovoltaikbranche zurzeit nicht über die Fähigkeit, Bahn brechende Innovationen und Neuerungen bei den Technologien zur Nutzung erneuerbarer Energien hervorzubringen (Yang 2006). Ob die Bemühungen der chinesischen Regierung, Forschungsinstitute für Hochtechnologie und Grundlagenforschung im Bereich der EE aufzubauen, erfolgreich sein werden, bleibt abzuwarten.

Letztendlich gibt es auch ein Kapitalproblem. Das chinesische Gesetz für Erneuerbare Energien sieht vor, einen Fonds für den Ausbau der EE einzurichten. Doch ganz gleich wie hoch die zugehörige Kapitalmenge sein wird, sie wird nicht ausreichen. So geht das Marktforschungsinstitut New Energy Finance davon aus, dass bis zum Jahr 2020 ca. 276 Mrd. US-Dollar investiert werden müssen, um die offiziellen Zielvorgaben für die Kapazitäten der EE erfüllen zu können. Dies sind rund 50 % mehr als von der Nationalen Entwicklungs- und Reformkommission veranschlagt worden sind (Jun 2007). Daher muss durch die Einführung verschiedener Anreize, wie es im deutschen Erneuerbare-Energien-Gesetz der Fall ist, zusätzlich internationales ebenso wie inländisches Kapital mobilisiert werden. Gerade in diesem Bereich gibt es in China großen Handlungsbedarf.

Kapitel 12.
Welche Zukunft hat die Kernenergie in China?

Die Entwicklung der Kernkraftnutzung in China scheint paradox. Weltweit wurde in den letzten fünfzehn Jahren die Nutzung von Kernenergie nirgendwo sonst derart intensiv vorangetrieben. Allein seit 2002 nahmen chinesische Unternehmen sieben neue Atomkraftwerke in Betrieb. Ende 2006 speisten insgesamt elf Reaktoren ins chinesische Stromnetz ein. Trotzdem spielt die Kernenergie für die Energieversorgung des Landes eine äußerst unbedeutende Rolle. Wie Tabelle 12 zeigt, macht sie derzeit lediglich einen Anteil von weniger als 1 % am chinesischen Primärenergieverbrauch sowie knapp 2 % an der Elektrizitätserzeugung aus. Mit ca. 4,5 GW neu installierter Kapazität fiel der Zuwachs bei der Kernenergie in den vergangenen fünf Jahren, verglichen mit landesweit insgesamt rund 200 GW zusätzlicher Leistung, äußerst bescheiden aus.

Auch im internationalen Vergleich zählt China keineswegs zu den Hauptnutzern von Kernenergie. Der chinesische Anteil an der weltweit installierten Leistung von 437 Atomkraftwerken liegt Mitte des Jahres 2006 bei ca. 2 %, der Anteil am globalen Uranverbrauch beläuft sich momentan auf weniger als 2 % (WNA 2006a).

Tabelle 12: Chinas Kernkraftnutzung im internationalen Vergleich

	USA	Frankreich	Japan	Deutschland	China	Indien	Global
Anzahl der Reaktoren (Mitte 2007 im Betrieb/ im Bau befindlich)	103 (1)	59	55 (1)	17	11 (4)	17 (6)	437 (30)
Stromerzeugung im Jahr 2006 (in TWh)	787,2	428,7	291,5	158,7	54,8	15,6	2626
Installierte Leistung im Mai 2006[1] (in GW)	98,0	63,5	47,7	20,3	7,6	2,9	369,4
Installierte Leistung 2025 laut EIA (in GW)	102,7	N.N.	54,8	N.N.	26,0	15,3	421,8
Anteil am Primärenergie-verbrauch (2004)	8,0 %	38,6 %	12,6 %	11,4 %	0,8 %	1,0 %	6,1 %
Anteil an Stromerzeugung (2006)	19,4 %	78, %	30 %	31,8 %	1,9 %	2,6 %	16 %
Anteil am globalen Atom-energiekonsum (2004)	30,1 %	16,2 %	10,4 %	6,1 %	1,8 %	0,6 %	100 %

[1] Angabe ohne die Kapazitäten der permanent abgeschalteten Kernkraftwerke.
Quelle: Eigene Darstellung: Berechnungen basierend auf BP (2005: 34, 38); EIA (2005: 165) sowie IAEA: Power Reactor Information System: http://www.iaea.or.at/programmes/a2/ (Stand 7.6.2007); OECD: Nuclear Energy Agency: http://www.nea.fr/html/general/facts.html (Stand 7.6.2006); WNA (2006a).

Während allein Frankreich und die USA zusammen rund 46 % des globalen Atom-
energiekonsums auf sich vereinen, entspricht Chinas Verbrauch einem Anteil von lediglich 1,8 %. Wie gering die Bedeutung der Kernenergie mit bisher weniger als 1 %
im chinesischen Energiemix ist, zeigt sich beim Vergleich mit den Werten Frankreichs
(40 %), Japans (13 %) und Deutschlands (11 %). Bei der Stromerzeugung liegt der
Anteil der Kernenergie selbst in Indien (2,6 %) höher als in China (1,9 %), ganz zu
schweigen von Frankreich, Deutschland und Japan, die ihre Elektrizität zu 78 % bzw.
jeweils zu rund 30 % durch die Nutzung von Kernenergie herstellen. Mit momentan
vier Reaktoren in der Bauphase befindet sich China immerhin in der Spitzengruppe
der Länder, die neue Atomkraftwerke errichten (siehe Tabelle 12).

Wie wird die Zukunft der Kernenergie in China aussehen? In welchem Ausmaß wird
der weitere Ausbau geplant? Gibt es Hindernisse und Widerstände?

Was treibt die Nutzung von Atomkraft voran?

Auf den ersten Blick verwundert es – zumindest aus deutscher Perspektive – warum
China jetzt damit beginnt, seine Nuklearenergienutzung massiv auszubauen, während
hierzulande der Atomausstieg beschlossene Sache ist. China folgt damit jedoch einem
weltweit und insbesondere in Asien einsetzenden Trend. Im chinesischen Kontext
stellt dies allerdings eine relativ junge Entwicklung dar. Denn nachdem das Land im
Jahr 1964 seine erste Atombombe gezündet hatte, verzichtete es als einzige Atom-
macht lange Zeit darauf, mit Hilfe von Kernenergie Strom zu erzeugen. Bis der erste
chinesische Atomreaktor schließlich im Jahr 1994 offiziell ans Netz ging, waren immerhin 22 Jahre für Planung, Aufbau und Testbetrieb vergangen (Li 2005a). Der
Hauptgrund hierfür dürfte darin zu suchen sein, dass sich Elektrizität in China durch
die Verbrennung von Kohle und Wasserkraft wesentlich günstiger produzieren lässt.
Außerdem verfolgten die Partei und die Regierung keine zielstrebige Förderpolitik für
Atomkraft. Welche Antriebskräfte stehen hinter der jüngsten Beschleunigung beim
Ausbau der Atomindustrie?

Erstens sind hierfür strukturelle Faktoren verantwortlich, die aus der geografischen Lage der Kernkraftwerke ersichtlich wird. Alle Reaktoren sind in boomenden
Küstenprovinzen und teils in unmittelbarer Nähe zu Sonderwirtschaftszonen errichtet
worden. In Folge des aufblühenden Wirtschaftswachstums und eines ansteigenden
Einkommensniveaus in den Deltagebieten von Perlfluss und Yangzi sowie in der Provinz Zhejiang, aus denen heute Waren in die ganze Welt exportiert werden, stieg der
Strombedarf von Industrie und privaten Haushalten enorm. Da diese Regionen über
relativ geringe Kohle- und so gut wie keine Erdgasvorkommen verfügen, liegt es nahe,
Atomenergie zur Gewinnung von Strom zu nutzen. Die Energieversorgung der Milli-
onenmetropole Shanghai und der Provinz Zhejiang hängt zu über 97 % von eingeführ-

ten Energieressourcen ab. Die Provinz Guangdong muss rund 88 % ihres Energiebedarfs importieren (CONSTIND 2006).

In der Tat macht Atomstrom bereits heute rund 19 % der Stromversorgung in Zhejiang und ca. 12 % in Guangdong aus (Chen 2005). In den Wachstumsregionen mit hohem Strombedarf ist es zudem aus technischen und geografischen Gründen unmöglich, erneuerbare Energieträger in ausreichendem Umfang einzusetzen. Wenn aber fossile Energieträger vermieden werden sollen, verbleibt einzig die Kernkraft, um die enorme Grundlast für städtische Versorgungsnetze bereit zu stellen. Von Bedeutung war vor diesem Hintergrund auch die mehrmalige Steigerung des Kohlepreises in den vergangenen Jahren, durch die Atomenergie in Relation zu Wärmekraft an Wettbewerbsfähigkeit hinzugewann (Wang/Li 2005).

Zweitens ist Kernenergie ein wichtiger Baustein im strategischen Programm der Regierung, die eine möglichst breite Diversifizierung der Energieträger anstrebt. Von besonderem Interesse ist zugleich die Reduzierung der durch Schwefelemissionen und Aschenpartikel schwer belasteten Luftqualität in dicht besiedelten Ballungszentren. Beide Ziele sollen unter anderem durch den Ausbau von Kernkraft verwirklicht werden.

Drittens vertreten viele chinesische Experten die Ansicht, dass mit Hilfe der Kernenergie die Unsicherheiten bei der Stromerzeugung, die mit den Schwierigkeiten im chinesischen Kohlensektor (vgl. Kapitel 2) zusammenhängen, umgangen werden können und Kernkraft daher die strategisch sinnvollere Alternative zur Kohle ist (vgl. COSTIND 2006). Die Befürworter von Atomkraft verweisen in der innerchinesischen Debatte außerdem auf die Emissionsproblematik bei der Verbrennung von Kohle, Öl und Gas sowie auf die Begrenztheit fossiler Energieträger und betonen die enormen Schwierigkeiten, die mit einer weiteren Erschließung der Wasserkraft verbunden sind. Weil der steigende Elektrizitätsbedarf aber unmöglich allein mit Hilfe von regenerativen Energieformen gedeckt werden kann, müsse die Wahl „zwangsläufig" auf Kernenergie fallen.

Auch im Hinblick auf Chinas rapide zunehmende Abhängigkeit von Erdöl- und zukünftig auch Erdgasimporten gilt Atomkraft unter vielen Experten als Schlüssel, mit dessen Hilfe die Probleme bei der Energiesicherheit gelöst werden können (Xinwen Huiketing 2005; Zhou 2005; Chen 2006b). Tatsächlich scheinen sich die politischen Eliten parallel zu großen Staudammprojekten verstärkt mit der Kernenergie anzufreunden. So sehen die neuesten entwicklungspolitischen Richtlinien für Kernenergie aus dem Frühjahr 2006 nicht mehr wie bisher den Status einer „gemäßigten Entwicklung", sondern eines „energischen Vorantreibens" vor (Xinhua 2006c).

Viertens ist der Rückgriff auf Kernenergie ein Reflex auf die wiederholten Versorgungsengpässe in China. Dass es sich hierbei oftmals schlicht um Krisenrhetorik handelt, zeigen frühere Beispiele, als schon einmal der massive Ausbau von Kernenergie propagiert worden war, ohne jedoch anschließend realisiert worden zu sein. So war im Verlauf des Jahres 1997 in staatlichen Medien berichtet worden, China würde 60 bis 100 Mrd. US-Dollar in den Bau von Kernkraftwerken investieren. Drei Jahre später froren die zuständigen Verwaltungsorgane alle Bestellungen im Ausland ein. Dies dürfte im Wesentlichen auf Betreiben des damaligen Ministerpräsidenten Zhu Rongji geschehen sein, der einen Stopp für die Kernenergienutzung festgelegt haben soll, da er andere Energieträger bevorzugte (Platt 2000). Daher wird das Mitte der neunziger Jahre festgelegte Planziel, bis ins Jahr 2010 20 GW Leistung installiert und ans Netz angeschlossen zu haben (vgl. Xu 1997), offensichtlich nicht verwirklicht werden können.

In ähnlicher Weise holten Regierungsvertreter auch unter dem Eindruck der jüngsten Unterversorgung, die zu landesweiten Stromausfällen führte (vgl. Kapitel 5), bestehende Planungen wieder hervor, die bisher nicht umgesetzt worden waren (Xinhua 2006b; Yardley 2004; Kurtenbach 2005).

Pläne, Prognosen und die zukünftige Bedeutung der Kernenergie

Laut Chinas staatlicher Nachrichtenagentur Xinhua sollen bis 2020 rund 40 GW nukleare Kapazität zur Stromerzeugung installiert werden. Damit soll der derzeitige Anteil der Kernenergie von ca. 2 % an der landesweit installierten Leistung verdoppelt werden. Um diese Vorgaben zu verwirklichen, müssten pro Jahr etwa zwei bis drei neue Kernreaktoren mit 1 GW Leistung und bis 2020 insgesamt etwa 30 Atomkraftwerke errichtet werden. Bis zum Jahr 2035 sollen Kernkraftwerke dann bereits ein Fünftel der landesweiten Elektrizitätsproduktion ausmachen (Xinhua 2006c; Zhou 2005). Auch für das Problem der Lagerung der Uranbrennstäbe scheint bereits eine Lösung gefunden worden zu sein. Dabei soll es sich laut Medienberichten um einen Endlagerungsstandort im westchinesischen Wüstengebiet in Zentralasien handeln.

Im Jahr 2005 ist der Bau von acht neuen Reaktoren genehmigt worden. Um die Atommeiler ausreichend mit Brennstoff versorgen zu können, schloss China bereits mit Australien und Nigeria langfristige Lieferverträge über zehntausende Tonnen Uran ab. Momentan verfügen 16 Provinzen und Städte über Baupläne für insgesamt 69 Kernreaktoren. Das würde einer kumulierten Leistung von bis zu 58 GW entsprechen (Xie/Tan 2006; WNA 2006b). In Medienberichten kursieren hingegen zweifelhafte Angaben von 200 Kernkraftwerken, die bis zum Jahr 2050 errichtet werden sollen.

Parallel zum Ausbau der Produktionskapazitäten sieht der neueste Regierungsplan zur Forschungs- und Technologieentwicklung bedeutende Projekte für die Nuklearforschung vor. Es wird unter anderem angestrebt, eine eigene „Schnelle-Brüter-Technologie" zu entwickeln, Kerntechnologie der dritten und vierten Generation zu entwickeln und die Forschung zur Kernfusion auszuweiten (Xinhua 2006c; State Council

2006a). Außerdem sind bereits Prototypen von kleinen 200 MW-Hochtemperaturreaktoren konstruiert worden, die in Massenproduktion hergestellt und hauptsächlich in ländlichen Gegenden eingesetzt werden sollen (Freeman 2005).

Ob diese Pläne tatsächlich umgesetzt werden, ist jedoch ungewiss. Bereits die Vorgabe des letzten Fünfjahresplans (2001 bis 2005), ca. 9,5 GW an nuklearer Kapazität zu errichten, ist nicht eingehalten worden. Verzögert um ein halbes Jahrzehnt befinden sich heute lediglich Anlagen mit insgesamt 4,2 GW Leistung in der Bauphase. Der letzte dieser Reaktoren wird voraussichtlich erst 2011 für den normalen Betrieb bereit stehen (WNA 2006b). Chinesische Beobachter halten bereits jetzt die Zuwachsraten, die im aktuellen Fünfjahresplan (2006 bis 2010) für die installierte Leistung der Kernkraft festgelegt sind, im Hinblick auf die Entwicklungsziele, die sich China für das Jahr 2020 vorgenommen hat, für zu gering (Wang/Li 2005).

China National Nuclear Cooperation (CNNC), der bedeutendste Betreiber von Kernkraftwerken in China, revidierte bereits vor wenigen Jahren seine Expansionspläne. Darin war CNNC für das Jahr 2020 ursprünglich von einer installierten Leistung von bis zu 84 GW ausgegangen. Nun wird nur noch mit Kapazitäten im Bereich von 40 GW gerechnet, die innerhalb der kommenden fünfzehn Jahre errichtet werden (Li 2005a: 274). Dass Realität und Planvorstellungen auseinanderklaffen, ist aber nichts spezifisch Chinesisches, sondern typisch für die Geschichte der Kernenergienutzung, die zahlreiche Beispiele von nicht verwirklichten Zielvorgaben und gescheiterten Projekten aufweist (vgl. Romerio 2005).

Unabhängige Schätzungen von IEA und EIA sehen die installierte Kapazität deutlich hinter den Vorgaben der Regierung zurückbleiben (EIA 2004: 264 und Tabelle 1). Realistischerweise dürften bis zum Jahr 2020 unter günstigen Rahmenbedingungen, d. h. einem anhaltenden Wirtschaftswachstum, einem weiterhin steigenden Strombedarf sowie dem Ausbleiben eines großen Reaktorstörfalls und möglicher breiter Protestbewegungen in der Bevölkerung, ca. 30 GW Leistung installiert werden, bis zum Jahr 2030 dann rund 50 GW (vgl. Li 2005a).

Ungeachtet dessen, ob der Zuwachs an installierter Leistung die zurückhaltenden oder eher die positiven Prognosen bestätigen wird, lassen sich zwei Trends feststellen. Atomstrom wird auch zukünftig einen unverzichtbaren Beitrag zur Elektrizitätsversorgung in einigen Küstenprovinzen leisten. Hierbei handelt es sich jedoch um regionale Ausnahmen. Insgesamt betrachtet wird Kernenergie, selbst wenn 30 Atomkraftwerke gebaut werden sollten, keine herausragende Bedeutung für Chinas Primärenergieversorgung und Stromerzeugung erlangen. Gemäß der Prognose der Nationalen Entwicklungs- und Reformkommission wird der Anteil der Kernenergie an der Primärenergieproduktion lediglich 2,5 % betragen (DRC 2004).

Hingegen versprechen Chinas ambitionierte Pläne für die Erschließung regenerativer Energien, wie Abbildung 5 zeigt, die Atomkraftnutzung bei weitem zu über-

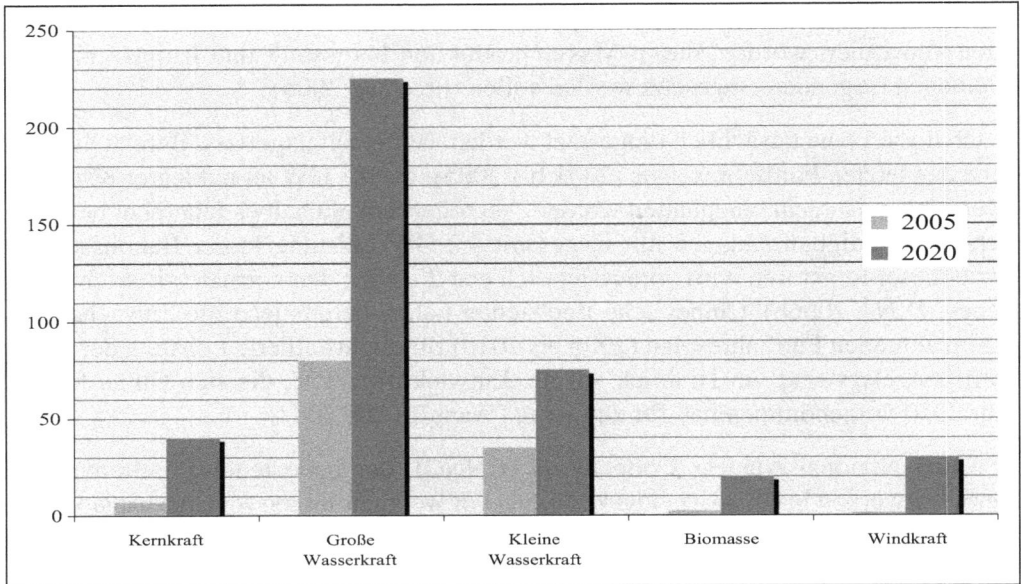

Abbildung 5: Geplante Stromerzeugungskapazität ausgewählter Energieträger (in GW)
Quelle: Eigene Darstellung basierend auf Jun (2007), Xinhua (2006c).

flügeln. Für die EE-Kapazitäten zur Stromgewinnung liegt das offizielle Ausbau-ziel bis zum Jahr 2010 mit 360 GW neun Mal höher als für die Kernenergie (vgl. Kapitel 11).

Im Jahr 2005 verfügte die Wasserkraft insgesamt über einen Anteil von rund 23 % an der landesweit installierten Leistung (Ni 2006). Dieser Anteil wird sich bei einer geschätzten Gesamtkapazität von 900 GW im Jahr 2020 (vgl. WEC 2005: 31ff.) um 33 % erhöhen. Der Anteil der Kernkraft wird sich bis 2020 jedoch lediglich auf 4 % belaufen. Allein die „kleine Wasserkraft" soll mit geplanten 75 GW annähernd die doppelte Kapazität von Kernkraft (40 GW) aufweisen, während die installierte Leistung von Windkraft (30 GW) und Biomasse (20 GW) deutlich schneller wach-sen und zusammengenommen die Kapazität der Atomkraft um 25 % überschreiten soll.

Ausbau mit Hindernissen

In der Tat bestehen einige gravierende Hindernisse für den Ausbau der Nuklearindus-trie in China. Hierzu zählen in erster Linie Unstimmigkeiten im politischen Entschei-dungsprozess. Chinesische Beobachter verweisen auf den bisherigen Mangel an über-einstimmenden und langfristigen Planungen und sehen in anhaltenden Debatten und wiederholt unterbrochenen Bauphasen eine Hauptursache für die geringe Bedeutung der Atomkraft in China (Xinwen Huiketing 2005; An 2006). Obwohl eine breite Mehrheit unter den politischen Eliten die Anwendung von Kernenergie grundsätzlich befürwortet, kann zukünftig keineswegs ausgeschlossen werden, dass zentrale Akteure in Partei und Regierung plötzlich ihre momentane Begeisterung für Atomkraft wieder verlieren. Da Kernenergie in China hauptsächlich ein „politisches" Projekt ist und von staatlichen Unternehmen durchgeführt wird, muss für ein derartiges Szenario zumindest mit Verzögerungen beim Planungs- und Genehmigungsverfahren gerechnet werden.

Eine weitere Barriere für die Entwicklung der Kernenergie ist ihre geringe Wettbewerbsfähigkeit einerseits und ein hoher Investitionsbedarf andererseits. In China kann Elektrizität mit Hilfe von Wärme- und Wasserkraft um einiges billiger produziert werden als Atomstrom. Daher wirtschaften Kernkraftwerke nicht nach kommerziellen Gesichtspunkten, sondern sind von Steuererleichterungen, Subventionen und günstigen staatlichen Krediten abhängig (Li 2005a).

Beim geplanten Ausbau der Atomkraft stellt sich zudem die Frage, welche Technologie eingesetzt werden soll. Chinesische Ingenieure beherrschen lediglich den Bau von 600 MW-Reaktoren in eigener Regie. Chinesische Experten sehen beim aktuellen Stand der heimischen Nukleartechnologie und -forschung noch keine Möglichkeit, hochleistungsfähige Kernreaktoren der dritten Generation in großem Umfang eigenständig zu bauen.

Das bedeutet, dass leistungsstarke Kraftwerke über 1 GW, die laut Regierungsmaßgabe Verwendung finden sollen, zumindest vorerst von ausländischen Anbietern erworben werden müssen (Suo 2006; Freeman 2005). Allerdings würde die Verwendung ausländischer Technologie, verglichen mit der heimischen, die Kosten pro 1000 Watt installierter Leistung um fast 50 % anheben, was die Wettbewerbsfähigkeit von Atomstrom nochmals verschlechtert. Zugleich flösse das investierte Kapital nicht in die eigene Volkswirtschaft, sondern an internationale Konzerne (An 2006; Li 2005a).

Ein bereits Anfang der Neuziger Jahre begonnenes Projekt, bei dem nahezu 100 % der Reaktortechnik aus dem Ausland stammen, steht indes kurz vor der Vollendung. Das russische Unternehmen Atomstroiexport errichtete den ersten 1 GW-Reaktor in China, der Anfang Juni 2007 als erste Einheit des Atomkraftwerks in Tianwan den kommerziellen Betrieb aufgenommen hat. Dem war eine neunjährige Planungs- und Verhandlungsphase vorausgegangen, nachdem die russische und chinesische Regierung im Jahr 1992 eine Zusammenarbeit zum Bau eines Atomkraftwerks vereinbart hatten (ITAR-TASS 2007).

Angesichts der momentanen Lage der Atombranche scheint es unumgänglich zu sein, in großem Umfang Nukleartechnologie zu importieren. In der Tat schrieb China im Jahr 2004 einen internationalen Bieterwettbewerb für zwei Atommeiler aus. Insgesamt sollen laut chinesischen Medien in den kommenden 16 Jahren mindestens 40 Mrd. US-Dollar investiert werden (Guo 2005). Zu den weltweiten Wettbewerbern, die für den Bau von Kernkraftwerken in China in Frage kamen, zählten Firmen aus Russland, Frankreich, den USA und Kanada. Ausschlaggebend für den Erfolg ausländischer Angebote ist dabei nicht nur der Preis, sondern auch das Ausmaß an Technologie, das die Unternehmen nach China zu transferieren bereit sind.

Doch der unmittelbar bevorstehende Großimport von Nukleartechnologie löste harte Debatten in China aus. Umstritten waren nicht nur Kostenfragen und der Umfang von Technologietransfers, sondern vor allem auch die Vertrauenswürdigkeit unterschiedlicher Anbieter. Bedenken seitens Sicherheitsexperten bestanden vor allem bezüglich des amerikanischen Konzerns Westinghouse Electric, der kurz vorher durch die japanische Firma Toshiba übernommen worden war. Die Verlässlichkeit des Konzerns, dessen Angebot unter finanziellen wie technologischen Gesichtspunkten am interessantesten war, wurde in Frage gestellt, da chinesische Analysten befürchteten, politische Spannungen zwischen Japan und China könnten den Aufbau und die Wartung der Kernkraftwerke ernsthaft behindern (Suo 2006).

Das Geschäft mit Westinghouse löste aber über China hinaus auch in den USA eine kontroverse Diskussion aus. Während die Regierung Bush den Export der in Amerika entwickelten Hochtechnologie befürwortete und ihn durch einen Kredit der staatlichen Export-Import Bank in Höhe von 5 Mrd. US-Dollar an den chinesischen Atomkonzern CNNC erleichtern wollte, warfen ihr Sicherheitsexperten vor, sie handele gegen die Sicherheitsinteressen ihres Landes. Vor allem die Weitergabe sensibler Nukleartechnologie an China wurde als unverantwortlich kritisiert, denn amerikanische Geheimdienste verdächtigen CNNC, mehrmals den internationalen Atomwaffensperrvertrag, zu dessen Signatarstaaten China zählt, unterlaufen zu haben. CNNC soll u. a. kritische Nukleartechnik an das Khan Research Laboratory in Pakistan verkauft zu haben, das später für seine Veräußerung von Atomtechnologie an Iran, Libyen und Nordkorea bekannt wurde. Selbst die Ernsthaftigkeit der Zusage Pekings, es werde den Einsatz der US-Technologie vollständig unter die Aufsicht der internationalen Atomenergiebehörde (IAEA) stellen, wurde in Zweifel gezogen (Kapisthalam 2005).

Trotz dieser Schwierigkeiten dürfte – verglichen etwa mit dem missglückten Versuch, Atomreaktoren aus Deutschland zu erwerben – der Verlauf des Bieterwettbewerbs aus Sicht der chinesischen Führung äußerst positiv bewertet werden. Denn die Vertragsverhandlungen mit Westinghouse scheinen, wenn auch mit Verzögerungen, schließlich doch kurz vor dem erfolgreichen Abschluss zu stehen (Shanghai Daily 2007). Aller Voraussicht nach wird das Unternehmen jeweils zwei Kernreaktoren auf dem modernsten Stand der Technologie in der Provinz Zhejiang und der Provinz Shandong bauen.

Ein massiver Ausbau der Atomkraft – mit Hilfe amerikanischer Technologie – sorgt indes nicht nur im Kongress in Washington für Bedenken. Auch im Nachbarland Japan, das China eigentlich dabei unterstützt, den Kohleanteil in seinem Energiemix zu reduzieren, wird das chinesische Vorhaben ambivalent aufgenommen. Hier geht es allerdings in erster Linie nicht um die potentielle Aushebelung des Atomwaffensperrvertrags, sondern um die Angst vor einem „chinesischen Tschernobyl" – nicht zuletzt wegen der Erfahrung mit den weit reichenden Sicherheitsmängeln japanischer Atomkraftwerke, die über Jahre von den Kraftwerksbetreibern vertuscht worden waren. Dem gegenüber stehen aber die Interessen der japanischen Energiefirmen, die sich große Gewinne durch den Export von Gasturbinen und anderer Bestandteile von Kernkraftanlagen nach China versprechen (Beng 2004a).

Die Gründung eines staatlichen Unternehmens durch die Zentralregierung und einige Energiekonzerne, das eigens mit dem Import von Kernkraftanlagen beauftragt worden ist, deutet darauf hin, dass es vermehrt zum Kauf ausländischer Kernkrafttechnologie kommen wird. Dies bedeutet, dass ausländische Firmen von einem Großteil der 40 Mrd. US-Dollar chinesischer Investitionen profitieren dürften. Auch ausländische Direktinvestitionen in die chinesische Kernenergiebranche sind nicht mehr ausgeschlossen. In der Tat sieht das veränderte Nuklearenergiegesetz Chinas erstmals die Möglichkeit für ausländische Investoren vor, sich direkt an Kernkraftanlagen in Form eines Minderheitsanteils beteiligen zu können (Asia Pulse 2007). Die chinesische Kernenergiebranche dürfte sich ohnehin im Zuge einiger internationaler und bilateraler Forschungsprojekte, an denen China teilnimmt, weiter internationalisieren. Dazu zählen die enge Kooperation mit Russland beim Bau von „schwimmenden Atomkraftwerken" sowie Chinas Mitarbeit am ITER-Projekt – gemeinsam mit der Europäischen Union sowie den Ländern Schweiz, Japan, Russland, Südkorea, Indien, Kanada und den USA –, das die kommerzielle Nutzbarmachung der Kernfusion anstrebt. Außerdem werden die Ergebnisse einiger heimischer Entwicklungsprojekte mit ausländischen Universitäten und internationalen Organisationen geteilt.

Indes stehen die offiziellen Pläne für die Nutzung der Kernenergie in einem logischen Widerspruch zur Energiepolitik Chinas, deren erklärtes Ziel darin besteht, möglichst nicht stärker von Rohstoffeinfuhren abhängig zu werden. In Folge einer intensivierten Kernenergienutzung, die den heimischen Uranbergbau überstrapazieren würde, werden jedoch die Uranimporte anwachsen. Dieses Argument scheint bislang aber keine Rolle in der innerchinesischen Debatte über Atomkraft zu spielen.

Die Anti-Atom-Bewegung als die wichtigste Kraft, die in westlichen Ländern ein Überdenken der Atomenergienutzung erzwang, spielt in China hingegen bisher keinerlei Rolle. Dies liegt im Wesentlichen daran, dass es zwar keineswegs an einer kritischen, öffentlich geführten Debatte z. B. über den ökonomischen Nutzen oder die richtige Ausbaustrategie von Kernkraft mangelt, andererseits aber die Formierung einer breiten gesellschaftlichen oder politischen Gegenbewegung nach der aktuellen Lage der Dinge unmöglich ist. Zudem besitzt nur ein sehr kleiner Teil der Bevölkerung ausführliche Kenntnis vom Ausbau der Kernenergie und ihren generellen Risiken (Li 2005a; Platt 2000).

Wenn staatliche Medien die Kernenergie lobpreisen, wird meist unterlassen, die Katastrophe von Tschernobyl in ihren Einzelheiten darzustellen. Ebenso verschweigen Kommentatoren die Frage, wie und wo die anfallenden radioaktiven Endmaterialien gelagert werden sollen bzw. mit welchen sozialen und finanziellen Kosten dies verbunden sein wird. Selbst wenn die Nutzung der Kernenergie und ihre Sicherheitsmängel kritisch beleuchtet werden, stellt keiner der Experten den Ausbau der Atomindustrie grundsätzlich in Frage (vgl. Wang/Li 2005; French 2005).

Zwar dürfte sich am eingeschränkten Informationsstand der Bevölkerung in absehbarer Zeit wenig ändern, doch ist es in Folge eines möglichen Reaktorunfalls nicht völlig auszuschließen, dass sich nach dem Vorbild Japans und Taiwans eine breite Anti-Atom-Bewegung in China entwickelt (Li 2005a). Allerdings verweist Tong (2005) einschränkend auf die Situation von Umweltschutzgruppierungen und Nichtregierungsorganisationen in China hin, die oftmals eine „taktische Zusammenarbeit" mit lokalen Behörden oder Umweltschutzorganen der Zentralregierung eingegangen sind.

Das Aufkommen einer breiten Anti-Atom-Bewegung – von Massenprotesten ganz abgesehen – scheint zurzeit, wenn überhaupt, nur dann denkbar zu sein, wenn in Chinas Staats- und Parteiapparat parallel eine Gruppe von Atomkraftgegnern entsteht. Dagegen ist nicht zu erwarten, dass es in China zu Entwicklungen wie beispielsweise in Taiwan kommen könnte, wo Anti-Atom-Gruppen im damals noch autoritär beherrschten Inselstaat vehement politischen Widerstand leisteten und sich mit der Oppositionspartei verbündeten, die später Regierungsverantwortung übernahm.

Dass der Kernenergie in China eine derart vielversprechende Zukunft bevorsteht, wie offizielle Planungen vorsehen und einige internationale Beobachter vermuten, ist insgesamt betrachtet keineswegs sicher. Eher dürften die kritischen Stimmen in China Recht behalten, die sich über die „strategische Marginalisierung von Atomstrom" beklagen (An 2006; Wang/Li 2005). Denn bislang konnten sich die unzähligen an der Energiepolitik beteiligten Organe und Akteure nicht auf ein klares Konzept hinsichtlich der nationalen Forschungsschwerpunkte, dem Import von Spitzentechnologie und der strategischen Förderung der Kernenergie einigen. Nicht zuletzt erweisen sich die Pläne für die Nutzung erneuerbarer Energien als wesentlich ambitionierter als die für Kernenergie.

Nach deutschen Maßstäben wäre selbst noch der Bau von nur 20 Atomkraftwerken ein beinahe monströses Vorhaben, doch darf nicht vergessen werden, dass damit in der Realität nur ein äußerst geringer Beitrag zu Chinas Energieversorgung geleistet wird. Ob die Renaissance der Kernenergie auf chinesischem Boden als „Marginalisierung" oder „massive Expansion" bewertet wird, hängt folglich stark von der jeweiligen Perspektive des Betrachters ab.

Kapitel 13.
Ökologische Katastrophe oder Nachhaltigkeitslabor?

In die Bewunderung des anhaltenden Wirtschaftsbooms in China mischt sich die Erkenntnis, dass die Erhöhung des Wohlstands hunderter Millionen von Chinesinnen und Chinesen nicht erreicht wurde, ohne enorme Kosten zu verursachen. Die Hauptlast trägt zweifelsohne Chinas Umwelt, denn die immense Steigerung bei der Förderung und dem Verbrauch von fossilen Energieträgern richtet enorme Schäden an. Weite Teile der chinesischen Bevölkerung müssen in tausenden Städten mit massiver Luftverschmutzung, Trinkwasser aus verunreinigten Flüssen und verseuchten Böden leben – ganz abgesehen von den erzwungenen Umsiedlungsaktionen zur Erschließung von Kohlenminen sowie Dammprojekten. Unter der programmatischen Überschrift „Fast alles wieder verloren" zeichnete Pan Yue, der Direktor der chinesischen Umweltschutzbehörde (SEPA), erst im Dezember 2006 ein erschreckendes, aber weitgehend realistisches Bild der Umweltsituation in China (Pan 2006). Chinesische und internationale Beobachter warnen vor einem Kollaps des globalen Ökosystems für den Fall, dass die mehr als 1,3 Mrd. Chinesen ihren Lebensstandard auch nur annähernd an das Niveau der Industrienationen angleichen sollten.

Aus „westlicher" Perspektive richten sich die Bedenken im Kern auf zwei Fragen: Erstens, ob es aufgrund von Chinas Energiebedarf zu einer völligen Überlastung der globalen Energiemärkte und Rohstoffvorkommen kommen könnte. Zweitens wird befürchtet, die Steigerung der chinesischen CO_2-Emissionen könnte alle andernorts erreichten Treibhausgaseinsparungen bedeutungslos werden lassen. In Anbetracht verbreiteter Katastrophenszenarien, die in der Tat in einigen Aspekten Wirklichkeit werden könnten bzw. teilweise schon eingetreten sind, wird aber übersehen, dass China sich inzwischen notgedrungen in ein Labor verwandelt hat, in dem mit alternativen Lösungsansätzen experimentiert wird. Dazu zählen die Anwendung und Entwicklung modernster Technologien für Energieeffizienz und der massive Einsatz regenerativer Energieträger ebenso wie einzigartige Städtebauprojekte.

Befindet sich China damit bereits im Stadium einer ökologischen Modernisierung? Wie und warum verringerte sich die chinesische Energieintensität? Welche Umweltfolgen hat der steigende Energieverbrauch und welche alternativen Ansätze zur nachhaltigen Nutzung von Energie werden entwickelt?

Ökologische Modernisierung mit Lücken

Aus Sicht der chinesischen Führung besteht die grundlegende Herausforderung für die zukünftige Entwicklung Chinas darin, das kontinuierliche Wirtschaftswachstum aufrecht zu erhalten, jedoch unter der Vorrausetzung einer umweltverträglicheren Produktion und eines effizienteren Verbrauchs von Energie. Angesichts der drohenden (höheren) Importabhängigkeit beim Erdöl und Erdgas und der mit Kohle verbundenen Umweltbelastungen verfolgt die chinesische Regierung das Ziel, die Energieintensität des Landes deutlich zu senken. So soll bis zum Ende der Periode des elften Fünfjahresplans (2006 bis 2010) die Energie, die für eine Einheit des Bruttoinlandsprodukts (BIP) aufgewendet werden muss, um 20 % reduziert werden (NVK 2006). Mit anderen Worten soll das chinesische Wirtschaftswachstum ungehindert weitergehen, aber Kohle, Gas, Öl und Elektrizität effizienter genutzt werden, damit die jährlichen Zuwachsraten beim Energieverbrauch geringer ausfallen.

Es wäre zu kurz gegriffen, diesen Ansatz ausschließlich auf die Machtinteressen der KPC zurück zu führen, deren Herrschaft sich im Wesentlichen auf wirtschaftliches Wachstum bzw. die Anhebung des Wohlstands der chinesischen Bevölkerung stützt. Insofern bestehen zwischen dem autoritär regierten China und anderen demokratischen Nationen keine grundsätzlichen Unterschiede. Denn alle Regierungen sind dazu gezwungen, auf die (ökonomischen) Präferenzen ihrer Bevölkerung Rücksicht zu nehmen. Zumindest solange von Ländern wie den Vereinigten Staaten und Indien nicht ernsthaft in Erwägung gezogen wird, dem Energieverbrauch in der Industrie und den Haushalten einen Riegel vorzuschieben, wird dies wahrscheinlich auch in China nicht passieren.

Andererseits scheint die KPC etwas am Kurs ihrer Wirtschaftspolitik ändern zu wollen: „Wirtschaftliches Wachstum (gemessen als BIP), so stellt sie erstmalig hochoffiziell im aktuellen Fünfjahresplan fest, bildet kein geeignetes Messkriterium für Entwicklung" (Niederberger et al. 2006: 85). Über das bloße Streben nach Machterhalt hinaus gibt es innerhalb der aktuellen Führungsgeneration zahlreiche Politiker und Parteikader, die ein wirkliches Interesse an Umweltproblemen und Umweltpolitik aufweisen. Seit Mitte der 1990er Jahre sind Umweltschutz, innovative Energietechnologien und Energiesparmaßnamen nicht nur auf rhetorischer Ebene mehrheitsfähig geworden (Harrington 2005: 114ff.), sondern genießen auch in der Praxis eine höhere Priorität. In diesem Kontext ist die SEPA, die Umweltstandards und Ökolabels entwickelt, landesweite Effizienz- und Einsparkampagnen durchführt und die Umsetzung der nationalen und regionalen Umweltgesetzgebung überwacht, zum bedeutendsten Akteur geworden.

Ende des Jahres 2006 führte die SEPA in Zusammenarbeit mit dem chinesischen Finanzministerium eine Verwaltungsregelung für „grüne Beschaffung" ein. Diese schreibt staatlichen Organen ab dem Jahr 2007 vor, beim Erwerb von Betriebsmitteln vom Dienstwagen bis hin zur Büroklammer vorzugsweise umweltfreundlich hergestellte Produkte zu beschaffen, die den Standards der SEPA entsprechen müssen (Ling 2006). Selbst die Karrierechancen von Politikern und Beamten auf Provinzebene könnten in Zukunft von den Ergebnissen ihrer Umweltschutzbemühungen abhängen. So begann die SEPA auf Basis eines Systems von Umweltindikatoren landesweit Daten zu erheben. Dieses Indikatorensystem ermöglicht, die Verschmutzungswerte bzw. die umweltpolitischen Fortschritte auf Ebene aller Provinzen und Kreise zu vergleichen und schafft damit die Voraussetzung, den Umweltschutz systematisch in die politischen Entscheidungsprozesse zu integrieren (Mol 2006: 41). Im Zuge der aktuellsten Regelung der SEPA werden ab dem Jahr 2008 die Beamten, die auf Provinzebene für die planmäßig vorgesehene Verringerung von Verschmutzungs- und Emissionsmengen zuständig sind, persönlich für die Umsetzung der gegebenen Ziele verantwortlich gemacht (Ke 2007). Allerdings ist noch unklar, wie ernst die Konsequenzen ausfallen, die Entscheidungsträger bei der Nichteinhaltung der Planvorgaben befürchten müssen.

Ein weiterer Ausdruck für das neue Bewusstsein für Energieprobleme ist der Fokus, den die Stadt Peking neuerdings auf den Ausbau und die Verbesserung der öffentlichen Verkehrsmittel legt. Vor dem Hintergrund der Erwartung, dass sich die Zahl der Motorfahrzeuge von momentan schätzungsweise 2,87 Mio. auf 3,8 Mio. im Jahr 2010 erhöhen wird, werden massive Investitionen in die Nahverkehrsinfrastruktur Pekings getätigt. Zugleich subventioniert die Zentralregierung im Jahr 2007 die Ticketpreise für Untergrundbahnen und Busse mit 1,3 Mrd. RMB, damit die Kundenpreise weiter gesenkt werden können (Ling 2007a).

Insgesamt kann, wenn auch mit erheblichen Einschränkungen, von einer ökologischen Modernisierung in China gesprochen werden (Mol 2006). Jüngster politischer Ausdruck dieses Trends ist die Einrichtung einer speziellen Taskforce unter der Leitung des chinesischen Ministerpräsidenten Wen Jiabao, die die Verwirklichung der Planziele hinsichtlich der Energieeinsparungen und des Umweltschutzes überwachen soll. Umwelt- und energiepolitische Erfolge und Misserfolge werden damit für die oberste Regierungsebene zur Prestigefrage. Dieser politische Fokus ist kein Zufall. Er zeigt, dass die Verantwortlichen in Peking den Ernst der Lage durchaus verstanden haben, denn trotz einiger erfreulicher Erfolgsmeldungen sind auch empfindliche Rückschläge bzw. gegenläufige Tendenzen zu verzeichnen.

Im Jahr 2006 wurde das offizielle Ziel, die Energieintensität zu senken, weit verfehlt. Zur Jahreshälfte lag der Zuwachs beim Kohlen- und Stromverbrauch mit 12,8 % bzw. 12 % weit über dem BIP-Wachstum, das 10,9 % betrug (CASS 2007). Der schlussendliche Jahresmittelwert der Energieelastizität des Jahres 2006 lag dann nur knapp unter 1,0. Immerhin hatte sich die Energieelastizität damit nach sechs Jahren erstmals wieder verringert. Was diese Zahlen zu bedeuten haben, wird unten ausführlicher diskutiert. Schwerwiegender als die aktuellen statistischen Trendverläufe ist aber aus umweltpolitischer Perspektive das Scheitern des „grünen BIP", das Umweltschädigungen und ihre Folgekosten in die volkswirtschaftliche Gesamtrechnung Chinas integrieren sollte. Nach einem Versuchslauf in mehreren Provinzen scheint das „grüne BIP" vorerst nicht auf nationaler Ebene eingeführt zu werden, was einer Abkehr vom ausschließlich wachstumsorientierten Wirtschaftsparadigma der chinesischen Führung gleichgekommen wäre.

Grundsätzlich fällt es der Zentralregierung in Peking vielfach schwer, die erlassenen Umweltvorschriften auf Ebene der Provinzen und der lokalen Verwaltungen durchzusetzen bzw. ihre lückenlose Umsetzung zu erreichen – ein Phänomen, das auch in den meisten anderen Politikbereichen typisch für China ist. Hierin liegt der ausschlaggebende Grund, warum das stattliche Regel- und Gesetzeswerk für den Umweltschutz, das inzwischen hunderte Gesetze, Regeln, Standards und Bestimmungen auf nationaler Ebene und mehr als 1000 unterschiedliche Gesetze und Regelungen auf Provinz- und Lokalebene umfasst, nur sehr schleppend zum Greifen kommt (Ferris/Zhang 2005; MacBean 2007). Gerade hinsichtlich der zahlreichen neu errichteten Kohlekraftwerke, die eigentlich strengen Umweltstandards entsprechen müssen, erweist sich die SEPA vor Ort weitgehend als durchsetzungsschwach.

Das größte Hindernis für die Beherrschung des Energieverbrauchs in China bilden aber drei Entwicklungen: Erstens sind die Investitionen in Energiesparmaßnahmen im Verhältnis zu den gesamten Investitionen in die Energieversorgungsinfrastruktur von 13 % (1983) auf ca. 4 % (2003) zurückgegangen (Lin 2005: 6). Zweitens sind die Unternehmens-, Banken- und Versicherungssektoren bisher nicht zu treibenden Kräften für die ökologische Modernisierung geworden, wie es in anderen Industrieländern der Fall ist (Mol 2006). Die Mehrzahl der chinesischen Unternehmer zeigt noch wenig Begeisterung für Energiesparmaßnahmen und Umweltschutz. Laut Umfragen gelten Profitstreben und Rücksichtnahme auf Umweltfolgen nur bei 18 % der chinesischen Firmen als Ziele, die ohne Schwierigkeiten miteinander vereinbar sind (Economy 2006). Drittens spielt der Preismechanismus trotz grundlegender Reformen insbesondere im Strom-, Gas- und Ölsektor als Instrument zur Drosselung der Energienachfrage weiterhin lediglich eine untergeordnete Rolle. Generell dürfte hierin auch einer der Gründe für das mangelnde Umweltschutzinteresse der chinesischen Unternehmen liegen. Bei der Kohle, dem wichtigsten Energieträger, sind zwar im Jahr 2006 alle Verfahren, mit Hilfe derer die Preise manipuliert worden waren, abgeschafft worden, doch spiegeln sich im äußerst niedrigen Kohlenpreis (noch) nicht die externen Kosten des Kohleabbaus und der Kohleverbrennung wieder.

Energieverbrauch und Umweltzerstörung

Chinas Energiesicherheit befindet sich mit der Kohle in einem zwiespältigen Verhältnis. Versteht man unter dem Begriff Energiesicherheit ausschließlich, dass Energie günstig und in ausreichendem Maße vorhanden sein muss, dann können Chinas Kohlevorkommen als „sichere" Energiequellen betrachtet werden. Wenn man allerdings

Energiesicherheit in einem umfassenderen Sinne begreift und die Auswirkungen der Energienutzung auf die Gesundheit der Bevölkerung und die Umwelt eines Landes mit in Betracht zieht (vgl. Stares 2000), dann ist Kohle gleichzeitig auch die größte Bürde für die chinesische Energiesicherheit. Die Verbrennung von Kohle verursacht in China wegen der fehlenden oder völlig veralteten Filter- und Verfeuerungstechniken einen Großteil der Luftverschmutzung in Form von massiver Belastung mit Schwefeldioxid und Aschepartikeln, die ihrerseits zu saurem Regen führen.

Auf lokaler Ebene beeinträchtigt Kohle die Lebensbedingungen von Millionen von Chinesen aufs Schwerste und ruft bleibende Umweltschäden hervor. Eine Studie der Weltbank gibt an, dass sich 16 der 20 Städte mit der weltweit höchsten Luftverschmutzung in China befinden. Laut der SEPA müssen mehr als zwei Drittel der Bevölkerung in über 600 chinesischen Städten mit einer Luftqualität vorlieb nehmen, die den Messwerten zu Folge den Grad „schlecht" oder „sehr schlecht" aufweist (Sternfeld 2006). Es verwundert nicht, dass auf der internen chinesischen Rangliste Kohlebergbauregionen wie die Provinz Shanxi bei der Luftverschmutzung an vorderster Stelle liegen. Neben der lebensfeindlichen Luftbelastung sind aufgrund des verbreiteten Untertagebaus in der Provinz Shanxi weite landwirtschaftliche Anbauflächen vom Einsturz gefährdet. Hunderte Dörfer sind übersät mit Kohlenschlacke und Förderabfällen (Bradsher/Barboza 2006).

Kohle stellt auch ein regionales Problem dar: Laut der Weltgesundheitsorganisation sind ca. 30 % des chinesischen Territoriums ernsthaft von saurem Regen betroffen. Rußpartikel und saurer Regen gehen nicht nur verstärkt auf die Region Nordostchina nieder, sondern erreichen die koreanische Halbinsel, Japan (McKibbin 2005) und teilweise sogar die Vereinigten Staaten. Schätzungsweise waren in den 1990er Jahren rund 80 % der Schwefeldioxidemissionen Nordostasiens chinesischen Ursprungs. Im asiatisch-pazifischen Raum ist lediglich Russlands Wirtschaft noch kohlenstoffintensiver als die Chinas.

Die Dominanz der Kohle in Chinas Energiemix ist schließlich ein globales Problem. Die Menge CO_2, die chinesischen Ursprungs ist, nimmt derart rapide zu, dass sie in naher Zukunft die Emissionen aller übrigen Länder in den Schatten zu stellen droht. Im Jahr 2000 war China für einen Anteil von 15 % am globalen CO_2-Ausstoß verantwortlich, und damit im Rang nur noch hinter den Vereinigten Staaten, die 21 % verursachten (China Daily 2007). Laut den aktuellsten Berechnungen der Internationalen Energiebehörde (IEA) könnte China bereits im Jahr 2008 – zehn Jahre früher als bislang erwartet – die USA als größten Emittenten überflügeln. Andere Studien gehen davon aus, dass China die USA beim Ausstoß von Treibhausgasen bereits überholt hat. Ohne Zweifel steht China unmittelbar davor, zum gewichtigsten „Einzelfaktor" zu werden, der zum Treibhauseffekt beiträgt.

China kämpft mit weiteren schwerwiegenden Umweltproblemen wie z.B. der fortschreitenden Ausbreitung der Wüste Gobi im Norden des Landes, dem Verlust

von Ackerboden, der Rodung der Waldbestände, Trockenperioden, Trinkwasserman-
gel, Wasserverschmutzung etc. (vgl. Smil 2004; Economy 2004a; Elvin 2004), die
jedoch nicht mit der Nutzung von Energie in Verbindung stehen. Allerdings dürfte
der Klimawandel, der von Chinas Treibhausgasemissionen mit verursacht wird, die
prekäre Umweltsituation in China noch weiter verschlechtern und China zu einem der
am härtesten betroffenen Länder weltweit werden lassen (Lin/Zhou 2006; NDRC
2007).

Der Klimawandel sorgt vor allem dafür, dass es zu einer Häufung und Intensivierung von extremen Wetterlagen kommt. Einen Vorgeschmack hierzu gab das Extrem-
jahr 2006: Eine Dürre, die im Großraum von Chongqing mehrere Monate die Wasser-
versorgung von mehr als 17 Mio. Menschen unterbrach, zwang die Behörden dazu, für
mehr als 34 Mio. Menschen und ca. 27 Mio. Nutztiere eine Notversorgung mit Trinkwasser zu organisieren. Außerdem mussten landesweit rund 13 Mio. Menschen wegen
Überflutungen und Tropenstürmen evakuiert werden, während Nordchina von 18
schweren Sandstürmen heimgesucht wurde (Xinhua 2007b). Nach neuesten offiziellen
Einschätzungen scheint sogar Chinas Ernährungssicherheit in Frage zu stehen, denn
die chinesische Reis- und Kornproduktion könnte bis zur Mitte des Jahrhunderts, bedingt durch die globale Erwärmung, um bis zu 37 % zurückgehen (Reuters 2007b).
Durch den Anstieg des Meeresspiegels drohen zudem den boomenden Küstenregionen
Chinas – die Metropolen wie Hongkong, Shanghai oder Guangzhou beheimaten – die
Gefahr unterspülter Uferanlagen und Überflutungen. Nicht zuletzt wegen dieser indi-
rekten Folgewirkungen des Energieverbrauchs bleibt der chinesischen Führung nichts
anderes übrig, als alles daran zu setzen, dass Energie so effizient wie möglich genutzt
wird.

Fortschritte bei der Energieintensität

Vereinfacht formuliert kann die Energieintensität eines Landes als das Verhältnis
seines Energieverbrauchs zu seiner Wirtschaftsleistung verstanden werden. Im Laufe
der Wirtschaftsreformen kam es bereits zu einer massiven Verringerung der chinesischen Energieintensität, ohne die der gegenwärtige Energiebedarf weitaus höher
läge. Statistisch betrachtet hat sich die Energiemenge erheblich reduziert, die für die
Erzeugung einer Einheit des Bruttoinlandsprodukts (BIP) aufgewendet werden muss.
Das entsprechende Verhältnis wies im Jahr 2005 lediglich noch 7,8 % des Wertes
auf, der beim Beginn der Wirtschaftsreformen im Jahr 1978 feststellbar war (vgl.
NBS 2006).

Ein weiterer wichtiger Indikator ist die sog. Energieelastizität. Bei diesem Indikator
werden die Wachstumsraten des Energiekonsums und des BIPs aufeinander bezogen.
Die Energieelastizität in China lag zwischen 1970 und 2003 im Durchschnitt bei 0,53
(Chu et al. 2006: 139). Das bedeutet, dass die chinesische Volkswirtschaft in den letzten 30 Jahren deutlich schneller wuchs, als der Verbrauch von Energie anstieg (siehe

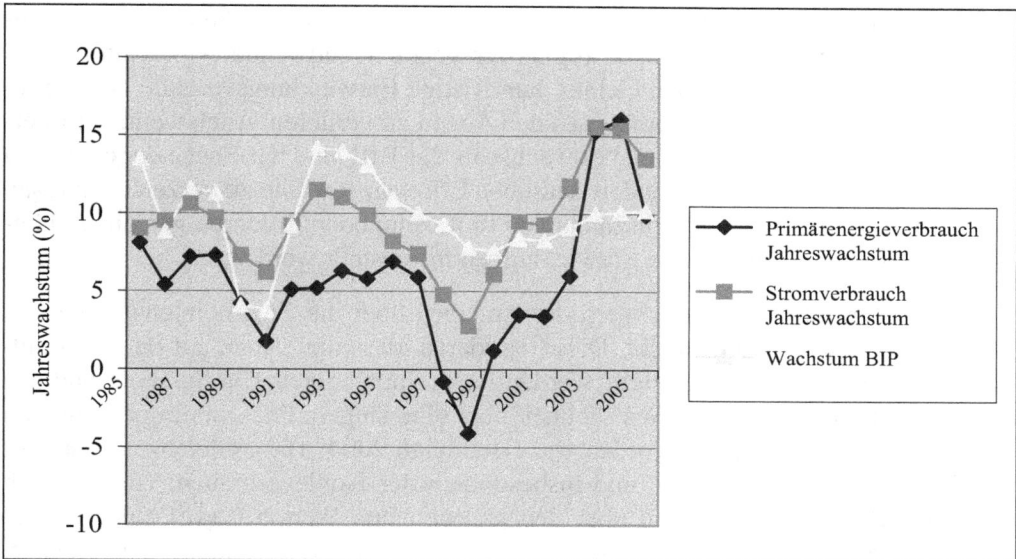

Abbildung 6: Jährliches Wachstum beim Primärenergieverbrauch, Stromverbrauch und BIP (1985 bis 2005)
Quelle: Eigene Darstellung, basierend auf NBS (2006, 1996).

Abbildung 6). Erklärt wird diese Entwicklung mit Effizienzgewinnen, die durch den Einsatz besserer Technologien in der Industrie erzielt wurden. Auch Veränderungen in der chinesischen Wirtschaftsstruktur, die einen relativen Rückgang der energieintensiven Branchen erlebte, bilden einen entscheidenden Faktor (Fisher-Vanden et al. 2004; Zhang 2003). Andere Analysten betonen hingegen die Bedeutung ausländischer Direktinvestitionen ebenso wie den relativen Rückgang des Anteils der staatlichen Betriebe an der Wirtschaftsleistung Chinas (Chu et al. 2006).

Allerdings verläuft der momentane Trend in umgekehrter Richtung. Wie Abbildung 6 aufzeigt, liegen die Wachstumsraten beim Strom (seit 2000) und beim Primärenergieverbrauch (seit 2003) über denen des BIP (NBS 2006). Mit anderen Worten liegt der Jahresmittelwert der Energieelastizität seit drei Jahren nicht mehr deutlich unter, sondern über Eins. Der Anstieg der Energieintensität kann auf die starke Expansion einiger Sektoren in den vergangenen fünf bis sechs Jahren zurückgeführt werden, die vergleichsweise große Energiemengen beanspruchen. So vereinigten allein die Bereiche Eisenverarbeitung und Stahlproduktion über 30 % des zusätzlichen Energiebedarfs zwischen 2002 und 2005 (Liao et al. 2007: 6). Die Nationale Entwicklungs- und Reformkommission reagierte hierauf in der ersten Hälfte des Jahres 2007 mit einer landesweiten Kampagne, um die Energieeffizienz in der Aluminium-, Kupfer, Zement- und Stahlbranche weiter zu erhöhen.

In der internationalen Debatte über Chinas Energieverbrauch sehen viele Beobachter in dieser Entwicklung eine Besorgnis erregende Trendwende (vgl. Sinton et al. 2005). Damit läuft man jedoch Gefahr, kurzfristige Entwicklungsverläufe zu überbewerten und die langfristigen Trends aus den Augen zu verlieren. Auch wenn der Energiebedarf insgesamt zurzeit schneller wächst als das BIP, sind auf Ebene der einzelnen Branchen und Sektoren unverändert deutliche Effizienzgewinne zu verzeichnen (Liao et al. 2007). Wird über eine Zeitspanne von fünf, zehn oder 20 Jahren gerechnet, können ohnehin durchweg positive Entwicklungen festgestellt werden.

Nichtsdestotrotz sind hinsichtlich der Angaben über die Energieintensität Chinas Vorsicht und Zweifel angebracht. Dies liegt daran, dass die Daten, auf deren Grundlage alle Berechnungen angestellt werden, selbst nur begrenzt verlässlich sind. So dürfte das chinesische BIP in Wirklichkeit über eine längere Phase niedriger gewesen sein als es offiziell beziffert worden war (Heilmann 2004: 169). Gleichzeitig lag der tatsächliche Energieverbrauch, und insbesondere der Kohleverbrauch, vor allem ab Mitte der 1990er Jahr deutlich über den angegebenen Werten (vgl. Fujikura et al. 2006). Bestätigt wurden diese Einschätzungen durch Chinas nationale Statistikbehörde, die ihre Angaben über den Kohlenkonsum nach einer zweijährigen Datenüberprüfung im Jahr 2006 deutlich nach oben revidierte. Kalkuliert man diese Befunde mit ein, kam es zwar immer noch zu einer signifikanten Reduzierung der Energieintensität, doch nicht mehr mit derart gewaltigen Sprüngen, wie es bislang den Anschein erweckte.

Im internationalen Vergleich hat sich Chinas Energieeffizienz (kalkuliert nach BIP) nach den Berechnungen von Crompton/Wu (2005: 199) inzwischen dem Niveau Südkoreas und der USA angenähert, liegt aber immer noch deutlich höher als die Werte Japans. Allerdings vermögen die einem solchen Vergleich zugrunde liegenden Berechnungen immer nur Teilaspekte aufzuzeigen. Denn je nachdem, ob man den Energieverbrauch bezogen auf das nominale BIP berechnet oder bezogen auf BIP nach Kaufkraftparität (PPP-Wert) kalkuliert, gelangt man zu stark abweichenden Ergebnissen, wie Tabelle 13 deutlich macht. So wären die Werte Chinas im ersten Fall mehr als viermal so hoch wie die der Vereinigten Staaten, während sie im zweiten Fall fast identisch sind. Außerdem entstehen bedingt durch die flexiblen Wechselkurse bei der Umrechnung aller Werte in US-Dollar weitere Verzerrungen. Wie der international renommierte Energieexperte Vaclav Smil (2004: 62ff.) treffend feststellt, gibt es bislang für den Vergleich der Energieintensitäten einzelner Länder keine verzerrungsarmen Berechnungsmethoden. Dem gemäß besitzen internationale Vergleiche nur eine begrenzte Aussagekraft.

Wenn verglichen wird, wie „intensiv" der Energieverbrauch mehrerer Länder ausfällt, sollten daher mehrere Kriterien parallel herangezogen werden. Ziel einer solchen Vorgehensweise ist es nicht, präzise und eindeutige Ergebnisse zu erhalten, sondern sich in einer differenzierten Art und Weise an die komplexe Realität der Energiekonsumption anzunähern. In Bezug auf den umfassenderen Begriff der Energiesicherheit ist es sinnvoll, auch Messwerte heranzuziehen, die Chinas Energieverbrauch hinsichtlich der Emissionsmengen einem internationalen Vergleich aussetzen. Dabei fällt der im globalen Vergleich sehr geringe Pro-Kopf-Wert bei den CO_2-Emissionen auf, aber auch der relativ geringe Abstand zu den Werten der USA bei der Kohlenstoffintensität (siehe Tabelle 13). So gesehen, sind dann auch die Dimensionen des Bevölkerungswachstums in China weniger gewaltig. Pro 274.000 Chinesen werden ca. 1 Mio. t Kohlenstoffdioxid mehr emittiert werden. Dies entspricht einem Zuwachs von rund 97.000 Deutschen oder 51.000 Amerikanern.

Tabelle 13: Vergleichsindikatoren für die Intensität des chinesischen Energieverbrauchs (2004)

	TPES/GDP (in toe/ 1000 USD)	TPES/GDP nach PPP (in toe/1000 USD PPP)	CO_2/Kopf (in t CO_2/ pro Kopf)	CO_2/GDP (in kg CO_2/ 1000 USD)	CO_2/GDP nach PPP (in kg CO_2/ USD PPP)
China	0,94	0,23	3,65	2,76	0,67
USA	0,22	0,22	19,73	0,54	0,54
Japan	0,11	0,16	9,52	0,25	0,35
Deutschland	0,18	0,16	10,29	0,43	0,39
Russland	1,95	0,49	10,63	4,65	1,17
Welt	0,32	0,21	4,18	0,76	0,51

Quelle: IEA (2006)

Unter dem Strich bleibt die Absenkung der Energieintensität in China selbst unter den oben erwähnten Einschränkungen eine wirkliche Erfolgsgeschichte, deren Bedeutung gar nicht überschätzt werden kann. Die positive Nachricht ist, dass sich mit gutem Grund auf die Fortsetzung dieses Trends hoffen lässt. Obwohl es für die politische Entscheidungsfindung in China eine enorme Erleichterung darstellen würde, gibt es jedoch keine monokausale Erklärung für die erreichte Verringerung der Energieintensität. Anders gesagt existiert kein Dreh- und Angelpunkt, an dem die Regierung ansetzen könnte, um die Energieintensität weiter zu senken. Zweifelsohne spielt jedoch der Einsatz von höherwertigen Technologien eine herausragende Rolle, um Effizienzgewinne und Einsparungen in den Haushalten, beim Transport und insbesondere in der Industrie, auf deren Konto rund 70 % des Energiekonsums in China geht, zu erzielen. In diesem Sinne kommen unterschiedliche Modellsimulationen, die den technologischen Fortschritt mit einbeziehen, zu dem Schluss, dass sich die Energieintensität in China auf lange Sicht kontinuierlich verringern wird (Larson et al. 2003).

Die Errungenschaften bei der Energieintensität sollten aber nicht darüber hinwegtäuschen, dass mit diesem Ansatz nicht der absolute Verbrauch von Energie gesenkt
werden soll – hierbei stimmen die Delegationen Chinas und der Vereinigten Staaten im
Rahmen der internationalen Klimaverhandlungen überein. Denn wie die Bush-Regierung hat sich die chinesische Führung um Hu Jintao und Wen Jiabao bisher nicht
bereit erklärt, eine absolute Begrenzung der CO_2-Emissionen ihres Landes, und damit
de facto eine absolute Begrenzung des Energieverbrauchs, zu akzeptieren. Auch das
Anfang Juni 2007 erstmalig veröffentlichte „nationale Klimawandelprogramm"
Chinas sieht keine solche Maßnahme vor. Hingegen wird in dem Dokument mit Blick
auf die „entwickelten Länder" auf das Prinzip der „gemeinsamen, aber differenzierten Verantwortung" verwiesen, das in der Rahmenkonvention der Vereinten Nationen
zum Klimawandel aus dem Jahr 1992 festgeschrieben worden war (NDRC 2007:
24, 26).

Wege zum nachhaltigen Wachstum?

Auch wenn China offensichtlich noch großen Nachholbedarf bei seiner ökologischen
Modernisierung aufweist, scheint es, dass das Land geradezu prädestiniert dazu ist, zum
Pionier bei der nachhaltigen Nutzung von Energie zu werden. Jedenfalls kommen zusehends Innovationsimpulse aus China, die zu hoffnungsvollen Erwartungen zu berechti-
gen scheinen. Wichtig hierbei ist allerdings festzuhalten, dass China nicht über eine breit
angelegte nationale Energiestrategie verfügt. Zwar hat die Zentralregierung, wie oben
erwähnt, Planziele für die Verringerung der Energieintensität festgelegt, doch ist nicht im
Einzelnen beschrieben, auf welche Weise diese erreicht werden können. Auch im aktuellen Fünfjahresplan erhält die Energieeffizienz- und Ressourcenfrage großes Gewicht,
ohne dass bei der Umsetzung spezieller Konzepte, wie z. B. der „energiesparenden Gesellschaft" (vgl. Constantin 2005), tiefer ins Detail gegangen wird. In der Realität bestehen unterschiedlichste Initiativen nebeneinander, die sowohl auf Ebene der Zentrale, der
Provinzen, als auch der Städte ins Leben gerufen wurden.

Von zentraler Bedeutung für die Verbesserung der Energieeffizienz sowie für die
rasche Einführung neuester Energietechnologien ist die Technologie- und Innovationspolitik Pekings, die einheimischen Unternehmen Hilfestellung (z. B. in Form von Krediten) gewährt, um Forschung und Entwicklung in China voranzutreiben. Zugleich
sorgt sie durch Investitionsrichtlinien für ausländische Direktinvestitionen für einen –
wenn auch nicht in allen Branchen gleichermaßen weit reichenden – Transfer neuester
Technologie. Die Zauberformel heißt „*leapfrogging*". Damit ist das bewusste Über-
springen ganzer technologischer Entwicklungsstufen gemeint. Auf diese Weise soll
von den neuesten Forschungs- und Entwicklungsergebnissen profitiert werden und
in die effizientesten, billigsten und umweltschonendsten Systeme investiert werden.
Allerdings zeigen sich gerade am Beispiel des chinesischen Automobilsektors auch
die Grenzen und Schwierigkeiten, die mit der von der Regierung forcierten Strategie des „*leapfrogging*" bei der Energietechnologie verbunden sind. Denn es kam auf-

grund der bis zum Jahr 2000 fehlenden Emissionsbegrenzungen und Effizienzstandards für Automobile bislang nicht zur erhofften Verbreitung höherwertiger Hybridtechnologien und Wasserstoffantriebe in der chinesischen Automobilbranche (Gallagher 2006).

Insgesamt bleiben chinesische Firmen im Energiebereich, falls sie die am höchsten entwickelten Technologien einsetzen wollen, meist abhängig von ausländischen Lieferanten (Karplus 2007) – von Turbinen über Hochspannungsleitungen bis hin zur Technik für Kohleverflüssigung, Biogasanlagen oder Kernreaktoren. Zwischen den Jahren 2001 und 2005 erwarben Firmen, die zum chinesischen Energiesektor gehören, insgesamt für 9,34 Mrd. US-Dollar Energietechnologie aus dem Ausland. Dies entspricht rund 13 % der gesamten Technologieimporte Chinas.

Allerdings entstanden in den letzten zehn Jahren einige Unternehmen und technologische Erzeugnisse in China, die ohne Zweifel inzwischen zu den weltweiten Leuchttürmen gehören. Darunter befinden sich insbesondere die Photovoltaikbranche mit dem Solarenergieriesen Suntech, führende chinesische Windenergiefirmen sowie die wasserstoffbetriebenen Nahverkehrsbusse und Elektro-Hybridmotoren, deren Entwicklung im Rahmen der Regierungspolitik für „emissionsfreie Olympische Spiele" erheblich gefördert wird. Ferner dürfte China zum internationalen Schwerpunkt bei der Weiterentwicklung von „sauberen Kohletechnologien" und der Verflüssigung von Kohle werden, weil dort ein Großteil der zukünftigen weltweiten Forschung ablaufen wird (vgl. Karplus 2007).

Biotreibstoffe wie Ethanol und Biodiesel werden in China bereits seit einigen Jahren hergestellt und sollen zukünftig – insbesondere in ländlichen Regionen – einen wichtigen Baustein für die nachhaltige Energieversorgung des Landes bilden. Im Jahr 2005 wurden ca. 1 Mio. t Ethanol produziert, die in neun Provinzen gekauft werden konnten. Schätzungen rechnen bis zum Ende dieser Dekade mit einer Jahresproduktion von 10 Mio. t Ethanol. Allerdings gelangt die deutsche Gesellschaft für technische Zusammenarbeit in einer Studie zu dem Schluss, dass pflanzliche Treibstoffe im Jahr 2020 trotzdem lediglich einen Anteil von rund 6 % des gesamten chinesischen Treibstoffbedarfs abdecken können werden. Denn der Anbau entsprechender Nutzpflanzen ist in China durch das äußerst knappe Ackerland eingeschränkt (GTZ 2006). Es scheint daher ausgeschlossen, dass die Biotreibstoffe für den chinesischen Verkehrssektor eine ähnlich Bedeutung wie in Brasilien erlangen können – selbst wenn sie ähnlich wie Rohöl vermehrt aus dem Ausland importiert werden. So plant CNOOC laut Medienberichten in der Tat bereits, 5,5 Mrd. US-Dollar in Ölpalmenplantagen und Verarbeitungsanlagen für Biotreibstoff auf der Insel Borneo zu investieren.

In vielen ländlichen Regionen Chinas spielt Biomasse traditionell eine wichtige Rolle für die Energieversorgung (Ren et al. 2005). Insbesondere in einkommensschwachen Gegenden, in denen oftmals selbst Kohle zu teuer ist, nutzt die Bevölkerung noch immer vorzugsweise Holz und Tierdung zum Kochen und Heizen. Gleichzeitig setzt verstärkt die moderne Nutzung von Biomasse z. B. in Biogasanlagen ein, wenn auch bisher noch in wesentlich geringerem Umfang als in Europa. Die chinesische Regierung plant zudem, bis ins Jahr 2010 die Zahl der ländlichen Haushalte, die über eine Methangasversorgung verfügen, auf 40 Mio. zu verdoppeln.

Bei der Nutzung erneuerbarer Energien zur Stromerzeugung, insbesondere beim Ausbau der Wasserkraft, kommt es jedoch auch zu Zielkonflikten. Umstritten sind etwa die Beeinträchtigung der Lebensverhältnisse von Millionen von Menschen durch groß angelegte Umsiedlungsprogramme, aber auch die Auswirkungen von Staudammprojekten auf die Natur vorher oftmals noch von der Zivilisation unberührter Regionen. In der Tat verhängte die Zentralregierung in Folge der neuen Umweltgesetze aus dem Jahr 2003, die u. a. die Durchführung einer Umweltverträglichkeitsprüfung für große Dammprojekte vorsehen, einen vorläufigen Planungsstopp für einige riesige Wasserkraftwerksprojekte (Yardley 2005).

Ausgesprochen innovative Entwicklungen sind im Städtebau zu vermerken. Zurzeit werden in China weltweit einzigartige Experimente durchgeführt. So entsteht auf der Insel Chongming unweit von Shanghai die Stadt Dongtan, die bei einer schlussendlichen Einwohnerzahl von 500.000 Menschen verglichen mit herkömmlichen Städten sehr geringe CO_2-Emissionen aufweisen soll. Dongtan soll durch modernste Gebäudetechnik, den Einsatz zahlreicher erneuerbarer Energieträger und Recyclingtechnologien sowie einer völligen Verbannung von Fahrzeugen, die mit fossilen Brennstoffen betrieben werden, einen „ökologischen Fußabdruck" von unter 2,0 erreichen. Damit läge im Falle Dongtans der gesamte Bedarf an Landfläche, die notwendig für die Wirtschaftsleistung, die Nahrungsversorgung, die Instandsetzung der Infrastruktur, die Energieerzeugung sowie für die Absorption der Emissionen einer Stadt ist, weit unter den durchschnittlichen Werten anderer Metropolen. Beispielsweise liegt der entsprechende Fußabdruck Londons mit 5,8 fast drei Mal so hoch (Economist 2006). Dongtan könnte darüber hinaus zum Modell für weitere energieeffiziente Städte werden, die im Rahmen einer Zusammenarbeit zwischen chinesischen und britischen Firmen errichtet werden sollen.

Ähnliche Projekte, bei denen „Ökodörfer" und „Ökoindustriesiedlungen" errichtet werden, laufen in anderen Regionen Chinas. An diesen Projekten sind zahlreiche ausländische Architekten und Stadtplaner beteiligt, die diese einmalige Chance nutzen, um praktische Erfahrungen mit völlig neuartigen Techniken der Stadtplanung zu sammeln (McDonough 2006). Herausragend ist in diesem Zusammenhang die Arbeit des amerikanischen Architekten und Industriedesigners William McDonough, der seine Vorstellungen von ökologisch nachhaltigen Siedlungsformen und Bauverfahren in China in die Praxis umsetzt. Seine Projekte reichen von der Schaffung organisch verbundener Grünflächen und Baumbepflanzungen in Großstadtvierteln über den Bau von ländlichen Siedlungen mit recyclebaren Rohstoffen aus der Umgebung bis hin zum großflächigen Einsatz von Solaranlagen. In der Millionenstadt Ningbo ließ er das

Trinkwassersystem mit Feuchtgebieten verknüpfen, um mehr Regenwasser sammeln und zugleich dem Arten- und Pflanzenschutz dienen zu können (Schafer/Underwood 2005).

Unter den chinesischen „Ökostädten" ragt die Hafenmetropole Dalian hervor. Dalian, das sich dank einer umweltbewussten Stadtregierung von einer stark verschmutzten Industriestadt zu einem Vorzeigemodell mit weitläufigen Grünanlagen sowie besten Luftverhältnissen gewandelt hat, gewann so gut wie alle offiziellen Umweltschutz-Städtewettbewerbe in China. Zu den innovativsten Projekten gehört dort die Nutzung eines Systems von Seewasserpumpen für große Heizungs- und Kühlanlagen.

Auch der deutsche Energieversorger EnBW hat gemeinsam mit Münchner Architekten eine „energieoptimale" Stadt für 800.000 Einwohner an der Küste der Provinz Zhejiang simuliert und entworfen, deren Aufbau bereits begonnen hat. Gemessen an den höchsten Standards, die zurzeit in China gelten, soll diese Stadt ihren CO_2-Ausstoß um ca. 25 % und ihren Primärenergieverbrauch um 15 % verringern (Hogrefe/Lange 2006). Die Gesellschaft für technische Zusammenarbeit arbeitet mit den Städten Yangzhou und Changzhou am Projekt „ökologische Stadt", das ebenfalls zu einer effizienteren Ressourcennutzung, verbessertem Umweltschutz und der massiven Erweiterung der Grünflächen in diesen zwei Großstädten geführt hat. Hunderte chinesische Gemeinden und acht Millionenstädte haben sich im Rahmen des landesweiten „Ecocity-Programms" der SEPA das Ziel gesetzt, Ökostädte zu werden.

Auf diese Weise können zwar keineswegs die Ergebnisse der letzten 25 Jahre Baupraxis, die sich wenig um Energiesparfragen und den Ausstoß von CO_2 gekümmert hat, rückgängig gemacht werden – erst in jüngster Zeit haben die Stadtverwaltungen einiger Metropolen die gesetzlichen Vorschriften für die Energieeffizienz von Häusern drastisch verschärft (Wong 2006). Doch entscheidend ist, dass hierbei grundlegende Erkenntnisse gewonnen werden, die vor dem Hintergrund der anhaltenden Urbanisierung von unschätzbarem Nutzen für städtebauliche Zukunftsstrategien sind (vgl. Hogrefe/Lange 2006). Energieeffiziente Städte sind von herausragender Bedeutung, weil in China der durchschnittliche chinesische Stadtbewohner mehr als dreimal so viel Energie konsumiert wie sein Pendant auf dem Land (Ren et al. 2005: 187) und in den kommenden 50 Jahren schätzungsweise zwischen 350 und 400 Millionen Chinesinnen und Chinesen vom Land in die Städte umziehen werden. Auch global betrachtet gehört die Urbanisierung zu den Megatrends des neuen Jahrhunderts. Daher steht die Aufgabe, den Energieverbrauch in vorhandenen, expandierenden und neu entstehenden urbanen Räumen zu reduzieren und effizienter zu gestalteten, im Zentrum der chinesischen (und globalen) Energieherausforderungen.

Einen wichtigen Beitrag hierzu leisten die „Ökohochhäuser", die in mehreren chinesischen Städten gebaut werden. Darunter befindet sich der von einem amerikanischen Architektenteam entworfene Guangdong Tobacco Tower. Das 300 Meter hohe

Gebäude mit 71 Stockwerken soll der erste Wolkenkratzer in China sein, der 100 % seines Energiebedarfs selbst herstellt. Möglich wird dies durch die kombinierte Nutzung von Windkraft, Feuchtigkeit und Sonnenenergie sowie ein ausgeklügeltes Belüftungssystem. Der Guangdong Tobacco Tower verfügt beispielsweise über eine Wasserstoffzellenanlage zur Stromerzeugung sowie bewegliche Photovoltaikflächen und Windturbinen, die in die Gebäudestruktur integriert sind. China scheint, was die Umsetzung technologisch innovativer und energiesparender Architektur und Stadtentwicklung betrifft, inzwischen den Vereinigten Staaten den Rang abzulaufen (Lubell 2006; Hubbard 2006).

Diese Entwicklungen können einerseits als „Tropfen auf den heißen Stein" gewertet werden, insbesondere wenn man den katastrophalen Zustand der öffentlichen Verkehrsmittel in den meisten Metropolregionen in Betracht zieht, der der neuen, 200 Mio. Menschen umfassenden Mittelschicht Chinas den Besitz eines eigenen Automobils regelrecht aufzwingt. Andererseits kann im Bezug auf die heutige Situation Chinas durchaus von einem „Silberstreif am Horizont" gesprochen werden – auch wenn die von chinesischen Visionären geforderte „Wasserstoffrevolution" nicht absehbar ist. Die chinesische Regierung scheint die Dringlichkeit der Lage verstanden zu haben und gewillt zu sein, ihrer Rhetorik entsprechende Gesetze, Initiativen und Projekte folgen zu lassen. Insgesamt hat die chinesische Führung dabei mit der Mischung aus Marktmechanismen, staatlicher Ordnungs- und Innovationspolitik, politischen Kampagnen und privatwirtschaftlichen Initiativen eine für den chinesischen Kontext effektive Politik gefunden.

Der schwerwiegendste Einwand, der gegen die jüngste Betonung einer nachhaltigen Entwicklungsstrategie vorgebracht werden kann, liegt indes nicht bei den nach wie vor durch Preisregulationen eingeschränkten Marktmechanismen in den Energiesektoren. Das Grundproblem, dessen Lösung weltweit bislang keiner Gesellschaft überzeugend gelungen ist (vgl. Sachs/Santarius 2006), liegt vielmehr in der Frage, was genau unter „nachhaltiger Entwicklung" zu verstehen ist. Was kann als wirklich „nachhaltig" gelten? Kann Nachhaltigkeit in der Praxis überhaupt in einem signifikanten Maße verwirklicht werden? In diesem Sinne fungiert China aus einer globalen Perspektive betrachtet als Spiegelbild, das die Energie- und Umweltherausforderungen aller „entwickelten Länder" eindringlich vor Augen führt. Letztere weisen trotz modernster Energietechnologien und unregulierten Preisen einen unverändert hohen Pro-Kopf-Energieverbrauch auf und haben viele ihrer Umweltprobleme außerhalb ihrer Landesgrenzen verlegt. Auf diese Weise entsteht, wie im zweiten Kapitel bereits erläutert wurde, auch ein bedeutender Teil des Energiebedarfs in China durch Firmen, die von den niedrigen Energiepreisen profitierend die Weltmärkte mit ihren preisgünstigen Produkten beliefern.

Somit ist die Volksrepublik beides zugleich: Symbol und Manifestation der inakzeptablen Folgeerscheinungen des europäisch-amerikanischen Wachstumsmodells, die in China beschleunigt und innerhalb kürzester Zeit zu beobachten sind, aber auch ein Labor für nachhaltige Lösungsansätze, welche zukünftigen Generationen in China und weltweit eine Lebensweise eröffnen könnten, die sparsamer mit Energieressourcen umgeht und umweltschonender gestaltet wird. Die Schlussfolgerung, die sich aus Chinas Energieherausforderungen ziehen lässt, ist nicht etwa, sich über den „chinesischen Energiehunger" zu empören oder sich von der drohenden ökologischen Katastrophe paralysieren zu lassen, sondern insbesondere jene technologischen und architektonischen Experimente ernst zu nehmen, die versprechen, einen nachhaltigen Entwicklungspfad zu eröffnen.

Epilog
Chinas „Energiehunger": Realität oder Mythos?

Handelt es sich bei Chinas „Energiehunger" um einen Mythos oder Realität? In den vorangegangenen Kapiteln dieses Buches haben wir den Versuch unternommen, populäre Sichtweisen über die Energieherausforderungen, mit denen sich China konfrontiert sieht, auf ihre Stichhaltigkeit zu überprüfen. Dabei ist klar geworden, dass sich hinsichtlich zahlreicher Aspekte des chinesischen „Energiehungers" – angefangen vom angeblichen Tauschgeschäft von „Waffen für Öl" über die Warnungen vor einer beginnenden Flottenaufrüstung und chinesischen Versuchen, die globalen Ölreserven zu kontrollieren, bis hin zur These bevorstehender „Ressourcenkonflikte" – mehr Mythen als empirisch belegte Standpunkte durchgesetzt haben.

Wird also ungerechtfertigt vom chinesischen „Energiehunger" gesprochen? Ja und Nein. Offenbar ist es unerlässlich, die Frage differenzierter zu formulieren: Inwiefern ist der „Hunger" ein Mythos? Inwiefern ist der „Hunger" eine Realität?

Zweifelsohne ist Chinas Energienachfrage gewaltig. Wird aber nicht der absolute Verbrauch betrachtet, sondern pro Kopf gerechnet, dann fällt der „Hunger" dennoch moderat aus. Zweifelsohne importiert mit Ausnahme Japans und der Vereinigten Staaten kein Land der Welt so viel Erdöl wie China. Richtet sich der Blick jedoch auf den Anteil am Gesamtenergiebedarf des Landes, der eingeführt werden muss, dann weist China eine sehr geringe Importabhängigkeit auf. Natürlich erscheint es aus deutscher Perspektive fast schon monströs, wenn China den Bau von 30 Atomkraftwerken plant, doch hinsichtlich des chinesischen Energiemix kann trotzdem nur von einer marginalen Bedeutung der Kernenergie die Rede sein. Zweifelsohne wird China bald als größte Einzelquelle für Kohlenstoffdioxidemissionen zu einer existentiellen Bedrohung für das globale Ökosystem. Betrachtet man jedoch die enorme Steigerung der Energieeffizienz, die ehrgeizigen Zielsetzungen für den Ausbau der erneuerbaren Energien sowie den äußerst geringen CO_2-Ausstoß pro Kopf, dann scheint diese Bedrohung dennoch deutlich relativiert zu werden.

Offensichtlich ist es von der jeweiligen Position abhängig, wie monströs bzw. harmlos der chinesische „Energiehunger" betrachtet wird. Im Kern ist mit dem Begriff „Energiehunger" eine Wahrnehmungsfrage verbunden. Der „Hunger", der oftmals als schlichte Wirklichkeit angesehen wird, scheint offen für alle möglichen Interpretationen zu sein. Einerseits wird er als Gefahr für Frieden und Sicherheit betrachtet, die existentielle Befürchtungen weckt. Andererseits wird er als Chance gesehen, die internationale energiepolitische Kooperation zu intensivieren. Für viele Beobachter gilt der „Energiehunger" als maß- und verantwortungslos, während andere darin Perspektiven erkennen, die völlig neue Wege nachhaltiger Entwicklung eröffnen.

Wir können diesen „Hunger" aber auch als Spiegel für uns selbst verstehen. Zum einen folgt Chinas wirtschaftliche Entwicklung im Wesentlichen dem Pfad aller Industrienationen. Der damit einhergehende „Hunger" nach Rohstoffen und Energie ist dem zufolge nichts Einzigartiges, sondern charakteristisch für die Realität unseres eigenen Energiebedarfs. Zum anderen verdeutlichen die Vergleichskriterien für die „Intensität" des chinesischen Energieverbrauchs, dass China (noch) unter dem globalen Durchschnitt liegt und vor allem weit entfernt vom intensiven Energieverbrauch der Industrienationen ist. In der Tat kann nicht vom „Energiehunger" der Chinesen gesprochen werden, ohne sich die Dimensionen des eigenen „Hungers" zu vergegenwärtigen. Nicht zuletzt liegt auch in der massiven Verlagerung von Produktionsstätten internationaler Konzerne nach China ein Grund für den wachsenden Energiebedarf – mitsamt den ökologischen Konsequenzen – in China.

Die bisherige Diskussion über Chinas „Energiehunger" verweist unseres Erachtens auf erhebliche Wahrnehmungsdefizite. Chinas Energieherausforderungen werden kaum mit den Energieherausforderungen der „entwickelten Länder" in Beziehung gesetzt. Im Gegenteil, sie fungieren eher als Ablenkung davon. So ist das in den USA verbreitete Argument, ohne chinesische Beteiligung sei jede globale Klimapolitik sinnlos, zwar nicht unbedingt falsch, dient aber in der Hauptsache dazu, die eigene Verantwortung zu relativieren. In ähnlicher Weise ist die Kritik an der mangelnden marktwirtschaftlichen Ausrichtung der Energiesektoren Chinas zwar teilweise berechtigt, doch wird dabei übersehen, dass ein funktionierender Markt für sich genommen noch keine nachhaltige Energienutzung injiziert, wie das Beispiel USA zeigt.

Wenn dem Energiebedarf Chinas eine Spiegelfunktion zukommt, dann impliziert dies letztendlich auch nicht, den chinesischen „Hunger" etwa als unweigerliche Bedrohung von Sicherheit und Frieden zu sehen – eine Sichtweise, die ohnehin schwer zu begründen ist, wie die vorangegangene Analyse aufzeigt. Stattdessen wird durch Chinas „Energiehunger" das heutige Wirtschaftsmodell der Industrienationen per se in Frage gestellt. Mit anderen Worten verweisen Chinas Energieherausforderungen in erster Linie auf die globale Nachhaltigkeitsfrage, also auch auf unsere eigenen Nachhaltigkeitsmängel.

Unterschiedliche Wahrnehmungen des chinesischen „Hungers" führen zu unterschiedlichen Umgangsformen. Wird Chinas Energiebedarf als Gefahr angesehen, dann gelten Chinesen als Gegner mit finsteren Absichten oder als „Öl-Junkies", die unverantwortlich und rücksichtslos vorgehen. Dabei strahlt die Wahrnehmung des „Energiehungers" auf andere Politikfelder aus.

Exemplarisch zeigt sich dies am Engagement Chinas in Afrika, das von vielen Kritikern als Auslöser für x-beliebige Negativentwicklungen auf dem afrikanischen Kontinent hingestellt wird. Dies ist aber nicht nur absolut realitätsfern, es wirkt zugleich äußerst kontraproduktiv auf die Umsetzung der gemeinsamen entwicklungspolitischen Ziele. Das in Europa und Amerika grassierende China-Bashing sabotiert den dringend notwendigen Dialog zwischen Afrika, Europa, China und den USA über eine gemeinsame Neuausrichtung der internationalen Entwicklungspolitik auf dem afrikanischen Kontinent.

Um mit Chinas „Energiehunger" fertig werden zu können, bleibt eine solide Kenntnis der tatsächlichen Trends und eine emotionslose Analyse der ökonomischen und politischen Dynamiken, jenseits der Klischees und Moden im China-Diskurs, unverzichtbar. Die Verbreitung populärer Mythen birgt das Risiko, dass umwälzende Entwicklungen schlicht übersehen werden. Mythen verstärken aber auch die in weiten Teilen der europäischen und amerikanischen Öffentlichkeit vorhandene Neigung, China vor dem Hintergrund seines „Energiehungers" zu dämonisieren.

Beides – Dämonisierung und Mythenbildung – verhindert eine differenzierte Betrachtung der chinesischen Energieherausforderungen und erschwert damit den erfolgreichen Umgang mit dem „Energiehunger" Chinas. Darüber hinaus kommt es auf diese Weise zu einer bedenklichen Ablenkung der energiepolitischen Aufmerksamkeit der Industrienationen – weg von der drängenden Suche nach nachhaltigen Strategien für die (eigene) Wirtschafts- und Energiepolitik.

Eine Alternative zu verzweifelter Dämonisierung und unbesonnener Mythenbildung, wäre die Entwicklung eines effektiven Ansatzes, mit dessen Hilfe den chinesischen Energieherausforderungen begegnet werden kann. Theoretisch stehen für die Industriestaaten zwei strategische Optionen zur Verfügung, wenn es darum geht, die eigene Energieversorgung vor dem chinesischen „Energiehunger" zu sichern: die Eindämmung des chinesischen Energieverbrauchs von Außen oder seine Milderung von Innen.

Die Eindämmungsoption würde wahrscheinlich scheitern. Der Grund hierfür liegt vor allem in ihrem enormen Konflikt- und Risikopotential. Ein offener Energiekonflikt mit einer neuen Großmacht in der Weltpolitik und Weltwirtschaft würde die eigene Energieversorgung noch unsicherer machen. Außerdem stellt sich die Frage, ob die westlichen Industriestaaten überhaupt noch eine reale Perspektive hätten, eine „Eindämmungskampagne" gegen China friedlich zu Ende zu führen. Der spürbare Rückgang des westlichen Einflusses in ressourcenreichen Staaten in Afrika, Lateinamerika und Eurasien und die sich intensivierende Kooperation dieser Länder mit China zeigen, dass diese Strategie – ganz abgesehen von ihren untragbaren weltwirtschaftlichen Konsequenzen – in keinem Fall Erfolg versprechend ist.

Den chinesischen „Energiehunger" von Innen zu mildern, scheint hingegen ein gangbarer Weg zu sein. Wenn es zutrifft, dass die westliche Versorgungssicherheit in einem positiven Verhältnis zur Reduzierung des chinesischen Energiebedarfes steht, sollten die Chinesen zum Energiesparen ermutigt werden. Hierbei kann problemlos an den in China bereits vielfältig vorhandenen Ansätzen zur nachhaltigen Nutzung von Energie angeknüpft werden. Allerdings ist es angesichts des im internationalen Vergleich äußerst geringen Pro-Kopf-Energieverbrauchs (sowie der geringen Pro-Kopf-CO_2-Emissionen) der Chinesinnen und Chinesen kaum vertretbar, dass die Industrienationen von China Energieeinsparungen fordern, ohne selbst mit deutlichen Schritten voranzugehen. Im Klartext bedeutet dies, dass die Regierungen und die Gesellschaften in „reichen" Ländern mit hohem Energieverbrauch ihre Vorbildfunktion wahrnehmen und – ob China (und Indien) nun sofort mitziehen oder nicht – unter Beweis stellen müssen, dass eine nachhaltige Wirtschaftspolitik in der Praxis möglich ist.

Vor dem Hintergrund, dass Chinas Energieversorgung zu mehr als zwei Dritteln auf Kohle basiert und das Land wegen der Fähigkeit, seine Kohleversorgung selbst zu gewährleisten, nur im Ölsektor für den Westen einen ernsten Druck darstellt, wäre es im Interesse Europas und Amerikas, wenn es seinen kohledominierten Energiemix beibehält. Je mehr Kohle China für seine Energieversorgung einsetzt, desto weniger ist es veranlasst, auf die internationale Ölproduktion zurückzugreifen; je weniger energisch China seine überseeischen Ölförderaktivitäten verfolgt, desto geringer wird der Druck für westliche Ölimportländer, ihre Energieversorgung zu sichern. Immerhin ist die westliche Versorgungssicherheit nach wie vor in hohem Maße von ausreichenden und preiswerten Erdöllieferungen abhängig. Gerade unter diesem Aspekt scheint der Ansatz, China zu ermutigen, Kohle als Hauptenergiequelle beizubehalten, der Schlüssel zur Milderung seines heutigen und zukünftigen Ölverbrauchs zu sein. Schließlich war es der wachsende Erdölbedarf, der die Chinesen „hungrig" gemacht hat.

Allerdings würde China nur dann bereit dazu sein, sich weiterhin auf Kohle als Hauptenergiequelle zu stützen, wenn das „schwarze Gold" sauberer, sparsamer und damit ökologisch verträglicher genutzt werden kann. Dieser Sachverhalt eröffnet den westlichen Industrieländern, insbesondere der Bundesrepublik Deutschland als einem der führenden Länder im Bereich der „Clean Coal Technology", enorme Chancen zur Reduzierung des chinesischen „Energiehungers" und dadurch zur Steigerung der eigenen Energiesicherheit. Mit Hilfe einer flächendeckenden Anwendung der in den westlichen Ländern bewährten Energietechnologien in China könnte der „Energiehunger" dieses Landes tatsächlich verringert werden. Zumindest würde die Wachstumsrate dieses „Hungers" verlangsamt.

In diesem Kontext scheint der Ansatz eines geregelten, aber massiven Technologietransfers von den Industrienationen nach China für beide Seiten gewinnbringend zu sein: Für den „Westen" verspricht dieser Ansatz eine mögliche Verringerung des chinesischen Energiebedarfs, aber auch messbare Vorteile für den Klimaschutz; für das Reich der Mitte bedeutet der Technologietransfer weniger Importabhängigkeit bei seiner Energieversorgung und eine verbesserte Lebensqualität durch saubereres Wasser und sauberere Luft. Was hierzu jedoch noch fehlt, ist nicht etwa die Technologie, sondern der Wille westlicher Regierungen. An China, das seit Jahren mit den modernsten Energietechnologien liebäugelt, würde dieser Ansatz wohl nicht scheitern.

Über die Autoren

Professor Dr. Xuewu Gu:

Politikwissenschaftler, Jahrgang 1957

- Promotion 1990 in Bonn
- 1991–1998 Wissenschaftlicher Assistent am Seminar für Wissenschaftliche Politik an der Universität Freiburg
- Habilitation 1997 in Freiburg
- 1998–1999 Lehrstuhlvertretung an der Universität Trier
- 1999–2002 Leiter des Europa-Asien-Programms am Zentrum für Europäische Integrationsforschung an der Universität Bonn
- seit 1. Oktober 2002 Inhaber des Lehrstuhls für Politik Ostasiens und Leiter der Sektion Politik Ostasiens an der Ruhr-Universität Bochum

Maximilian Mayer, M.A.:

Politikwissenschaftler, Jahrgang 1980

- 2002–2005 Studium Wirtschaft und Politik Ostasiens, Ruhr-Universität Bochum
- April 2005–März 2007 Studium Politik Ostasiens, Erwerb des M.A.-Abschlusses
- 2004–2007 Stipendiat der Studienstiftung des deutschen Volkes
- Mitbegründer von „Transdis – Verein zur Förderung des transdisziplinären Dialogs junger WissenschaftlerInnen e.V."
- seit April 2007 wissenschaftlicher Mitarbeiter der Sektion Politik Ostasiens, Ruhr-Universität Bochum und Leiter der Forschungsgruppe „Energie- und Umweltfragen in Asien" an der Sektion Politik Ostasiens

Literaturverzeichnis

Acharya 2003: Acharya, Amitav: Seeking Security In The Dragon's Shadow: China and Southeast Asia In the Emerging Asian Order, Working Paper Series, No. 44, Institute of Defence and Strategic Studies Singapore.

AFP 2006: Agence France-Press, 17.4.2006: China gives green light to Myanmar oil, in: http://www.burmanet.org/news/2006/04/17/agence-france-presse-china-gives-green-light-to-myanmar-oil-pipeline/ (Stand 4.2.2007).

Afrasiabi/Maleki 2003: Afrasiabi, Kaveh/Maleki, Abbas: Iran's Foreign Policy After 11 September, in: The Brown Journal of World Affairs, Vol. 9, No. 2, S. 255–265.

Ake 1996: Ake, Claude: Democracy and Development in Africa, Washington.

Akyüz/Gore 2001: Akyüz Yilmaz/Gore Charles: African economic development in a comparative perspective, in: Cambridge Journal of Economics, Vol. 25, No. 3, S. 265–288.

AI 2004: Amnesty International: Sudan: Arming the perpetrators of grave abuses in Darfur, 16.11.2004, in: http://web.amnesty.org/library/pdf/AFR541392004ENGLISH/$File/AFR5413904.pdf (Stand 17.6.2006).

Alexander's 2005a: A Profile of China's Oil Industry, in: Alexander's Gas & Oil Connections, Vol. 10, No. 5, 10.3.2005, in: http://www.gasandoil.com/goc/frame_nts_news.htm (Stand 17.3.2005).

Alexander's 2005b: New Pipeline Opens Immense Prospects for China in Central Asia, in: Alexander's Gas & Oil Connections, Vol. 10, No. 24, 2.12.2005, in: http://www.gasandoil.com/goc/company/cnc55139.htm (Stand 10.4.2006).

Alexander's 2005c: Chinese hydropower to see installed capacity up 80% by 2010, in: Alexander's Gas & Oil Connections, Vol. 10, No. 24, 22.12.2005, in: www.gasandoil.com/goc/news/nts55105.htm (Stand 10.6.2006).

Alder 1996: Alder, Kent E.: Asia's Deadly Triangle: How Arms, Energy and Growth Threaten to Destabilize Asia-Pacific, London.

Alden 2005: Alden, Chris: Leveraging the Dragon: Toward "An Africa That Can Say No", in: eAfrica, 1.3.2005, in: http://yaleglobal.yale.edu/display.article?id=5336 (Stand 12.12.2006).

Alden/Davies 2006: Alden, Chris/Davies, Martyn: A Profile of the Operations of Chinese Multinationals in Africa, in: South African Journal of International Affairs, Vol. 13, No. 1, S. 83-96.

allAfrica.com 2006: allAfrica.com, 27.6.2006: China And Africa – For Better or for Worse?, in: http://allafrica.com/stories/printable/200606270452.html (Stand 21.7.2006).

Altenburg et al. 2006: Altenburg, Tilman/Schmitz, Hubert/Stamm, Andreas: Building knowledge-based competitive advantages in China and India: Lessons and consequences for other developing countries, Paper presented at Global Development Network Annual Conference, St. Petersburg, 18.–19. January 2006, in: www.ids.ac.uk/ids/global/AsianDriverpdfs/AltenburgSchmitzStammInnovation.pdf (Stand 15.1.2007).

An 2006: An, Mingjing: Zhongguo hedian "kongxinhua" zhi you hedian zai zhanlue shang bei bianyuan hua (Angst vor der „Aushöhlung" von Chinas Atomenergie. Atomstrom wird strategisch marginalisiert), in: Renmingwang (People's Daily Online), 31.3.2006, in: http://finance.people.com.cn/GB/1038/4256551.html (Stand 18.6.2006).

Andrews-Speed 2004: Andrews-Speed, Philip: Energy Policy and Regulation in the People's Republic of China, The Hague, London, New York.

Andrews-Speed 2006: Andrews-Speed, Philip: China's energy and environmental policies and their implications for OPEC, CEPML online Journal, Vol. 17, in: http://www.dundee.ac.uk/cepmlp/journal/html/Vol17/Vol17_6.pdf (Stand 27.3.2007).

Andrews-Speed et al. 2002: Andrews-Speed, Philip/Liao, Xuanli/Dannreuther, Roland: The Strategic Implications of China's Energy Needs. International Institute for Strategic Studies, Adelphi Paper 346, London.

Anzera 2005: Anzera, Giuseppe: The Modernization of the Chinese Navy, in: PINR, 12.9.2005, in: http://www.pinr.com/report.php?ac=view_report&report_id=364&language_id=1 (Stand 5.2.2007).

APERC 2004: Asia Pacific Energy Research Center, Energy in China: Transportation, Electric Power and Fuel Markets, Tokio.

APN 2000: Asian Political News, 15.5.2000: The myth of the Chinese aircraft carrier, in: http://www.highbeam.com/doc/1P1-26463831.html (Stand 4.2.2007).

Asia Pulse 2005: Asia Pulse, 13.4.2005: South China Sea one of China's 10 major oil and gas strategic sites, in: http://www.gasandoil.com/goc/news/nts51951.htm (Stand 5.2.2007).

Asia Pulse 2006: Asia Pulse 2006, 6.2.2006: Saudi Arabia to increase Oil and Gas Supply to China, in: http://128.97.229.117/?p=174&s= (Stand 31.5.2006).

Asia Pulse 2007: Asia Pulse, 7.6.2007: China to open nuclear industry to investment, in: http://www.atimes.com/atimes/China_Business/IF07Cb03.html (Stand 7.6.2007).

Associated Press 2007: Associated Press, 12.1.2007: China shifts to a more positive role in Sudan's Darfur conflict, U.S. envoy says, in: http://www.iht.com/articles/ap/2007/01/12/asia/AS-GEN-China-US-Darfur.php (Stand 14.1.2007).

Bahgat 2005: Bahgat, Gawdat: Energy Partnership: China and the Gulf States, in: OPEC Review, Vol. 29, No. 2, S. 115–131.

Bajpaee 2005a: Bajpaee, Chietigj: Setting the Stage for a New Cold War: China's Quest for Energy Security, in: PINR, 25.2.2005, in: http://www.pinr.com/report.php?ac=view_report&report_id=272 (Stand 10.4.2006).

Bajpaee 2005b: Bajpaee, Chietigj: Chinese Energy Strategy in Latin America, in: China Brief, Vol. 5, No. 14, S. 1–3.

Bajpaee 2005c: Bajpaee, Chietigj: Energy: The catalyst for conflict, in: Asia Times Online, 30.8.2005, in: http://www.atimes.com/atimes/China/GH30Ad03.html (Stand 19.6.2006).

Baker/Horsman 2005: Baker, Martin/Horsman, Paul: Burning Our Future. Coal, Climate Change and Renewable Energy in Asia, Greenpeace, Amsterdam.

Barnes 1999: Barnes, Joe: Slaying the China Dragon: The New China Threat School, James A. Baker Institute for Public Policy, in: http://www.rice.edu/energy/publications/docs/AsianEnergySecurity_SlayingtheDragon.pdf (Stand 18.6.2006).

Bates 1998: Bates, Gill: Chinese Arms Exports to Iran, in: Middle East Review of International Affairs, Vol. 2, No. 2, S. 55–70.

Beier 2005: Beier, Marshall J.: Bear facts and dragon boats: Rethinking the modernization of Chinese naval power, in: Contemporary Security Policy, Vol. 26, No. 2, S. 287–316.

Beng 2004a: Beng Phar K.: Japan leery of China's nuclear energy plans, in: Asia Times Online, 11.11.2004, in: http://atimes01.atimes.com/atimes/Japan/FK11Dh01.html (Stand 6.7.2007).

Beng 2004b: Beng, Phar Kim: China mulls oil pipelines in Myanmar, Thailand, in: Asia Times Online, 23.9.2004, in: http://www.atimes.com/atimes/China/FI23Ad09.html (Stand 26.11.2004).

Beng/Li 2005: Beng, Phar K./Li, Vic Y.K.: China's Energy Dependence on the Middle East: Bone or Bane for Asian Security, in: The China and Eurasia Forum Quarterly, Vol. 3, No. 3, S. 19–26.

Berke 2006: Berke, Carla: Chinas Engagement in Afrika, Wirtschaftliche Lage und Perspektiven, November 2006, kfw Entwicklungsbank, in: http://www.kfw-entwicklungsbank.de/DE_Home/Service/Online_Bibliothek/ PDF-Dokumente_Volkswirtschaftliche_Analysen/WLP_10_2006.pdf (Stand 11.1.2007).

Berrigan/Hartung 2005: Berrigan, Frida/Hartung, William D.: U.S. Weapons At War 2005: Promoting Freedom and Fueling Conflict? U.S. Military Aid and Arms Transfers Since September 11. A World Policy Institute Special Report, June 2005, in: http://www.worldpolicy.org/projects/arms/reports/wawjune2005.html (Stand 10.12.2006).

Bert 2003: Bert, Wayne: The United States, China and Southeast Asian Security: a changing of the guard? New York.

Bfai 2005: Bundesagentur für Außenwirtschaft: VR China treibt erneuerbare Energien voran, in: http://www.bfai.de/DE/Content/__SharedDocs/Links-Einzeldokumente-Datenbanken/ fachdokument.html?fIdent=MKT20051215101803 (Stand: 13.03.2006).

Bhadrakumar 2007: Bhadrakumar, M.K.: China's Middle East journey via Jerusalem, in: Asia Times Online, 13.1.2007, in: http://www.atimes.com/atimes/Middle_East/IA13Ak02.html (Stand 25.2.2007).

Blume 2007: Blume, Georg: Chinas Völkermordspiele, in: Tageszeitung, 18.4.2007, S. 19.

Blumenthal 2005: Blumenthal, Dan: Providing Arms. China and the Middle East, in: Middle East Quarterly, Vol. 12, No. 2, S. 11–19, in: www.meforum.org/article/695 (Stand 12.5.2006).

Blumenthal/Lin 2006: Blumenthal, Dan/Lin, Joseph: Oil Obsession: Energy Appetite Fuels Beijing's Plans to Protect Vital Sea Lines, in: Armed Forces Journal (June 2006), in: http://www.armedforcesjournal.com/2006/06/1813592/ (Stand 6.2.2007).

Blustein 2005: Blustein, Paul: Many Oil Experts Unconcerned Over China Unocal Bid, in: Washington Post, 1.7.2005, S. D01.

BP 2005: British Petroleum: BP Statistical Review of World Energy June 2005, in: http://www.bp.com/genericsection.do?categoryId=92&contentId=7005893 (Stand 15.12.2005).

BP 2006: British Petroleum: BP Statistical Review of World Energy June 2006, in: http://www.bp.com/liveassets/bp_internet/globalbp/globalbp_uk_english/reports_and_ publications/statistical_energy_review_2006/STAGING/local_assets/downloads/pdf/statistical_ review_of_world_energy_full_report_2006.pdf (Stand 4.5.2007).

BP 2007: British Petroleum: BP Statistical Review of World Energy June 2007, in: http:// www.bp.com/productlanding.do?categoryId=6848&contentId=7033471 (Stand 14.6.2007).

Bradford 2005: Bradford, John F.: The Growing Prospects for Maritime Security Cooperation in Southeast Asia, in: Naval War College Review, Vol. 58, No. 3, S. 63–86.

Bradsher/Mouawad 2005: Bradsher, Keith/Mouawad, Jad: Chinese oil concerns tired of getting the giants' scraps, in: International Herald Tribune, 8.7.2005, in: http://www.iht.com/articles/2005/07/08/business/energy.php (Stand 12.4.2006).

Bradsher/Barboza 2006: Bradsher, Keith/Barboza, David: Pollution From Chinese Coal Casts a Global Shadow, in: New York Times, 11.7.2006, in: http://www.nytimes.com/2006/06/11/ business/worldbusiness/11chinacoal.html?ex=1307678400en=e9ac1f6255a24fd8ei= 5088partner=rssnytemc=rss (Stand 11.6.2006).

Bräutigam 2003: Bräutigam, Deborah: Close encounters: Chinese business networks as industrial catalysts in Sub-Saharan Africa, in: African Affairs, Vol. 102, S. 447–467.

Broadman 2006: Broadman, Harry G.: Africa's Silk Road: China and India's New Economic Frontier, Washington.

Bromley/Perdomo 2005: Bromley, Mark/Perdomo, Catalina: CMBS in Latin America and the Effect of Arms Acquisitions by Venezuela, Working Paper 41, 22.9.2005, Real Instituto Elcano, in: http://www.realinstitutoelcano.org/documentos/216/Bromley-Perdomo216.pdf (Stand 25.6.2006).

Brookes/Shin 2006: Brookes, Peter/Shin, Ji H.: China's Influence in Africa: Implications for the United States, Backgrounder #1916, 22.2.2006, Heritage Foundation, in: http://www.heritage.org/Research/AsiaandthePacific/bg1916cfm (Stand 21.7.2006).

Broomfield 2003: Broomfield, Emma: Perceptions of Danger: The China Threat Theory, in: Journal of Contemporary China, Vol. 12, No. 35, S. 265–284.

Brown 2005: Brown, Lester: Learning From China. Why the Western Economic Model Will not Work for the World, Eco-Economy Updates, 9.3.2005 Earth Policy Institute, in: http://www.earth-policy.org/Updates/2005/Update46.htm (Stand 27.4.2007).

Byman/Cliff 1999: Byman, Daniel/Cliff, Roger: China's Arms Sales. Motivations and Implications, Santa Monica.

Calabrese 2005: Calabrese, John: Saudi Arabia and China Extend Ties Beyond Oil, in: China Brief, Vol. 5, No. 20, S. 3–5.

Calder 1996: Calder, Kent E.: Asia's Empty Tank, in: Foreign Affairs, Vol. 75, No. 2, S. 55–69.

Calderisi 2006: Calderisi, Robert: The Trouble with Africa: Why Foreign Aid Isn't Working, London.

Callick 2006: Callick, Rowan: Sinopec in $128bn Iran oil, gas deal, in: The Australian, 29.11.2006, in: http://www.theaustralian.news.com.au/story/0,20867,20838580-643,00.html (Stand 5.6.2007).

CASS 2007: Chinese Academy of Social Science: Woguo nengyuan jingji yingshi yu zhengce zhouxiang (Die aktuelle Lage und die Entwicklung der politischen Richtlinien für die Energiewirtschaft Chinas), in: http://www.cass.net.cn/file/2007011785915.html (Stand 22.4.2007).

CBO 2006: Congressional Budget Office, Congress of the United States: China's Growing Demand for Oil and Its Impacts on U.S. Petroleum Markets, CBO Paper, Washington.

Chang 2001: Chang, Felix, Chinese Energy and Asian Security, in: Orbis, Vol. 45, No. 2, S. 211–240.

Chanlett-Avery 2006: Chanlett-Avery, Emma: Rising Energy Competition and Energy Security in Northeast Asia: Issues for US-Policy, CRS Report for Congress. Washington, in: http://www.fas.org/sgp/crs/row/RL32466.pdf (Stand 5.5.2007).

Chen 2005: Chen, Gang: Promoting Nuclear Power Construction in China. Brief Presentation at FNCA Special Panel Session, 15.9.2005, in: http://www.fnca.jp/english/pi/workshop2005_img/pdf_3-1.pdf (Stand 11.6.2006).

Chen et al. 2005: Chen, Hongbo/Hu, Huaiguo/Pan, Jiahua: Low Carbon Development: Challenges for Chinas as a Rapid Industrializing Developing Country, in: China & World Economy, Vol. 13, No. 2, S. 64–77.

Chen 2006a: Chen, Liang: Tiaozheng dianli jiegou, fagaiwei qingli xiaohuodian jiu zhang (Die Struktur des Stromsektors adjustieren: Die Nationale Entwicklungs- und Reformkommission begleicht alte Rechnungen mit den kleinen Kohlekraftwerken), in: Zhongguo Zhengjuanbao (Chinesische Zeitung für Wertpapiere), 23. März 2006, in: http://www.cinic.org.cn/HTML/2005/1889/20062110763.html (Stand 11.2.2007).

Chen 2006b: Chen, Yuchuan: Hedian fazhan zheng "sheng wen" hedian: nengyuan youhua de biran xuanze (Die Entwicklung von Atomstrom nimmt Fahrt auf. Atomstrom: die unvermeidliche Wahl zur Verbesserung der Energiestruktur), in: Renmingwang (People's Daily Online), 15.5.2006, in: http://finance.people.com.cn/GB/1038/4373370.html (Stand 11.6.2006).

Chen/Qiu 2006: Chen, Wenxian/Qui, Jun: 2020 nian wo guo shiyou xiaofeiliang ying qin keneng kongzhi zai 4.5 yi dun yi nei (Der Mineralölbedarf Chinas im Jahr 2020 soll möglichst unter 450 Mio. Tonnen gehalten werden), in: zhongguo shiyou wang (Oilnews.com), 26.5.2006, in: http://www.oilnews.com.cn/gb/misc/2005-05/26/content_617326.htm (Stand 3.6.2006).

Chen 2007: Chen, Matthew E.: Chinese National Oil Companies and Human Rights, in: Orbis, Vol. 51, No.1, S. 41–54.

China Daily 2004: China Daily Online, 11.7.2004: Iran wants China its top oil importer, in: www.chinadaily.com.cn/english/doc/2004-11/07/content_389219.htm (Stand 29.3.2005).

China Daily 2006a: China Daily, 16.6.2006: Eight coal-to-oil projects in pipeline, in: http://english.people.com.cn/200606/16/eng20060616_274535.html (Stand 7.6.2007).

China Daily 2006b: China Daily, 21.2.2006, Sino-EU Energy Ties Strengthened, in: http://www.china.org.cn/english/scitech/158587.htm (Stand 30.5.2006).

China Daily 2006c: China Daily, 13.1.2006: China, India sign energy agreement, in: http://www.chinadaily.com.cn/english/doc/2006-01/13/content_511871.htm (Stand 15.2.2007).

China Daily 2007: China Daily, 28.4.2007: China to act on pollution, warming gases, in: http://www.chinadaily.com.cn/china/2007-04/28/content_862900.htm (Stand 7.5.2007).

China.org 2006: China.org, 9.11.2006: Beijing Summit Invigorates Private Sector Sino-African Trade, in: http://www.china.org.cn/english/international/188472.htm (Stand 12.1.2007).

Chinaview 2005: Chinaview, 18.12.2005: GCC chief expects free trade talks with China to end soon, in: www.bilaterals.org/article.php3?id_article=3290 (Stand 25.7.2006).

Chinaview 2007: Chinaview, 25.3.2007: UNSC adopts new resolution with tougher sanctions on Iran, in: http://news.xinhuanet.com/english/2007-03/25/content_5892033.htm (Stand 26.3.2007).

Christensen 2006: Christensen, Thomas J.: Fostering Stability or Creating a Monster? The Rise of China and U.S. Policy toward East Asia, in: International Security, Vol. 31, No. 1, S. 81–126.

Christoffersen 1998: Christoffersen, Gaye: China's Intentions for Russian and Central Asian Oil and Gas, NBR Analysis, Vol. 9, No. 2.

Christoffersen 2005: Christoffersen, Gaye: The Dilemmas of China's Energy Governance: Recentralization and Regional Cooperation, in: The China and Eurasia Forum Quarterly, Vol. 3, No. 3, S. 55–79.

Chu et al. 2006: Chu Tianshu/Fesharaki, Fereidun/Wu, Kang: China's Energy in Transition: Regional and Global Implications, in: Asian Economic Policy Review, Vol. 1, No. 1, S. 134–152.

Chueng 2005: Chueng, Tai Ming: Chinese Defense Industrial Reform and the Navy, in: China Brief, Vol. 5, No. 4, 15.2.2005, S. 4–6.

Chung 2004: Chung, Chien-peng: The Shanghai Cooperation Organization: China's changing Influence in Central Asia, in: The China Quarterly, Vol. 180, No. 1, S. 989–1009.

CIA 2000: Unclassified Report to Congress on the Acquisition of Technology Relating to Weapons of Mass Destruction and Advanced Conventional Munitions, 2.2.2000, in: http://www.nti.org/db/china/engdocs/cia0200.htm (Stand 14.6.2006).

CNN 2005: CNN, 4.7.2005: Rumsfeld warns on China military, in: http://edition.cnn.com/2005/WORLD/asiapcf/06/04/rumsfeld.asia.ap/ (Stand 10.2.2007).

Cody 2007a: Cody, Edward: China Given Credit For Darfur Role, in: Washington Post, 13.1.2007, S.A13.

Cody 2007b: Cody, Edward: Chinese To Deploy Soldiers To Darfur, in: Washington Post, 9.2.2007, S. A11.

Cody 2007c: Cody, Edward: China Advices 'Serious Response' by Iran to U.N. Sanctions, in: Washington Post, 6.1.2007, S. A09.

Cole 2001: Cole, Bernard D.: The Great Wall at Sea: China's Navy Enters the Twenty-First
    Century, Annapolis.
Cole 2006: Cole, Bernard D.: Chinese Naval Modernization and Energy Security, Paper prepared
    for the 2006 Pacific Symposium, Institute for National Strategic Studies National Defense
    University, Washington 20.7.206, in: www.ndu.edu/inss/symposia/pacific2006/colepaper.pdf
    (Stand 5.2.2007).
Constantin 2005: Constantin, Christian: China's Conception of Energy Security: Sources and
    International Impacts, Working Paper No. 43, März 2005,
    in: http://www.iir.ubc.ca/site_template/workingpapers/Constantin-WP43.pdf (Stand 12.8.2006).
Cordesman 2004: Cordesman, Anthony H.: The Proliferation of Weapons of Mass Destruction
    in the Middle East, Center for Strategic and International Studies, 15.3.2004,
    in: http://www.csis.org/media/csis/pubs/me_wmd_mideast%5B1%5D.pdf (Stand 16.6.2006).
Corkin/Burke 2007: Corkin, Lucy/Burke, Christopher: China's Interest and Activity in Africa's
    Construction and Infrastructure Sectors. A research undertaking evaluating China's involve-
    ment in Africa's construction and infrastructure sector prepared for DFID China,
    in: http://www.dfid.gov.uk/pubs/files/chinese-investment-africa-full.pdf (Stand 5.5.2007).
COSTIND 2006: Commission of Science Technology and Industry for National Defense 4.4.2006:
    Jiji fazhan hedian juyou zhongda zhanlüe yiyi (Die energische Entwicklung der Kernenergie-
    nutzung hat eine große strategische Bedeutung),
    in: http://www.costind.gov.cn/n435777/n435943/n435944/n435973/52371.html
    (Stand 12.6.2006).
Crane et al. 2005: Crane, Keith/Cliff, Roger/Medeiros, Evan/Mulvenon, James/Overholt, William:
    Modernizing China's Military. Opportunities and Constraints, Santa Monica.
Creffier/Walschaerts 2006: Creffier, Matthias/Walschaerts Cecile: ‚Good Governance' Not Always
    Unbiased, in: Inter Press Service, 17.11.2006,
    in: http://allafrica.com/stories/printable/200611170027.html (Stand 10.12.2006).
Crompton/Wu 2005: Crompton, Paul/Wu, Yanrui: Energy consumption in China: past trends and
    future directions, in: Energy Economics, Vol. 27, No. 1, S. 195–208.
Dadwal/Sinha 2005: Dadwal, Shebonti R./Sinha, Uttam K.: Equity Oil and India's Energy
    Security, in: Strategic Analysis, Vol. 29, No. 3, S. 521–529.
Dannreuther 2003: Dannreuther, Roland: Asian security and China's energy needs, in: Internatio-
    nal Relations of the Asia-Pacific, Vol. 3, No. 2, S. 197–219.
De Ramos 2003: De Ramos, Abe: The Explorer. CNOOC embarks on a global mission in a
    struggle to keep its oil burning, in: CFO Asia, in: www.cfoasia.com/archives/200311-01.htm
    (Stand 26.3.2005).
Diamond 2006: Diamond, Andrew F.: Dying with Eyes Open or Closed: The Debate over a
    Chinese Aircraft Carrier, in: The Korean Journal of Defense Analysis, Vol. 18, No. 1, S. 35–58.
Die Zeit 2005: Die Zeit, 1.4.2005: UN verfolgt Kriegsverbrecher,
    in: http://www.zeit.de/2005/14/sudan_strafgerichtshof (Stand 14.11.2006).
Die Zeit 2006: Die Zeit, No. 52, 27.12.2006: „Der Westen ist scheinheilig",
    in: http://zeus.zeit.de/text/online/2006/52/Niglli-Interview (Stand 12.1.2007).
Dobler 2005: Dobler, Gregor: South-South business relations in practice: Chinese merchants
    in Oshikango, Namibia, Paper (Draft Version),
    in: http://www.ids.ac.uk/idS/global/AsianDriverpdfs/Dobler_Chinese.pdf (Stand 12.1.2007).
DoD 2005: U.S. Department of Defense: Annual Report to Congress. The Military Power of the
    People's Republic of China, Washington.

DoD 2006a: U.S. Department of Defense: Annual Report to Congress. The Military Power of the People's Republic of China, Washington.

DoD 2006b: U.S. Department of Defense: Quadrennial Defense Review Report 2006, Washington.

DOE 2006: U.S. Department of Energy: National Security Review of International Energy Requirements, Washington D.C., in: http://www.pi.energy.gov/pdf/library/EPACT1837FINAL.pdf (Stand 23.4.2006).

Downs 2000: Downs, Erica S.: China's Quest for Energy Security, Santa Monica.

Downs 2004: Downs, Erica S.: The Chinese Energy Debate, in: The China Quarterly, Vol. 177, S. 21–41.

Dorn 2005: Dorn, James A.: U.S.-China Relations in the Wake of CNOOC, in: Cato Institute, Policy Analysis, No. 553, 2.11.2005, in: http://www.cato.org/pubs/pas/pa553.pdf (Stand 4.4.2006).

Dow Jones 2007: Dow Jones Energy Service, 29.1.2007: Myanmar, China Cos In Joint Study On Gas, Oil Pipeline Routes, in: http://www.uofaweb.ualberta.ca/chinainstitute/nav03.cfm?nav03=55895&nav02=43617&nav01=43092 (Stand 5.2.2007).

Dow Jones Newswires 2007: Dow Jones Chinese Financial Wire, 5.1.2007: PetroVietnam: To Commence Joint Oil, Gas Ops With CNOOC, in: http://www.uofaweb.ualberta.ca/chinainstitute/nav03.cfm?nav03=54876&nav02=43617&nav01=43092 (Stand 5.2.2007).

DRC 2004: Development Research Center of the State Council: China National Energy Strategy and Policy 2020, in: http://www.efchina.org/resources.cfm#155 (Stand 16.6.2006).

Easterly 2006: Easterly, William: The White Man's Burden. Why the West's Efforts to Aid the Rest Have Done So Much Ill and So Little Good. New York.

Easterly 2007: Easterly, William: Was development assistance a mistake?, in: The American Economic Review, Vol. 97, No. 2 (AEA Papers and Proceedings, May 2007), S. 328–332.

Ebel 2006: Ebel, Robert E.: China's Energy Future. The Middle Kingdom Seeks Its Place in the Sun, Washington.

Ebert 2006: Ebert, Dietmar: Transnationale Pipelines: Chancen und Grenzen der energiepoliti-schen Kooperation in Asien, in: Gu, Xuewu/Kupfer, Kristin (Hg.): Die Energiepolitik Osta-siens. Bedarf, Ressourcen und Konflikte in globaler Perspektive, Frankfurt, S. 143–164.

ECA 2006: Economic Commission for Africa: Economic Report on Africa 2006, Economic Commission for Africa, Addis Ababa.

Economist 2004: The Economist, 29.4.2004: In the pipeline. China and Japan are locked in a fierce diplomatic and economic struggle to win access to Russian oil, in: http://www.economist.com/research/articlesBySubject/displayStory.cfm?story_ID=2633952&subjectid=381586 (Stand 13.12.2004).

Economist 2005: The Economist, Vol. 367, No. 8438, 08.06.2006, S.47-48, Giving China a Bloody Nose. By Sabotaging a Chinese Bid, America Has Damaged its Own Interests.

Economist 2006: The Economist, 21.9.2006: Visions of ecopolis, in: http://www.economist.com/PrinterFriendly.cfm?story_id=7904126 (Stand 8.11.2006).

Economist 2007: Economist, 4.1.2007: China's naval ambitions, in: http://www.economist.com/world/asia/displaystory.cfm?story_id=8497626 (Stand 6.2.2007).

Economy 2004a: Economy, Elizabeth C.: The River Runs Black. The Environmental Challenge to China's Future, Ithaca/London.

Economy 2004b: Economy, Elizabeth C.: Congressional Testimony: China's Environmental Challenges, Subcommittee on Asia and the Pacific, House International Affairs Committee,

22.9.2004, in: http://www.cfr.org/publication/7391/congressional_testimony.html?breadcrumb=%2Fbios%2F21%2F (Stand 12.11.2006).

Economy 2006: Economy, Elizabeth: A Blame Game China Needs to Stop, in: Washington Post, 3.12.2006, S. B07.

EIA 2004: Energy Information Administration: International Energy Outlook 2004, Washington.

EIA 2005a: Energy Information Administration: International Energy Outlook 2005, Washington.

EIA 2005b: Energy Information Administration: Country Analysis Briefs: China, in: http://www.eia.doe.gov/cabs/Sudan/Full.html (Stand 10.1.2006).

EIA 2006: Energy Information Administration: Country Analysis Briefs: Sudan, in: http://www.eia.doe.gov/emeu/cabs/Sudan/Full.html (Stand 10.4.2006).

Eifert et al. 2007: Eifert, Matthias/Oberheitmann, Andreas/Suding, Paul: Chinas Energieverbrauch 2005, in: China aktuell, Vol. 36, No. 1, S. 5–38.

Eisenmann/Kurlantzick 2005: Eisenmann, Joshua/Kurlantzick, Joshua: China's Africa Strategy, in: Current History, May 2005, S. 219–224.

Eland 2003: Eland, Ivan: Is Chinese Military Modernization a Threat to the United States?, Policy Analysis, No. 465, Cato Institute, in: http://www.cato.org/pubs/pas/pa465.pdf (Stand 4.2.2007).

Eland 2006: Eland, Ivan: Is Future Conflict with China Unavoidable? Independent Institute Working Paper No. 63, 18.1.2006, Oakland.

Ellermann 2007: Ellermann, Christian: The Clean Development Mechanism in the People's Republic of China two years after the Kyoto Protocol entered into force. Status quo – institutions – trends, Diplomarbeit Universität zu Köln, Köln.

Elvin 2004: Elvin, Mark: The Retreat of the Elephants: An Environmental History of China, New Haven.

Engdahl 2004: Engdahl, William F.: A Century of War. Anglo-American Oil Politics and the New World Order, London.

Erickson/Wilson 2006: Erickson, Andrew S./Wilson, Andrew R.: China's Aircraft Carrier Dilemma, in: Naval War College Review, Autumn 2006, Vol. 59, No. 4, S. 13–45.

Escobar 2006: Escobar, Pepe: Russia and Iran lead the new energy game, in: Asia Times Online, 14.7.2006, in: www.atimes.com/atimes/Global_Economy/HG14Dj03.html (Stand 13.7.2006).

Fazl-e-Haider 2007: Fazl-e-Haider, Syed: China-Pakistan rail link on horizon, in: Asia Times Online, 24.2.2007, in: http://www.atimes.com/atimes/South_Asia/IB24Df02.html (Stand 7.6.2007).

Feigenbaum 1999: Feigenbaum, Evan A.: China's Military Posture and the New Economic Geopolitics, in: Survival, Vol. 41, No. 2, S. 71–88.

Ferris/Zhang 2005: Ferris, Richard J./Zhang, Hongjun: Environmental Law in the People's Republic of China: An Overview. Describing Challenges and Providing Insights for Good Governance, in: Day, Kristen (Hg.): China's Environment: The Challenges of Sustainable Development, Armonk/New York, S. 66–101.

Fesharaki 1999: Fesharaki, Fereidun, Energy and the Asian Security Nexus, in: Journal for International Affairs, Vol. 53, No. 1, S. 84–99.

Fewsmith 2007: Fewsmith, Joseph: Assessing Social Stability on the Eve of 17th Party Congress, China Leadership Monitor, Vol. 20.

Fisher-Vanden et al. 2004: Fisher-Vanden, Karen/Jefferson, Gary H./Liu, Hongmei/Tao, Quan: What is driving China's decline in energy intensity, in: Resource and Energy Economics, Vol. 26, No. 1, S. 77–97.

FOCAC 2005: Forum on China-Africa Cooperation, 18.1.2005: China Granting Tariff-free Treatment to Some Goods exported to China by the Least Developed Countries, in: www.fmprc.gov.cn/zflt/eng/zt/jmhz/t181106.htm (Stand 24.7.2006).

FOCAC 2006: Forum on China-Africa Cooperation: Programme for China-Africa Cooperation in Economic and Social Development, 20.9.2006, in: http://english.focacsummit.org/2006-09/20/content_629.htm (Stand 12.1.2007).

Forbes 2006: Forbes, 16.8.2006: UN sees China as model for African development, in: http://www.forbes.com/business/feeds/afx/2006/08/15/afx2952489.html (Stand 10.12.2006).

Freeman 2005: Freeman, Marsha: China's 21st-Century Nuclear Energy Plan, in: Executive Intelligence Review, Vol. 30, No. 8, in: www.larouchepub.com/other/2005/3208china_htr.html (Stand 24.4.2005).

French 2005: French, Howard W.: China Promotes Another Boom: Nuclear Power, in: New York Times, 15.1.2005, in: http://www.nytimes.com/2005/01/15/international/asia/15china.html?pagewanted=1&ei= 5090&en=5a36de85708e8c5c&ex=1263531600&partner=rssuserland (Stand 17.1.2005).

Fu 2006: Fu, Jing: Coal output set to reach record high of 2.5b tons, in: China Daily, 18.3.2006, in: http://www.chinadaily.com.cn/english/doc/2006-03/18/content_544025.htm (Stand 5.5.2007).

Fujikura et al. 2006: Fujikura, Ryo/Kaneko, Shinji/Nakayama, Hirofumi/Sawazu, Naoya: Coverage and reliability of Chinese statistics regarding sulphur dioxide emissions during the late 1990s, in: Environmental Economics and Policy Studies, Vol. 7, No. 4, S. 415–434.

Gaffney 2005: Gaffney, Frank J.: China's Charge. We Ignore China's Acquisitions Strategy at our Peril, in: The National Review, 28.6.2005, in: www.nationalreview.com/gaffney/gaffney200506280909.asp (Stand 5.7.2006).

Gallagher 2006: Gallagher, Kelly S.: Limits to leapfrogging in energy technologies? Evidence from the Chinese automobile industry, in: Energy Policy, Vol. 34, No. 4, S. 383–394.

Gao 2000: Gao, Shixian: II. China, in: Stares, Paul B. (Hg.), Rethinking Energy Security in East Asia. Tokyo/New York, S. 43–58.

Garger 2006: Garger, Ilya: China-Venezuela Oil Deal Highlights Growing Energy Ties, in: Dow Jones Business News, 25.8.2006, in: http://www.marketwatch.com/News/Story/Story. aspx?guid=%7B945BE36B-5BCE-4406-8F0A-B06569B45368%7D&siteid=mktw&dist=bnb (Stand 22.3.2007).

Gertz 2005: Gertz, Bill: China builds up strategic sea lanes, in: The Washington Times, 18.1.2005, in: http://www.washtimes.com/national/20050117-115550-1929r.htm (Stand 4.2.2007).

Giese 2006: Giese, Karsten: Wirtschaftliche Kooperation zwischen China und Indien – eine Allianz der neuen Mächte?, in: China aktuell, Vol. 35, No. 6, S. 62-76.

Global Research 2006: Global Research, 23.3.3006: Russian oil pipeline to China ‚beyond doubt‘, Putin says, in: http://www.globalresearch.ca/index.php?context=viewArticle&code=20060323 &articleId=2155 (Stand 16.2.2007).

Glomsrod/Wei 2005: Glomsrod, Soveig/Wei, Taoyuan: Coal cleaning: a viable strategy for reduced carbon emissions and improved environment in China?, in: Energy Policy, Vol. 33, S. 525–542.

Götz 2005: Götz, Roland: Prognosen für die Erdölförderung: Methodologische Fragen und Ergebnisse für Rußland und den Kaspischen Raum, Stiftung Wissenschaft und Politik, Diskussionspapier 8.12.2005, in: http://www.swp-berlin.org/common/get_document.php?id=1507 (Stand 31.5.2006).

Götz 2006: Götz, Roland: Europa und China im Wettstreit um Russlands Erdgas?, SWP-Aktuell, No. 18 (April 2006), Berlin.

Goldstein 2005: Goldstein, Avery: Rising to the Challenge: China's Grand Strategy and Internatio-
    nal Security, Stanford.
Goldstein et al. 2006: Goldstein Andrea/Pinaud, Nicolas/Reisen, Helmut/Chen, Xiaobao: The Rise
    of China and India: What's in for Africa, OECD Development Centre Studies, Paris.
Goldstein/Murray 2004: Goldstein, Lyle/Murray, William: Undersea Dragons: China's Maturing
    Submarine Force, in: International Security, Vol. 28, No. 4, S. 161–196.
Goldstein/Kozyrev 2006: Goldstein, Lyle/Kozyrev, Vitaly: China, Japan and the Scramble for
    Siberia, in: Survival, Vol. 48, No. 1, S.163–178.
Goodman 2004: Goodman, Peter S.: China invests Heavily In Sudan's Oil Industry. Beijing
    supplies Arms Used on Villagers, in: Washington Post, 23.12.2004, S. A01.
Goodman 2005: Goodman, Peter S.: Big Shift in China's Oil Policy. With Iraq Deal Dissolved by
    War, Beijing Looks Elswhere, in: Washington Post, 13.7.2005, S. D01.
Grimmett 2002: Grimmett, Richard F.: Conventional Arms Transfers to Developing Nations,
    1994–2001, Report for Congress, Library of Congress,
    in: http://fpc.state.gov/documents/organization/12632.pdf (Stand 22.5.2006).
Grimmett 2006: Grimmett, Richard F.: Conventional Arms Transfers to Developing Nations,
    1998–2005, Report for Congress, Library of Congress, in: http://www.fas.org/sgp/crs/weapons/
    RL33696.pdf (Stand 17.6.2006).
Grindle 2005: Grindle, Merilee S.: Good Enough Governance Revisited. A Report for DFID, in:
    http://www.odi.org.uk/speeches/states_06/29thMar/Grindle%20Paper%20gegredux2005.pdf
    (Stand 12.1.2007).
GTZ 2006: Gesellschaft für technische Zusammenarbeit: Liquid Biofuels for Transportation.
    Chinese Potentials and Implications for Sustainable Agriculture and Energy in the 21th
    Century, in: http//www.gtz.de/de/dokumente/en-biofuels-for-transportation-in-china-2005.pdf
    (Stand 12.1.2007).
Gu 2006: Gu Xuewu: Chinas Engagement in Afrika: Trends und Perspektiven, in: KAS-AI (2006),
    No. 10, S. 57–77.
Gu/Kupfer 2006: Gu, Xuewu/Kupfer, Kristin (Hg.): Die Energiepolitik Ostasiens. Bedarf,
    Ressourcen und Konflikte in globaler Perspektive, Frankfurt.
Guo 2005: Guo, Wei: Fa mei zhizheng duan bing xiang. Zhongguo 400 yi mei yuan hedian
    dingdan gei shei (Konkurrenz zwischen Frankreich und USA: Bei wem bestellt China für 40
    Milliarden US-Dollar Atomtechnik?), in: Caijing shibao (Finanz Zeitschrift), 10.12.2005, in:
    http://finance.sina.com.cn/chanjing/b/20051210/12372188478.shtml (Stand 18.6.2006).
Harmat 2006: Harmat, Katharina: Die USA und die Energiesicherheit in Ostasien, in: Gu, Xuewu/
    Kupfer, Kristin (Hg.): Die Energiepolitik Ostasiens. Bedarf, Ressourcen und Konflikte in
    globaler Perspektive, Frankfurt, S. 187–20.
Harrington 2005: Harrington, Jonathan: 'Panda Diplomacy': State Environmentalism, Internatio-
    nal Relations and Chinese Foreign Policy, in: Harris, Paul (Hg.): Confronting Environmental
    Change in East and Southeast Asia: Eco-politics, Foreign Policy and Sustainable Development,
    London, S. 102–118.
Hartung/Berrigan 2005: Hartung, William D./Berrigan, Frida: Militarization of U.S. Africa Policy,
    2000 to 2005, A Fact Sheet, World Policy Institute,
    in: http://www.worldpolicy.org/projects/arms/reports/AfricaMarch2005.html
    (Stand 10.12.2005).
Hearn 2005: Hearn, Kelly: China's 'peaceful' invasion, Latin America attractive as market
    for arms sales, in: The Washington Times, 20.11.2005,
    in: http://www.questia.com/PM.qst?a=o&d=5011488876 (Stand 30.5.2006).

Heilmann 2004: Heilmann, Sebastian: Das politische System der VR China, Wiesbaden.

Heinberg 2005: Heinberg, Richard, The Party's Over: Oil, War, and the Fate of Industrial Societies, Gabriola Island.

Herberg 2005: Herberg, Mikkal E.: The Emergence of China throughout Asia: Security and Economic Consequences for the U.S., Hearing at the United States Senate Committee on Foreign Relations, Washington, 7.7.2005,
in: http://foreign.senate.gov/testimony/2005/HerbergTestimony050607.pdf (Stand 14.4.06).

Hilpert/Wacker 2004: Hilpert, Hanns G./Wacker, Gudrun: China und Japan, Kooperation und Rivalität, Berlin, Stiftung Wissenschaft und Politik, Studie 16,
in: http://www.swp-berlin.org/de/common/get_document.php?id=850 (Stand 30.5.2006).

Ho 2006a: Ho, Joshua H.: The Security of Sealines in Southeast Asia, in: Asian Survey, Vol. 46, No. 4, S. 558–574.

Ho 2006b: Ho, Joshua: The IMO – KL Meeting on the Straits of Malacca and Singapore. Major Maritime Nations and Stakeholders Need to Do More, IDSS Commentaries, No. 107, 5.10.2006, in: www.idss.edu.sg/publications/Perspective/IDSS1072006.pdf (Stand 5.2.2007).

Hofmann et al. 2006: Hofmann, Katharina/Kretz, Jürgen/Roll, Michael/Sperling, Sebastian: Kontroverse Wahrnehmungen: Chinesische, afrikanische und europäische Perspektiven auf den China-Afrika-Gipfel, Friedrich Ebert Stiftung, Dezember 2006,
in: http://library.fes.de/pdf-files/iez/04148.pdf (Stand 10.1.2007).

Hogrefe/Lange 2006: Hogrefe, Jürgen/Lange, Hans Rüdiger: Konzept gegen den Kollaps, in: Internationale Politik, Vol. 61, No. 12, S. 54–59.

Holt 2005: Holt, James H.: The Pentagon Plays Its China Card, in: World Policy Forum, Vol. 22, No. 3, S. 25–33.

Hoyos 2006: Hoyos, Carola: Sudan: China, India fill void left by rights campaigners,
in: Sudan Tribune, 2.3.2006, http://www.sudantribune.com/article.php3?id_article=14322 (Stand: 16.1.07).

Hubbard 2006: Hubbard, Libby: Race to Build an Ecocity, in: Camp Democracy, 18.8.2006, http://campdemocracy.org/node/93 (Stand 30.5.2007).

Humphrey/Messner 2006: Humphrey, John/Messner, Dirk: China and India as Emerging Global Governance Actors. Challenges for Developing and Developed Countries, in: IDS Bulletin, Vol. 37, No. 1, S. 107–113.

Husar 2007: Husar, Jörg: Chinas Engagement in Lateinamerika. Rohstoffbedarf, Versorgungssicherheit und Investitionen, Saarbrücken.

IEA 2000: International Energy Agency: China's Worldwide Quest for Energy Security, Paris.

IEA 2002a: International Energy Agency: World Energy Outlook, Paris.

IEA 2002b: International Energy Agency: Developing China's Natural Gas Market, Paris.

IEA 2003: International Energy Agency: World Energy Investment Outlook. 2003 Insights, Paris.

IEA 2005: International Energy Agency: World Energy Outlook 2005 Edition- Middle East and North Africa Insights, Paris.

IEA 2006: International Energy Agency: Key World Energy Statistics 2006, Paris.

Irinnews 2006: Irinnews.org, 21.11.2006: Angola: Oil-backed loan will finance recovery projects,
in: http://www.irinnews.org/print.asp?RepordID=45688 (Stand 21.11.2006).

Isenberg 2007: Isenberg, David: And they call China a threat ..., in: Asia Times Online, 7.6.2007,
in: http://www.atimes.com/atimes/China/IF08Ad01.html (Stand 11.6.2007).

ITAR-TASS 2007: ITAR-TASS, 2.6.2007: First unit of Tianwan n-power plant enters commercial service, in: http://www.itar-tass.com/eng/level2.html?NewsID=11591179 (Stand 5.6.2007).

Iyoha 2005: Iyoha, Milton A.: Enhancing Africa's Trade: From Marginalization to an Export-Led Approach to Development, Economic Research Working Paper No. 77 (August 2005), African Development Bank, in: http://www.afdb.org/pls/portal/url/ITEM/FF89C06943ED97CDE030C 00A0C3D1C0C (Stand 11.1.2007).

Jacobelli 2006: Jacobelli, Joseph: Finding the money: Is China's renewable energy boom real, and if so, how will it be financed?, in: http://www.renewable-energy-world.com/articles/article_ display.cfm?Section=ARCHI&C=Featu&ARTICLE_ID=273241&KEYWORDS=%7Bchina% 7D (Stand 5.6.2007).

Jaffe/Lewine 2002: Jaffe, Amy M./Lewine: Steven W.: Beijing's Oil Diplomacy, in: Survival, Vol. 44, No.1, S. 115–134.

Jervis 2006: Jervis, Robert: The Remaking of a Unipolar World, in: The Washington Quarterly, Vol. 29, No. 3, S. 7–19.

Ji 2000: Ji, Guoxing: SLOC Security in the Asia Pacific, Center Occasional Papers, (Februar 2000), in: http://www.apcss.org/Publications/Ocasional%20Papers/OPSloc.htm, (Stand 25.05.2005).

Ji 2006: Ji, You: A New Era for Chinese Naval Expansion, in: China Brief, Volume 6, Issue 5, S. 4–6.

Jia 2006: Jia, Hwak: African science to benefit from China trade deal, in: Afrol News, 8.11.2006, in: http://www.afrol.com/articles/22487 (Stand 11.1.2007).

Jian 2007: Jian, Junbo: China in Africa: From capitalism to colonialism, in: Asia Times Online, 5.1.2007, in: http://www.atimes.com/atimes/China/IA05Ad01.html (Stand 10.1.2007.

Jiang 2006a: Jiang, Zhuqing: A ticket to riches for coal mine bosses, in: China Daily, 27.9.2006, in: http://www.chinadaily.com.cn/china/2006-09/27/content_697639.htm (Stand 5.5.2007).

Jiang 2006b: Jiang, Wenran: Beijing's "New Thinking" on Energy Security, in: China Brief, 12.04.2006, Vol. 6, No. 8, S. 1–3.

Jin 2000: Jin, Cheng: Zhengduo jiayouzhan (Ringen um die Tankstellen), in: Nanfang Ribao (Südchinesische Zeitung), in: http://www.nanfangdaily.com.cn/zm/0011/30/zmxj3001.htm (Stand 29.4.2005).

Jin 2004: Jin, Liangxiang: Sino-Arab Relations: New Developments and Trends, in: Middle East Policy, Vol. 11, No. 4, S. 113–121.

Jin 2005: Jin, Liangxiang: Energy First, China and the Middle East, in: Middle East Quarterly, Vol.12, No. 2, in: http://www.meforum.org/article/694 (Stand 15.6.2006).

Johnston 2003: Johnston, Alastair I.: Is China a Status Quo Power?, in: International Security, Vol. 27, No. 4, S. 5–56.

Johnson 2005: Johnson, Stephen: Balancing China's Growing Influence in Latin America, Backgrounder #1888, 24.10.2005, Heritage Foundation, in: http://www.heritage.org/Research/LatinAmerica/bg1888.cfm (Stand 16.6.2006).

Joseph 2006: Joseph, Anil K.: India, China to step up cooperation in hydrocarbons sector, in: Organisation of Asia-Pacific News Agencies, 14.12.2006, in: http://www.uofaweb.ualberta.ca/ chinainstitute/nav03.cfm?nav03=54263&nav02=43874&nav01=43092 (Stand 22.2.2007).

Jun 2000: Jun, Jing: Environmental Protests in Rural China, in: Perry, Elisabeth J./Selden, Mark (Hg.): Chinese Society: Change, Conflict and Resistance, London, S. 143–160.

Jun 2007: Jun, Ying: Powering progress: China's clean energy revolution, in: Renewable Energy World, Vol. 10, No. 1, S. 64–72.

Kampf 2007: Kampf, David: China's Rise and the Implications for International Human Rights, in: China Rights Forum, No. 1 (2007), S. 43–46.

Kan 2006: Kan, Shirley A.: China and Proliferation of Weapons of Mass Destruction and Missiles: Policy Issues. CRS Report for Congress, Updated August 2nd, 2006, Library of Congress, in: http://fpc.state.gov/documents/organization/71683.pdf (Stand 18.6.2007).

Kapisthalam 2005: Kapisthalam, Kaushik: US's $5 billion nuclear gamble with China, in: Asia Times Online, 11.3.2005, in: http://www.atimes.com/atimes/China/GC11Ad05.html (Stand 5.5.2007).

Kaplan 2005: Kaplan, Robert D.: How We Would Fight China, in: Atlantic Monthly, Vol. 295, No. 5, S. 49–64.

Kaplan 2006: Kaplan, Fred: The China Syndrome. Why the Pentagon keeps overestimating Beijing's military strength, in: Slate.com, 26.5.2006, in: http://www.slate.com/toolbar.aspx?action=print&id=2141966 (Stand 5.2.2007).

Kaplinsky et al. 2006: Kaplinsky, Raphael/McCormick, Dorothy/Morris, Mike: The Impact of China on Sub Saharan Africa, Paper, in: http://www.uk.cn/uploadfiles/2006428172021581.doc (Stand 11.1.2007).

Kappel/Schneidenbach 2006: Kappel, Robert/Schneidenbach, Tina: China in Afrika: Herausforderungen für den Westen, GIGA-Fokus, No. 12.

Karplus 2007: Karplus, Valerie J.: Innovation in China's Energy Sector. Program on Energy and Sustainable Development, Working Paper 61, Stanford University, in: http://iis-db.stanford.edu/pubs/21519/WP61__Karplus_China__Innovations.pdf (Stand 29.5.2007).

Ke 2007: Ke, Zhang: China to Hold Provincial Officials Accountable for Environmental Harm, in: China Watch, 20.2.2007, in: http://www.worldwatch.org/node/4926 (Stand16.3.2007).

Khurana 2006: Khurana, Gurprett S.: Securing the Maritime Silk Route: Is there a Sino-Indian Confluence?, in: China and Eurasia Forum Quarterly, Vol. 4, No. 3, S. 89–103.

Klare 2001: Klare, Michael T.: The New Geography of Conflict, in: Foreign Affairs, Vol. 80, No. 3, S. 49–61.

Klare 2004: Klare, Michael T.: Blood and Oil: The Dangers and Consequences of America's Growing Dependency on Imported Oil, London.

Klare 2005: Klare, Michael T.: Revving Up the China Threat, in: The Nation, 24.10.2005, in: http://www.thenation.com/doc/20051024/klare (Stand 10.2.2007).

Klare 2006: Klare, Michael T.: Öl-Junkie Amerika: was die Abhängigkeit vom Erdöl für die USA politisch bedeutet, in: Internationale Politik, Vol. 61, No. 2, S. 3–42.

Kong 2005: Kong, Bo: An Anatomy of China's Energy Insecurity and Its Strategies, Pacific Northwest National Laboratory, in: http://pnwcgs.pnl.gov/Newsletter/otherdocs/anatchinaenergy.pdf (Stand 30.5.2006).

Kreft 2006: Kreft, Heinrich: Neomerkantilistische Energiediplomatie. China auf der Suche nach neuen Energiequellen, in: Internationale Politik, Vol. 61, No. 2, S. 50–57.

Ku et al. 2003: Ku, Jean/ Lew, Debra/ Ma, Shenghong: Sending electricity to townships. China's large-scale renewables programme brings power to a million people, in: Renewable Energy World, (September/October 2003), S. 56–67.

Kupfer 2006: Kupfer, Kristin: Wind für den Frieden: Erneuerbare Energien in Ostasien, in: Gu, Xuewu/Kupfer, Kristin (Hg.): Die Energiepolitik Ostasiens. Bedarf, Ressourcen und Konflikte in globaler Perspektive, Frankfurt, S. 165–185.

Kurlantzick 2006: Kurlantzick, Joshua: Beijing's Safari, China's Move into Africa and Its Implications for Aid, Development and Governance, Policy Outlook (November 2006) Carnegie Endowment for International Peace, in: http://www.carnegieendowment.org/files/kurlantzick_outlook_africa2.pdf (Stand 5.1.2007).

Kurtenbach 2005: Kurtenbach, Elaine: Nuclear energy expansion stepped up as demand soars, in: The Standard, 4.7.2005, in: www.thestandard.com.hk/stdn/std/China/GC04Ad01.html (Stand 27.2.2006).

Larson et al. 2003: Larson, Eric D./Wu, Zongxin/Pat, DeLaquil/Chen, Wenying/Gao, Pengfei: Future implications of China's energy-technology choices, in: Energy Policy, Vol. 31, No.12, S. 1189–1204.

Lee 2005: Lee, Ho-Ching: China and the Climate Change Agreements: Science, Development and Diplomacy, in: Harris, Paul (Hg.): Confronting Environmental Change in East and Southeast Asia: Eco-politics, Foreign Policy and Sustainable Development, London, S. 135–150.

Legwaila 2006: Legwaila, Joseph L.: Presentation to the Roundtable on Shifting Donor Paradigms, First Edition of European Development Days, 16.11.2006, in: http://www.un.org/africa/osaa/speeches/Brussels_EU%20Development%20Days.pdf (Stand 14.12.2006).

Leonhardt 2006: Leonhardt, Nadine R.: Die Spratlys: Inseln im Nirgendwo: Energieressourcen als Konflikt- und Kooperationsfaktor in Ostasien, in: Gu, Xuewu/Kupfer, Kristin (Hg.): Die Energiepolitik Ostasiens. Bedarf, Ressourcen und Konflikte in globaler Perspektive, Frankfurt, S. 123–142.

Leverett/Bader 2005: Leverett, Flynt/Bader, Jeffrey: Managing China-U.S. Energy Competition in the Middle East, in: The Washington Quarterly, Vol. 29, No. 1, S. 187–201.

Li 2005a: Li, Zhidong: Present status and future outlook of China's nuclear power development, in: Int. Journal of Global Energy Issues, Vol.24, No. 3/4, S. 267–279.

Li 2005b: Li, Xiayun: Zhongguo mingqi yinglai shiyou shidai, guoqi longduan shiyouye gejü jiangpo (Chinesische Privatunternehmen stehen vor dem Ölzeitalter: Das Monopol der Staatsunternehmen im Ölsektor wird gebrochen), in: http://www.ce.cn/cysc/ny/shiyou/200501/21/t20050121_2915758.shtml (Stand 9.2.2007).

Liao et al. 2007: Liao, Hua/Fan, Ying/Wei, Yi-Ming: What induced China's energy intensity to fluctuate: 1997-2006, in: Energy Policy, doi:10.1016/j.enpol.2007.03.028.

Lieberthal/Herberg 2006: Lieberthal, Kenneth/Herberg, Mikkal: China's Search for Energy Security: Implications for U.S. Policy, National Bureau of Asian Research, Analysis, Vol. 17, No. 1.

Lieggi 2003: Lieggi, Stephanie: China's White Paper on Nonproliferation: Export Controls Hit the Big Time, Issue Brief, Dezember 2003, Center for Nonproliferation Studies, Monterey Institute of International Studies, in: http://www.nti.org/e_research/e3_36a.html (Stand 17.6.2006).

Lin 2005: Lin, Liang: Trends in Energy Efficiency Investments in China and the US, Berkeley National Laboratory, in: http://www.efchina.org/csepupfiles/report/2006102695218507.33173630969185.pdf/7._Jiang_Lin__China_Energy_Efficiency_Investment_Trends.pdf (Stand 12.4.2007).

Lin et al. 2003: Lin, Justin Yi./Cai, Fang/Li, Zhou: The China Miracle. Development Strategy and Economic Reform, Hongkong.

Lin/Zhou 2006: Lin, Erda/Zhou, Ji: Climate Change Impacts and its Economics in China, Supporting Research commissioned as part of the Stern Review, 28.8.2006, in: http://www.hm-treasury.gov.uk/media/8A3/DD/stern_review_china_impacts.pdf? (Stand: 12.2.2007).

Ling 2006: Ling, Li: Chinese Government to Start "Buying Green", in: China Watch, 30.11.2006, in: http://www.worldwatch.org/node/4760 (Stand: 12.1.2006).

Ling 2007a: Ling, Li: Beijing Gives Priority to Public Transportation, in: China Watch, 6.2.2007, in: http://www.worldwatch.org/node/4895 (Stand 8.2.2007).

Ling 2007b: Ling, Bonny: China's Peacekeeping Diplomacy, in: China Rights Forum, No. 1 (2007), S. 47–49.

Liu 2005: Liu, Hua: Zhongguo shiyou jiang quanmian kanfang, Zhejiang reqian kuangqiang shiyou chanye (Chinas Ölsektor wird sich öffnen: Heißes Geld aus Zhejiang ringt um Ölgeschäfte), in: http://finance.dayoo.com/gb/content/2005-02/18/content_1937015.htm (Stand 12.2.2006).

Liu 2006: Liu, Weixun, Nanfang dianwang zai Yuenan maidian, dianli shichang guosheng qianzhao xianxian (Stromnetz des Südens verkauft Strom in Vietnam, Zeichen für Stromüberschuss), in: Jingji Guanchabao (Zeitung für Wirtschaftsbeobachtung), 19.3.2006, in: http://news.phoenixtv.com/phoenixtv/83886170194313216/20060319/763144.shtml (Stand 10.04.2006).

Logan 2005: Logan, Jeffrey: Energy Outlook for China: Focus on Oil and Gas, Washington: U.S. Senate, Committee on Energy and Natural Resources, Hearings on IEA's Annual Energy Outlook for 2005, 3.3.2005, in: http://library.iea.org/textbase/speech/2005/jl_china.pdf (Stand 17.3.2005).

Lü 2002: Lü, Wei: Yetan shiyou hangye de jingzheng yu chongzu (Über Wettbewerb und Restrukturierung der Ölbranche), in: http://www.drcnet.com.cn/new_product/drcexpert1/showdoc.asp?doc_id=157409 (Stand: 11.9.2004).

Lu/Dong 2006: Lu, Fuming/Dong, Zhengguo: Dianmeijia youla shangju, erci meidian liandong jiangcheng gaige „guaitai"? (Kampf zwischen Kohlen- und Strompreisen eskaliert: Wird die zweite Kopplung der Kohlen- und Strompreise eine „Missgeburt"?) in: http://www.ce.cn/cysc/ny/meitan/scgc/200603/01/t20060301_6235681.shtml (Stand 23.2.2007).

Lubell 2006: Lubell, Sam: Not Innovative? SOM's Skyscraper Projects in China Tell A Different Story, in: Architectural Record, 15.6.2006, in: http://archrecord.construction.com/news/daily/archives/060615som.asp (Stand 30.5.2007).

Luft 2005: Luft, Gal: Statement, Hearing on China's Future Energy Development and Acquisition, U.S.-China Economic and Security Review Commission, Washington, 21.7.2005, in: http://www.uscc.gov/hearings/2005hearings/written_testimonies/05_07_21_22wrts/luft_gal_wrts.htm (Stand 30.5.2006).

Luft/Korin 2004: Luft, Gal/Korin, Anne: The Sino-Saudi Connection, in: Commentary Magazine (März 2004), in: http://www.iags.org/sinosaudi.htm (Stand 30.3.2005).

Lynch 2006: Lynch, Colum: Security Council Sets Deadline for Iran, in: Washington Post, 1.8.2006, S. A11.

Macan-Markar 2007: Macan-Markar, Marwaan: Sparks fly as China moves oil up Mekong, in: Asia Times Online, 9.1.2007, in: http://www.atimes.com/atimes/Southeast_Asia/IA09Ae01.html (Stand 8.1.2007).

MacBean 2007: Macbean, Alasdair: China's Environment: Problems and Policies, in: The World Economy, Vol. 30, No. 2, S. 292–307.

Manning 2004: Manning, Robert A.: The Asian Energy Markets: A New Geopolitics?, in: The Emirates Center for Strategic Studies and Research (Hg.): Asian Energy Markets. Dynamics and Trends, Abu Dhabi, S. 21–53.

Marks 2006: Marks, Stephen: China in Africa - the new imperialism? in: Pambazuka News, 3.2.2006, http://www.pambazuka.org/en/category/features/32432 (Stand 5.4.2007).

Mathani 2006: Mathani, Dino: Nigeria turns to China as it claims US Defence aid falters, in: Financial Times, 28.2.2006, in: http://news.ft.com/cms/s/293497c8-a7ff-11da-85bc-0000779e2340,s01=1.html (Stand 2.3.2006).

Mayer 2005: Mayer, Maximilian: Die Energiepolitik der Volksrepublik China. Trends, Probleme und Strategien in der Energiesicherheit Chinas (unveröffentlichte B.A.-Arbeit), Ruhruniversität Bochum, Lehrstuhl für Politik Ostasiens.

Mayer 2006: Mayer, Maximilian: Die Energiepolitik der Volksrepublik China, in: Gu, Xuewu/ Kupfer, Kristin (Hg.): Die Energiepolitik Ostasiens. Bedarf, Ressourcen und Konflikte in globaler Perspektive, Frankfurt, S. 17–40.

Mayer 2007a: Mayer, Maximilian: Warum Chinas „Energiehunger" nicht zum „Krieg um Ressourcen" führt, in: China aktuell, Vol. 36, No. 1, S. 57–75.

Mayer 2007b: Mayer, Maximilian: Die Auswirkungen chinesischer Direktinvestitionen in Afrika auf die Verwirklichung der Millenniumsziele, in: 2015 im Gespräch, No. 11 (erscheint Mitte 2007).

McDonough 2006: McDonough, William: China as a Green Lab, in: Harvard Business Review, Februar 2006, S. 38–39.

McGregor 2006: McGregor, Richard: China and Australia mark first LNG shipment, in: Financial Times, 28.7.2006, in: http://www.uofaweb.ualberta.ca/chinainstitute/nav03.cfm?nav03=47539&nav02=43590&nav01=43092 (Stand 22.3.2007).

McKibbin 2005: McKibbin, Warwick J.: Environmental Consequences of Rising Energy Use in China, Revised paper prepared for the Asian Economic Policy Review conference, Tokyo, 22.10.2005, in: www.brook.edu/views/papers/mckibbin/200512.pdf (Stand: 12.12.2006).

McVadon 2006: McVadon, Eric A.: China's Maturing Navy, in: Naval War College Review, Vol. 59, No. 2, S. 90–107.

Medeiros 1999: Medeiros, Evan S.: The Changing Character of China's WMD Proliferation Activities, Paper presented at the Conference "China and Weapons of Mass Destruction: Implications for the United States", National Intelligence Council, 5.11.1999, in: http://www.nti.org/e_research/official_docs/cia/11599CIA.pdf, S.64-91 (17.6.2006).

Medeiros 2005a: Medeiros, Evan S.: Chasing the Dragon, Assessing China's System of Export Controls for WMD-Related Goods and Technologies, Santa Monica.

Medeiros 2005b: Medeiros, Evan S.: Strategic Hedging and the Future of Asia-Pacific Stability, in: Washington Quarterly, Vol. 29, No. 1, S. 145–167.

Medeiros/Bates 2000: Medeiros, Evan S./Bates, Gill: Chinese Arms Exports. Policy, Players, and Process, Strategic Studies Institute, in: http://cns.miis.edu/research/china/pdfs/chinarms.pdf (Stand 15.6.2006).

Medeiros/Fravel 2003: Medeiros, Evan S./Fravel, Taylor M.: China's New Diplomacy, in: Foreign Affairs, Vol. 82. No. 6, S. 22–25.

Medlock et al. 2004: Medlock III, Kenneth B./Soligo, Ronald/Jaffe, Amy M.: The Present Status and Future Prospects of Energy in China, in: The Emirates Center for Strategic Studies and Research (Hg.): Asian Energy Markets. Dynamics and Trends, Abu Dhabi, S. 275–310.

MFA 2006: Ministry of Foreign Affairs, People's Republic of China: Wen Jiabao Meets with South African Vice President and CEO of the NEPAD, 23.6.2006, in: http://www.fmprc.gov.cn/eng/zxxx/t259892.htm (Stand 15.1.2007).

Ming 2005: Ming, Jun: Zhongguo youqi qinxin haiyang shiyou "zhong hai you" yu tun "you ni ke" (Chinesische Ölfirma strebt nach Offshore-Öl. CNOOC möchte Unocal übernehmen), in: Zhongguo jingji zhoukan (China Economic Weekly), 3.7.2005, in: http://www.zgjjzk.cn/more.asp?TN_NID=2005-07-03-1012 (Stand 3.6.2006).

Mittelman 2006: Mittelman, James H.: Globalization and development: Learning from debates in China, in: Globalizations, Vol. 3, No. 3, S. 377–391.

Möller 2006: Möller, Kay: Maritime Sicherheit und die Suche nach politischem Einfluss in Südostasien, SWP-Studie, No. 35 (Dezember 2006), Stiftung Wissenschaft und Politik, Berlin.

MOFCOM 2007: Ministry of Commerce of the People's Republic of China: Import Value by Major Commodities (2006/01-12), in: http://english.mofcom.gov.cn/aarticle/statistic/ie/200702/20070204370882.html (Stand 31.5.2007).

Mol 2006: Mol, Arthur P. J.: Environment and Modernity in Transitional China: Frontiers of Ecological Modernization, in: Development and Change, Vol. 37, No. 1, S. 29–56.

Montesquiou 2007: Montesquiou, Alfred de: World Awaits Sudan's Next Move in Darfur, in: Guardian, 17.4.2007, in: http://www.guardian.co.uk/worldlatest/story/0,,-6565200,00.html (Stand 4.6.2007).

Mooney 2005: Mooney, Paul: China's African Safari, in: Yale Global Online, 3.1.2005, in: http://yaleglobal.yale.edu/display.article?id=5106 (Stand 18.1.2006).

Moore 2005: Moore, Jeff, China's Kazakh prize: The expert opinion, in: Asia Times Online, 25.8.2005, in: http://www.atimes.com/atimes/China/GH25Ad01.html (Stand 13.4.2006).

Moss/Rose 2006: Moss, Todd/Rose, Sarah: China ExIm Bank and Africa: New Lending, New Challenges, CGD Notes (November 2006), Center for Global Development, in: http://www.cgdev.org/files/11116_file_China_and_Africa.pdf (Stand 11.1.2007).

Müller 2003: Müller, Friedemann: Sicherheit der Energieversorgung – Zu kompliziert für Europas Politiker? Stiftung Wissenschaft und Politik, Diskussionspapier, 4.8.2003, in: http://www.swp-berlin.org/common/get_document.php?id=267 (Stand 30.5.2006).

Müller 2006a: Müller, Friedemann: Chinas Energiepolitik – geopolitische Konsequenzen, in: Wacker, Gudrun (Hg.): Chinas Aufstieg: Rückkehr der Geopolitik?, SWP-Studie 2006/S 03, SWP, Berlin, S. 9–14.

Müller 2006b: Müller, Constanze: Chinas Engagement in Afrika: Rhetorik und Realität, in: China Aktuell, No. 6, S. 90–14.

Nanto et al. 2005: Nanto, Dick K./Jackson, James K./Morrison, Wayne M./Kumins, Lawrance: China and the CNOOC Bid for Unocal: Issues for Congress, CRS Report for Congress, The Library of Congress, in: http://www.opencrs.com/rpts/RL33093_20050915.pdf (Stand 14.6.2006).

Navarro 2006: Navarro, Peter: The Coming China Wars: Where They Will Be Fought, How They Can Be Won, London.

NBS 2003: National Bureau of Statistics of China: China Statistical Yearbook 2003, Peking.

NBS 2004: National Bureau of Statistics of China: China Statistical Yearbook 2004, Peking.

NBS 2005: National Bureau of Statistics of China: China Statistical Yearbook 2005, Peking.

NBS 2006: National Bureau of Statistics of China: China Statistical Yearbook 2006, Peking.

NDR 2004: Norddeutscher Rundfunk, 17.10.2004: SUDAN: Deutsche Schienen fürs Erdöl, in: http://www.ndrtv.de/weltspiegel/20041017/sudan.html (Stand 17.6.2006).

NDRC 2007: National Development and Reform Commission: China's National Climate Change Programme, Peking.

Ni 2006: Ni, Chun Chun: China's Electric Power Demand and Supply in 2005, Institute of Energy Economics Japan, in: https://eneken.ieej.or.jp/en/data/pdf/315.pdf (Stand 22.6.2006).

Niazi 2006: Niazi, Tarique: The Ecology of Strategic Interests: China's Quest for Energy Security from the Indian Ocean and the South China Sea to the Caspian Sea Basin, in: China and Eurasia Forum Quarterly, Vol. 4, No. 4, S. 97–116.

Nicolas et al. 2004: Nicolas, Francoise/Godement, Francois/Yakushiji, Taizo: An Overview of
Options and Challenges, in: Dies. (Hg.): Asia and Europe – Cooperating for Energy Security. A
CEAC Task Force Report, Paris, S. 9–28.

Niederberger et al. 2006: Niederberger, Anne A./Brunner, Conrad U./Zhou, Dadi: Energy Efficiency in China: Impetus for a Global Climate Policy Breakthrough?, in: China Environment
Series, Vol. 8, S. 85–86.

Niu 2006: Niu, Li: Wisdom of China's strategic oil reserves, in: China Daily, 7.11.2006,
in: http://www.chinadaily.com.cn/opinion/2006-11/07/content_726342.htm (Stand 4.2.2007).

Nuscheler 2005: Nuscheler, Franz: Entwicklungspolitik, Bundeszentrale für politische Bildung,
Schriftenreihe Band 488, Bonn.

NVK 2006: Nationaler Volkskongress: Zhonghua renmin gong heguo guomin jingji he shehui
fazhan di shiyi ge wu nian guihua gangyao (11. Fünfjahresplan für die wirtschaftliche und
gesellschaftliche Entwicklung der Volksrepublik China), Peking.

Ögütcü 2002: Ögütcü, Mehmet: Foreign Direct Investment and Importance of the 'Go West'
Strategy in China's Energy Sector, in: http://www.oecd.org/dataoecd/1/35/2085596.pdf (Stand
22.2.2005).

Ögütcü 2006: Ögütcü, Mehmet: Kazahkstan's Expanding Cross-Border Links. Implications for
Europe, Russia, China and other CIS countries, in: CEPMLP Internet Journal, Vol. 17, in:
www.dundee.ac.uk/cepmlp/journal/html/Vol17/Vol17_8.pdf (Stand 16.2.2007).

Ong 2002: Ong, Russel: China's Security Interests in the Post-Cold War Era, London.

Osmanovic 2006: Osmanovic, Armin: Afrika bewegt sich – und wir sind schlecht beraten, in: eins
Entwicklungspolitik, Vol. 21, No. 3, S. 51–55.

Ostbo/Carling 2006: Ostbo Haugen, Heidi/Carling, Jorgen: Sie wagen und gewinnen. Chinesische
Händler in Afrika, in: Der Überblick Zeitschrift für ökumenische Begegnung und internationale
Zusammenarbeit, Vol. 41, No. 4, S. 19–23.

Paik 2005: Paik, Keun-Wook: Russia's Oil and Gas Exports to Northeast Asia, in: Asia-Pacific
Review, Vol. 12, No. 2, S. 58–70.

Pan 2006: Pan, Yue: Fast alles wieder verloren, in: Süddeutsche Zeitung, 11.12.2006,
in: http://www.sueddeutsche.de/wissen/artikel/371/94277/article.html (Stand: 12.12.2006).

Pehrson 2006: Pehrson, Christopher J.: String of Pearls: Meeting The Challenge of China's Rising
Power Across the Asian Littoral, Strategic Studies Institute,
in: http://www.strategicstudiesinstitute.army.mil/pdffiles/PUB721.pdf (Stand 12.12.2006).

Peluola 2007: Peluola, Adewale: China: A new Partner for Africa's Development?, in: Pambazuka
News, 21.3.2007, http://www.pambazuka.org/en/category/comment/40407 (Stand 28.3.2007).

Peng 2007: Peng, Renya: China CNPC Unit Starts Building Pipelines In India, Libya, in:
Dow Jones International News, 15.3.2007, in: http://www.uofaweb.ualberta.ca/chinainstitute/
nav03.cfm?nav03=58050&nav02=57598&nav01=57272 (Stand 24.4.2007).

People's Daily 2006: People's Daily Online, 25.4.2006: Saudi Aramco to push ahead China
venture, supply 1 mln bpd crude by 2010,
in: http://english.people.com.cn/200604/25/eng20060425_261069.html (Stand 28.5.2006).

People's Daily 2007: People's Daily 2007, 1.1.2007: China's CITIC group acquires Kazakhstan oil
assets for 1.91 bln US dollars,
in: http://english.people.com.cn/200612/31/eng20061231_337346.html (Stand 26.4.2007).

Piskur 2006: Piskur, Michael: Venezuela Moves to Nationalize its Oil Industry, in: PINR,
19.5.2006,
in: http://www.pinr.com/report.php?ac=view_printable&report_id=492&language_id=1
(Stand 24.5.2006).

Platt 2000: Platt, Kevin: China's nuclear program loses steam, in: Christian Science Monitor, 21.7.2000, in: http://csmonitor.com/cgi-bin/durableRedirect.pl?/durable/2000/07/21/p7s1.htm (Stand 11.6.2006).

Pravda 2006: Pravda, 10.5.2006: Venezuela to buy 18 oil tankers from China, Pravda, in: http://english.pravda.ru/news/world/10-05-2006/80085-oil-0 (Stand 24.5.2006).

Przeworski 2004: Przeworski, Adam: Institutions matter?, in: Government and Opposition, Vol. 39, No. 2, S. 527–540.

Putzel 2004: Putzel, James: The Political Impact of Globalization and Liberalization: Evidence Emerging from Crisis States Research, Discussion Paper No. 7, Development Studies Institute, in: http://www.crisisstates.com/download/dp/dp07.pdf (Stand 13.1.2007).

Qian 2003: Qian, Yinyi: How Reform Worked in China, in: Rodrik, Dani (Hg.): In Search of Prosperity: Analytic Narratives on Economic Growth, Princeton, S. 297–333.

Rabe/Wiede 2005: Rabe, Christoph/Wiede, Thomas: Peking bohrt nach Öl um jeden Preis, in: Handelsblatt, 24.07.2005, in: http://www.handelsblatt.com/pshb?fn=tt&sfn=go&id=1057967 (Stand 13.04.2006).

Ramo 2004: Ramo, Joshua Cooper: The Beijing Consensus, London.

Reiche 2004: Reiche, Danyel: Rahmenbedingungen für erneuerbare Energien in Deutschland. Möglichkeiten und Grenzen einer Vorreiterpolitik, Frankfurt.

REN21 2005: Renewable Energy Policy Network for the 21st Century: Globaler Statusbericht 2005: Erneuerbare Energien, in: http://www.ren21.net/globalstatusreport/g2005.asp (Stand 4.9.2006).

Ren et al. 2005: Ren, Xin/Zeng, Lei/Zhou, Dadi: Sustainable energy development and climate change in China, in: Climate Policy, Vol. 5, S. 185–198.

Reuters 2005: Defense Industry Daily, 30.9.2005: Nigeria Spends $251M for Chinese F-7 Fighters After Oil Deals, in: http://www.defenseindustrydaily.com/2005/09/nigeria-spends-251m-for-chinese-f7-fighters-after-oil-deals/index.php (Stand 17.6.2006).

Reuters 2007a: Reuters, 30.3.2007: Exxon, Aramco China Venture Costs Rise to 5$ Bln, in: http://today.reuters.com/news/articleinvesting.aspx?view=CN&WTmodLOC=C3-News-5& symbol=CVX&storyID=2007-03-30T123253Z_01_PEK226663_RTRIDST_0_ENERGY-CHINA-REFINERY-UPDATE-3.XML&type=qcna (Stand 6.7.2007).

Reuters 2007b: Reuters, 22.4.2007: China says global warming threatens development, in: http://www.alertnet.org/thenews/newsdesk/PEK66835.htm (Stand 23.4.2007).

Romerio 2005: Romerio, Franco: Nuclear Energy, an option for sustainable development?, Vortrag auf der Konferenz: "Investing for Sustainability – 5th SESSE Conference, Universidad Pontificia Comillas, 19.-20.5.2005, Madrid, in: http://www.iit.upcomillas.es/julian/sessa/presentaciones/Romeiro.pdf (Stand 20.1.2007).

Rosecrance, Richard 1986: The Rise of the Trading State. Commerce and Conquest in the Modern World, New York.

Ross 1999: Ross, Robert S.: Engagement in U.S. China Policy, in: Johnston, Alistair I./Ross, Robert S. (Hg.): Engaging China, The Management of an Emergent Power, London, S. 176–206.

Rui 2005: Rui, Huaichuan: Globalization, Transition, and Development in China. The Case of the Coal Industry, London/New York.

Russell 2005: Russell, Richard, L.: China's WMD Foot in the Greater Middle East's Door, in: Middle East Review of International Affairs, Vol. 9, No. 3, S. 108–124.

Sachs/Santarius 2006: Sachs, Wolfgang/Santarius, Tilman: Fair Future. Begrenzte Ressourcen und globale Gerechtigkeit, München.

Schafer/Underwood 2005: Schafer, Sarah/Underwood, Anne: Building in Green, in: Newsweek International, 26.9.2005, in: http://www.msnbc.msn.com/id/9378521/site/newsweek/ (Stand 30.5.2007).

Schiller 2006: Schiller, Ben: The axis of oil: China and Venezuela, in: http://www.opendemocracy. net/people-china/china_venezuela_3319.jsp (Stand 5.6.2006).

Schmitz 2006: Schmitz, Hubert: The Rise of the East: what does it mean for Development Studies? Paper for the IDS40 Conference 20-22. September 2006, in: http://www.ids.ac.uk/ids/global/pdfs/hs_ids40-2.pdf (Stand 20.1.2007).

Schofield/Storey 2005: Schofield Clive/Storey, Ian: Energy Security and Southeast Asia: The Impact on Maritime Boundary and Territorial Disputes, in: Asian Quarterly, Vol. 9, No. 4, in: http://www.asiaquarterly.com/content/view/160/ (Stand 4.2.2007).

Schüller/Asche 2007: Schüller, Margot/Asche, Helmut: China als neue Kolonialmacht in Afrika? Umstrittene Strategien der Ressourcensicherung, in: China aktuell, Vol. 36, No. 2, S. 67–78.

Schwengsbier 2007: Schwengsbier, Jutta: Asiatische Ausbeutung in Afrika?, in: Deutsche Welle, 2.1.2007, in: http://www.dw-world.de/popup_printcontent/0,,2293094,00.html (Stand 9.1.2007).

SCMP 2006: South China Morning Post, 25.5.2006: Shenzhen LNG eyes Australia supply – First shipment for China National-BP venture to come from North West Shelf, in: http://www.uofaweb.ualberta.ca/chinainstitute/nav03.cfm?nav03=46502&nav02=43590& nav01=43092 (Stand 23.2.2007).

Shambaugh 2002: Shambaugh, David: Modernizing China's Military: Progress, Problems and Prospects, Berkeley.

Shambaugh 2004: Shambaugh, David Shambaugh: China Engages Asia, Reshaping the Regional Order, in: International Security, Vol. 29, No. 3, S. 64–99.

Shambaugh 2005: Shambaugh, David: China's Military Modernizing: Making Steady and Surprising Progress, in: Tellis, Ashley/Wills, Michael (Hg.) (2005): Strategic Asia 2005–2006, Seattle, S. 66–103.

Shanghai Daily 2006: Shanghai Daily, 19.1.2006: China pays 40.7% more for crude imports in 2005, in: http://www1.cei.gov.cn/ce/doc/cen4/200601202300.htm (Stand 4.6.2006).

Shanghai Daily 2007: Shanghai Daily, 22.5.2007: China may sign nuclear deal with Westinghouse, in: http://www.shanghaidaily.com/sp/article/2007/200705/20070522/article_316776.htm (Stand 5.6.2007).

Shen 2006: Shen, Dingli: Iran's Nuclear Ambitions Test China's Wisdom, in: Washington Quarterly, Vol. 29, No. 2, S. 55–66.

Shi 2003: Shi, Chang, Fenxi: Nengyuan pingjing dui jingji fazhang zhiyue zuoyong zengda (Analyse: zunehmende Einschränkungen der Energieengpässe für das Wachstum der Wirtschaft, in: Shijie Shangye Pinglun (Welthandel Review), 9.12.2003, S. 3.

Shi 2005a: Shi, Ming: Kauf, Verkauf, Kooperation - Chinas Rüstungsgeschäfte, in: Deutsche Welle, 23.5.2005, in: http://www.dw-world.de/dw/article/0,2144,1589897,00.html (Stand 11.6.2006).

Shi 2005b: Shi, Dan, Energy Industry in China: Marketization and National Energy Security, in: China & World Economy, Vol. 13, No. 4, S. 21–33.

Shichor 2005: Shichor, Yitzhak: Sudan: China's Outpost in Africa, in: China Brief, Vol. 5, No. 21, S. 9–11.

Shikwati 2006: Shikwati, James: Fehlentwicklungshilfe. Mit eigenständigen Lösungen kann Afrika eine neue Rolle spielen, in: Internationale Politik, Vol. 61 (2006), No. 4, S. 6–15.

Shinn 2006: Shinn, David H.: Africa and China's Global Activism, Paper presented at the National Defense University Pacific Symposium, 20.6.2006, in: http://www.gwu.edu/~elliott/news/transcripts/shinn7.html (Stand 13.1.2007).

Sieg 2007: Sieg, Klaus: Im Osten geht vielleicht die Sonne auf, in: TAZ, 21.6.2007, S. 19.

Siemons 2006: Siemons, Mark: Ökonomie statt Moral, in: FAZ, 4.11.2006, S. 37.

Singh 1999: Singh, Swaran: Continuity and Change in China's Maritime Strategy, in: Strategic Analysis, Vol. 23, No. 9, S. 1493–1508.

Sinton et al. 2005: Sinton, Jonathan/Stern, Rachel E./Aden, Nathaniel T./Levine, Mark D.: Evaluation of China's Energy Strategy Options, China Sustainable Energy Program, Berkeley, in: http://china.lbl.gov/publications/nesp.pdf (Stand 12.12.2006).

SIPRI 2005: Stockholm International Peace Research Institute: SIPRI Yearbook 2005: Armaments, Disarmament and International Security, Stockholm.

SIPRI 2006: Stockholm International Peace Research Institute: SIPRI Yearbook 2006: Armaments, Disarmament and International Security, Stockholm.

SIPRI 2006a: Stockholm International Peace Research Institute: Trade in and licensed production of major conventional weapons: Exports sorted by supplier. Deals with deliveries or orders made 1980-2005 (China), SIPRI Arms Transfers Database 2006.

SIPRI 2006b: Stockholm International Peace Research Institute: Imported Weapons to Iran in 1995-2005, SIPRI Arms Transfers Database 2006, in: http://www.sipri.org/contents/armstrad/access.html (Stand 13.6.2006).

SIPRI 2006c: Stockholm International Peace Research Institute: Imported Weapons to Iraq in 1975-2005, SIPRI Arms Transfers Database 2006, in: http://www.sipri.org/contents/armstrad/access.html (Stand 13.6.2006).

SIPRI 2006d: Stockholm International Peace Research Institute: Imported Weapons to Sudan in 1995-2005, SIPRI Arms Transfers Database 2006, in: http://www.sipri.org/contents/armstrad/access.html (Stand 13.6.2006).

SIPRI 2006e: Stockholm International Peace Research Institute: Transfers and licensed production of major conventional weapons: Imports sorted by recipient. Deals with deliveries or orders made 1995-2005 (Iran), SIPRI Arms Transfers Database 2006, in: http://www.sipri.org/contents/armstrad/access.html (Stand 14.6.2006).

SIPRI 2006f: Stockholm International Peace Research Institute: Transfers and licensed production of major conventional weapons: Imports sorted by recipient. Deals with deliveries or orders made 1995-2005 (Sudan), SIPRI Arms Transfers Database 2006, in: http://www.sipri.org/contents/armstrad/access.html (Stand 13.6.2006).

SIPRI 2006g: Stockholm International Peace Research Institute: Exported weapons from China in 1980-2005, SIPRI Arms Transfers Database 2006.

Smil 2003: Smil, Vaclav: Energy at the Crossroads. Global Perspectives and Uncertainties, London/ Cambridge.

Smil 2004: Smil, Vaclav: China's Past, China's Future: Energy, Food, Environment, New York.

Srivastava 2006: Srivastava Siddharth: India, China work out new energy synergies, in: Asia Times Online, 26.9.2006, in: http://www.atimes.com/atimes/South_Asia/HI26Df01.html (Stand 22.1.2007).

Stares 2000: Stares, Paul B.: Introduction and Overview, in: Stares, Paul B. (Hg.): Rethinking Energy Security in East Asia. Tokyo/New York, S. 19-41.

State Administration of Coal Mine Safety 2006: State Administration of Coal Mine Safety: 2005 nian quan guo meikuang anquan shengchan zhuankuang fenxi (Analyse der Lage der Kohle-grubensicherheit und der nationalen Kohleproduktion im Jahr 2005),

in: http://www.chinasafety.gov.cn/zhuantibaodao/2006-02/13/content_172502.htm
(Stand13.6.2007).

State Council 2005: State Council People's Republic of China: Guowuyuan guanyu chujin
meitangongye jiankang fazhan de ruoganyijian (Mehrere Gesichtspunkte des Staatsrates über
die Förderung einer gesunden Entwicklung der Kohleindustrie),
in: http://www.jincao.com/fa/12/law12.s66.htm (Stand 1.2.2006).

State Council 2006a: State Council People's Republic of China: Guojia zhong zhangqi kexue he
jishu fazhan guili gangyao (Zentraler nationaler Langzeit-Entwicklungsplan für Wissenschaft
und Technologie), in: http://irs.bnu.edu.cn/html/download/kjfzhgy.pdf (Stand 12.6.2006).

State Council 2006b: State Council People's Republic of China: Quan guo shengtai baohu 'shi yi
wu' guihua (Nationales Programm zum Schutz der Ökologie im Rahmen des 11. Fünfjahr-
plans) in: http://www.chinagateway.com.cn/economics/2007-02/01/content_2365515.htm
(Stand: 09.06.2007).

Sternfeld 2006: Sternfeld, Eva: Umweltsituation und Umweltpolitik in China, in: Aus Politik und
Zeitgeschichte, Vol. 49, S. 27–34.

Stiglitz 2002: Stiglitz, Joseph: Die Schatten der Globalisierung, Bundeszentrale für politische
Bildung, Schriftenreihe Band 388, Bonn.

Stratfor 2000: Stratfor, 22.11.2000, China's Risky Business in Equatorial Guinea,
in: http://www.stratfor.com/products/premium/read_article.php?id=102290&countryId=51
(Stand 4.6.2001).

Storey 2006: Storey, Ian: China's 'Malacca Dilemma', in: China Brief, Vol. 6, No. 8, S. 4–6.

Storey/Ji 2004: Storey, Ian/Ji, You: China's Aircraft Carrier Ambitions: Seeking Truth from
Rumors, in: Naval War College Review, Vol. 57, No. 1 (Winter 2004), S. 77–93.

Sukhanov 2005: Sukhanov, Alexander: Caspian oil exports heading east, in: Asia Times Online,
9.2.2005, in: http://www.atimes.com/atimes/Central_Asia/GB09Ag02.html (Stand 27.6.2005).

Suo 2006: Suo Hanxue: Zhongguo hedian bai yi jingbiao ri zi you wang sheng chu (Bieterwettbewerb um 10 Milliarden für Chinas Atomstrom. Japanisches Kapital gewinnt möglicherweise),
in: Zhongguo jingying bao (Chinesische Wirtschaftszeitung), 8.4.2006,
in: http://www.china5e.com/news/heneng/200604/200604080007.html (Stand 17.6.2006).

Sutter 2005: Sutter, Robert: Rise in Asia: Promises and Perils, New York.

Suryanarayana 2003: Suryanarayana, P. S.: Shanghai Six mulls over free trade zone,
in: The Hindu: 25.9.2003,
in: http://www.hinduonnet.com/thehindu/2003/09/25/stories/2003092501991400.htm
(Stand 27.7.2006).

Swaine/Tellis 2000: Swaine, Michael/Tellis, Ashley J.: Interpreting China's Grand Strategy: Past,
Present, and Future, Santa Monica.

Swanström 2005a: Swanström, Niklas: An Asian Oil and Gas Union. Prospects and Problems, in:
The China and Eurasia Forum Quarterly, Vol. 3, No. 3, S. 81–97.

Swanström 2005b: Swanström, Niklas: China and Central Asia: a New Great Game or Traditional
Vassal Relations?, in: Journal of Contemporary China, Vol. 14, No. 45, S. 569–584.

Tang 2006: Tang, James: With The Grain or Against the Grain? Energy Security and Chinese
Foreign Policy in the Hu Jintao Era, Brookings Institution,
in: http://www.brook.edu/fp/cnaps/papers/tang2006.pdf (Stand 12.1.2007).

Taniguchi 2005: Taniguchi, Tomohiko: A Cold Peace: The Changing Security Equation in
Northeast Asia, in: ORBIS, Vol.4, No. 3, S. 445–457.

Taylor 2005: Taylor, Ian: Beijing's Arms and Oil Interests in Africa, in: China Brief, Vol. 5, No.
21, S. 4–6.

Taylor 2006: Taylor, Ian: China's Oil Diplomacy in Africa, in: International Affairs, Vol. 82, No. 5, S. 937–959.

Tian 2006: Tian, Chunrong: 2005 Nian zhongguo shiyou jinchukou zhuangkuang fenxi (Analyse von Chinas Ölimport und Export im Jahr 2005), in: Guoji shiyou jingji (International Petroleum Economics), Vol 14, No. 3, S. 1–7.

Tian 2007: Tian, Chunrong: 2006 Nian zhongguo shiyou jinchukou zhuangkuang fenxi (Analyse von Chinas Ölimport und Export im Jahr 2006), in: Guoji shiyou jingji (International Petroleum Economics), Vol. 15, No. 3, S. 14–21.

Tellis 2005: Tellis, Ashley J.: Military Modernizing in Asia, in: Tellis, Ashley/Wills, Michael (Hg.) (2005): Strategic Asia 2005-2006, Seattle, S. 2–37.

Theiß 2006: Theiß, Sandra D.: Prävention von Grubenunglücken. Die Effizienz der chinesischen Regierungspolitik, TEA-Kurzanalyse, No. 11, Ruhruniversität Bochum, in: http://www.rub.de/oaw/poa/pdf/TEAK11.pdf (Stand 5.5.2007).

Thompson 2005: Thompson, Drew: China's soft power in Africa: from the "Beijing Consensus" to health diplomacy, in: China Brief, Vol. 5, No. 21 (October 2005), S. 1–4.

Tkacik 2006: Tkacik, John: Confront China's Support for Iran's Nuclear Weapons, Jamestown Foundation, WebMemo, No. 1042, 18.4.2006, in: http://www.heritage.org/Research/AsiaandthePacific/wm1042.cfm (Stand: 3.5.2006).

Tong 2005: Tong, Yanqi: Environmental movements in transitional societies – A comparative study of Taiwan and China, in: Comparative Politics, Vol. 37, No. 2, S. 167–188.

Trinh et al. 2006: Trinh, Tamara/Voss Silja/Dyck, Steffen: Chinas Rohstoffhunger. Auswirkungen auf Afrika und Lateinamerika, in: Aktuelle Themen 359, 30.6.2006, Deutsche Bank Research, Frankfurt.

Tu 2006a: Tu, Jianjun: The Strategic Considerations of Sino-Saudi Oil Deal, in: China Brief, Vol. 6, No. 4, S. 3–5.

Tu 2006b: Tu, Jianjun: China's Botched Coal Statistics, in: China Brief, Vol. 6, No. 21, S. 8–10.

Tu 2007: Tu, Jianjun: Coal Mining Safety: China's Achilles' Heel, in: China Security, Vol. 3 No. 2, S. 36–53.

Tull 2005: Tull, Denis M.: Die Afrikapolitik der Volksrepublik China, S 20/2005, Stiftung für Wissenschaft und Politik, Berlin, in: www.swp-berlin.org/common/get_document.php?asset_id=2355 (Stand 10.12.2006).

Turner/Kenji 2006: Turner, Jennifer/Kenji, Otsuka: Reaching Across the Water, Washington.

Umbach 2001: Umbach, Frank: Geoökonomische und geostrategische Aspekte der chinesischen Sicherheits- und Rüstungspolitik zu Beginn des 21. Jahrhunderts – die Verknüpfung traditioneller Sicherheitspolitik mit Ressourcenfragen im strategischen Denken Chinas, in: Schubert, Gunter (Hg.) (2001): China: Konturen einer Übergangsgesellschaft auf dem Weg in das 21. Jahrhundert, Hamburg, S. 341–404.

Umbach 2003: Umbach, Frank: Globale Energiesicherheit. Strategische Herausforderungen für die europäische und deutsche Außenpolitik, München.

Umbach 2006: Umbach, Frank: Europas nächster Kalter Krieg. Die EU braucht endlich ein Konzept zur Versorgungssicherheit, in: Internationale Politik, Vol. 61, No. 2, S.6–14.

Umbach 2007: Umbach, Frank: Chinas Energie- und Rohstoffdiplomatie und die Auswirkungen auf die EU-China-Beziehungen, in: China aktuell, Vol. 36, No. 1, S. 39–56.

UNDP 2005: United Nations Development Programme: China Village Power Project Development Guidebook, Peking, Washington.

U.S.-China Economic and Security Review Commission 2004: U.S.-China Economic and Security Review Commission: 2004 Report to Congress, Washington.

U.S.-China Economic and Security Review Commission 2005: U.S.-China Economic and Security Review Commission: 2005 Report to Congress, Washington.

U.S.-China Economic and Security Review Commission 2006: U.S.-China Economic and Security Review Commission: 2006 Report to Congress, Washington.

Varadarajan 2006: Varadarajan, Siddharth: Energy key in the new Asian architecture, in: Global Research, 25.1.2006, in: www.globalresearch.ca/PrintArticle.php?article=1802 (Stand 25.7.2006).

Vatikiotis 2005: Vatikiotis, Michael: U.S. sights are back on China, in: International Herald Tribune, 7.7.2005, in: http://www.iht.com/articles/2005/06/06/news/edvatik.php (Stand 10.2.2007).

Wan 2007: Wan, Zhihong: Plans for more Pipelines, in: China Daily, 4.3.2007, S. 13.

Wang 2000: Wang, Qingyi: Coal Industry in China: Evolvement and Prospects, Nautilus Institute Energy, Security and Environment Papers, Nautilus Institute, in: http://www.nautilus.org/archives/energy/eaef/C5_final.PDF (Stand 23.3.2005).

Wang 2003: Wang, Hu: Zhongguo shiyou "zuizhang shadie" (Schwankungen chinesischer Ölpreise), in: http://www.jxgdw.com/jxgd/news/gnxw/userobject1ai602596.html (Stand:12.9.2005).

Wang 2004: Wang, Jisi: China's Changing Role in Asia, The Atlantic Council (Januar 2004), in: http://www.acus.org/docs/0401-China_Changing_Role_Asia.pdf (Stand 4.2.2007).

Wang 2005a: Wang, Chenbuo: Shichang huan yuanyou: Zhongguo mingyin youshang jingxian yibuo (Öl gegen Markt: Atemberaubende Aktionen von Privatgeschäftsleuten im chinesischen Ölsektor), in: http://www.cnhubei.com/200509/ca873440.htm (Stand 13.3.2006).

Wang 2005b: Wang, Xianzheng: Tuidong zhongguo meitan gongye de ke chixu fazhang de anquan fazhang (Förderung einer nachhaltigen und sicheren Entwicklung der chinesischen Kohleindustrie), in: http://www.chinado.cn/ReadNews.asp?NewsID=330 (Stand 9.2.2007).

Wang 2005c: Wang, Yanchun: Tianranqi jiage dapo shuanguizhi, ziyuanlei jiage gaige quanmian qidong (Erdgaspreis und Abschaffung des doppelten Preissystems: Vollständiger Start der Energiepreisreform), in: Jingji Guanchabao (Zeitung für Wirtschaftsbeobachtung), 31.12.2005, S. 6.

Wang/Li 2005: Wang, Yichao/Li, Qiyan: An zhang hedian (Der verborgene Kampf beim Atomstrom), in: Caijing zazhi (Caijing Magazine), Vol. 148, 12.12.2005, in: http://caijing.hexun.com/text.aspx?ID=1443831 (Stand 12.6.2006).

Washington Times 2006: Washington Times, 20.4.2006: China's Oil Consumption ..., in: http://www.washtimes.com/op-ed/20060419-093142-9219r.htm (Stand 2.6.2006).

WEC 2005: World Energy Council: China's Energy Supply. Many Paths - One Goal, English Edition of "Energy for Germany 2005", Berlin.

Weitz 2006: Weitz, Richard: Averting a New Great Game in Central Asia, in: Washington Quarterly, Vol. 29, No. 3, S. 155–167.

Wesner/Braun 2006: Wesner, Friedericke/Braun, Anne J.: Chinas Energiediplomatie: Kooperation oder Konkurrenz in Asien?, in: SWP-Zeitschriftenumschau, 5.6.2006.

White House 2006: White House, The National Security Strategy of the United States of America, Washington, in: http://www.whitehouse.gov/nsc/nss/2006/nss2006.pdf (Stand 31.5.2006).

Widdershoven 2005: Widdershoven, Cyri, Chinese Quest for Crude Increases Focus on Africa, in: Energy Security, 15.11.2004, in: http://www.iags.org/n1115044.htm (Stand 24.3.2005).

Wild 2006: Wild, Leni: China, Africa and the G8: missing link, in: openDemocracy, 11.7.2006, in: http://www.opendemocracy.net/globalization-institutions_government/china_africa_g8_3725.jsp (Stand 20.12.2006).

Wild/Mepham 2006: Wild, Leni/Mepham, David: The New Sinosphere: China in Africa, London.

Willmott 2006: Willmott, Elizabeth: Common Cause: China's State-Society response to Environmental Crisis, in: China Rights Forum, No. 1 (2006), S. 15–21.

Wilson 2006: Wilson, Ernest J.: China's Role in the World: Is China A Responsible Stakeholder in Africa?, Testimony before the U.S.-China Economic and Security Review Commission, 4.8.2006, in: http://www.uscc.gov/hearings/2006hearings/written_testimonies/06_08_3_4wrts/06_08_3_4_wilson_ernest_statement.pdf (Stand 11.1.2007).

Winning/Ruan 2007: Winning, David/Ruan, Victoria: China CNOOC Aims To Make Offshore Wind Power A Core Business, in: Dow Jones Chinese Financial Wire, 18.3.2007, in: http://www.uofaweb.ualberta.ca/chinainstitute/nav03.cfm?nav03=58059&nav02=57589&nav01=57272 (Stand 6.6.2007).

WNA 2006a: World Nuclear Association: World Nuclear Reactors 2005-06 and Uranium Requirements, 31.5.2006, in: www.world-nuclear.org/info/reactors.htm (Stand 8.6.2006).

WNA 2006b: World Nuclear Association: Nuclear Power in China, Mai 2006, in: www.world-nuclear.org/info/uni63htm (Stand 7.6.2006).

Wolf 2006: Wolf, Jim: China Fears Drive Big US Arms Projects, in: Reuters, 15.4.2006, in: http://taiwansecurity.org/Reu/2006/Reuters-150406.htm (Stand 6.2.2007).

Wong 2006: Wong, Stephen: China: Energy conservation begins at home, in: Asia Times Online, 13.10.2006, in: http://www.atimes.com/atimes/China_Business/HJ13Cb01.html (Stand 25.10.2006).

World Tribune 2006: China, Saudis sign weapons-for-oil deal, in: World Tribune, 24.4.2006, in: http://www.worldtribune.com/worldtribune/06/front2453850.0680555557.html (Stand: 11.6.2006).

Wu 2003a: Wu, Lei: Will Oil be the Next Conflict in Sino-US relations?, in: Middle East Economic Survey, Vol. 46, No.21, 26.5.2003, S. D1, in: http://www.gasandoil.com/goc/news/ntn32461.htm (Stand 16.5.2006).

Wu 2003b: Wu, Fengshi: Environmental GONGO Autonomy: Unintended Consequences of State Strategies in China, in: The Good Society, Vol. 12, No. 1, S. 35–45.

Wu 2006: Wu, Weiwei: Meitan jiage shichanghua shi shichang jingji fazhang de biran qushi (Die Entwicklung der Kohlepreise nach dem Markt ist eine zwangsläufige Tendenz), in: http://www.sxnem.gov.cn/view.asp?articleID=3658 (Stand 12.9.2006).

Wuming 2005a: Wuming: Woguo shiyou jinkouliang dui guoji youjia shangzhang youxian (Begrenzter Einfluss der chinesischen Ölimporte auf den Anstieg der internationalen Ölpreise), in: http://news1.jrj.com.cn/news/2006-02-13/000001422982.html (Stand 13.3.2006).

Wuming 2005b: Wuming: Zhongguo qiyou mengzhang de zhenzheng yuanyin (Die wahren Gründe der Ölpreissteigerung in China), in: http://bbs.cyol.com/index2.php?forumname=&forumid=201&job=view&topicid=2904799 (Stand 11.3.2006).

Wuming 2005c: Wuming: Meitan shichang gaige tuijin, dianmei jiage yuqi shangxian (Vorwärts mit der Reform des Kohlemarktes. Die Obergrenze der Stromkohlepreise wird wegfallen), in: http://www.00852.com/exec1/news%5C200512%5CNews64%5C26151829.shtml (Stand 23.6.2006).

Wuming 2005d: Wuming: 2005 nian qi Zhongguo tianranqi jinchukou qingkuang fenxi (Lageanalyse: Chinas Erdgasimporte und –exporte ab 2005), in: http://info.research.hc360.com/2006/02/13095715316.shtml (Stand 12.3.2006).

Wuming 2005e: Wuming: Zhongguo tianranqi shengchan yanjiu baogao (Forschungsbericht über die Gasproduktion in China),
in: http://www.china-consulting.cn/article/html/2005/1219/903292.php (Stand 23.9.2006).

Wurthmann 2006: Wurthmann, Geerd: Ways of Using the African Oil Boom for Sustainable Development, Economic Research Working Paper No. 84, African Development Bank, in: http://www.afdb.org/pls/portal/url/ITEM/0FBFEBFC8521B805E040C00A0C3D06BB (Stand 11.1.2007).

Xie 2004: Xie, Ye: NDRC mulls scrapping of coal price perk, in: China Daily, 23.7.2004, in: http://www.chinadaily.com.cn/english/doc/2004-07/23/content_350950.htm (Stand 23.4.2005).

Xie/Tan 2006: Xie, Yanjun/Tan, Yimin: Pu lu hedian weilai wen zongli shou fangqiao kai zhong ao you hezuo zhimen (Wege bahnen für die Zukunft des Atomstroms: Tür offen für die chinesisch-australische Uran-Kooperation bei Premier Wens erstem Besuch), in: 21 Shiji jingji baodao (21st Century Business Herald), 4.4.2006,
in: http://finance.people.com.cn/GB/42773/4267126.html (Stand 18.6.2006).

Xinhua 2005a: Xinhua, 27.3.2005: Oil giant Sinopec appoints new president,
in: http://news.xinhuanet.com/english/2005-03/27/content_2748518.htm (Stand 27.3.2005).

Xinhua 2005b: Xinhua, 30.11.2005: Zhongguo tianranqi jiage jizhi jidai gaige (Chinas braucht dringend eine Preisreform für Erdgas), in: http://biz.allnet.cn/Article/7101.html (Stand 5.6.2006).

Xinhua 2005c: Xinhua, 7.11.2005: Hu jintao: kaifa kezaisheng nengyuan shixian ke chixu fazhan (Hu Jintao: erneuerbare Energien entwickeln und nachhaltige Entwicklung verwirklichen) in: http://news.xinhuanet.com/politics/2005-11/07/content_3746598.htm (Stand 13.3.2007).

Xinhua 2006a: Xinhua, 30.4.2006: Russia launches pipeline construction,
in: http://english.people.com.cn/200604/29/eng20060429_262194.html (17.6.2006).

Xinhua 2006b: Xinhua, 3.2.2006: China to See Enough Power Supply Since 2006,
in: www.china.org.cn/english/BAT/156809.htm (Stand 10.6.2006).

Xinhua 2006c: Xinhua, 22.2.2006: zhongguo fazhan xin yi dai heneng jishu 2020 nian fa dian bizhong sheng zhi 4 % (China entwickelt eine neue Generation von Kernkrafttechnologie. Im Jahr 2020 wird ihr Anteil an der Stromproduktion auf 4% anwachsen),
in: http://news.xinhuanet.com/politics/2006-02/22/content_4213537.htm (Stand 11.6.2006).

Xinhua 2006d: Xinhua, 24.4.2006: Total installed Capacity of Small Hydropower Stations Half of World's Total, in: www.china.org.cn/english/BAT/166622.htm (Stand 10.6.2006).

Xinhua 2006e: Xinhua, 1.6.2006: China. Arab states to hold first oil meeting,
in: http://news.xinhuanet.com/english/2006-06/01/content_4632362.htm (Stand 6.1.2006).

Xinhua 2006f: Xinhua, 11.10.2006, China. Russia to open 300 joint ventures gas stations, in: http://news.xinhuanet.com/english/2006-11/10/content_5316982.htm (Stand 11.11.2006).

Xinhua 2006g: Xinhua, 29.4.2006: First Round China-OPEC Energy Dialogue held in Vienna, in: http://english.people.com.cn/200604/28/eng20060428_261919.html (Stand 12.1.2007).

Xinhua 2006h: Xinhua, 10.28.2006: China signs regional agreement against piracy,
in: http://news3.xinhuanet.com/english/2006-10/28/content_5259140.htm (Stand 4.2.2007).

Xinhua 2006i: Xinhua, 12.5.2006: Indonesia seeks to enhance defense co-op with China,
in: http://news3.xinhuanet.com/english/2006-05/12/content_4539069.htm (Stand 4.2.2007).

Xinhua 2006j: Xinhua, 25.5.2006: Kazakhstan oil pours into China through crossborder pipeline, in: http://news.xinhuanet.com/english/2006-05/25/content_4600061.htm (Stand 16.2.2007).

Xinhua 2006k: Xinhua, 28.10.2006: Focus: African countries invest heavily in education, in: http://news.xinhuanet.com/english/2006-10/28/content_5260766.htm (Stand 12.1.2007).

Xinhua 2007a: Xinhua, 26.2.2007: China's oil dependency to continue to rise this year, in: http://www.uofaweb.ualberta.ca/chinainstitute/nav03.cfm?nav03=57206&nav02= 43884&nav01=43092 (Stand 31.3.2007).

Xinhua 2007b: Xinhua, 28.1.2007: China retrieves 41.2 bln yuan from drought, floods in 2006, in: http://news.xinhuanet.com/english/2007-01/28/content_5663939.htm (Stand: 28.1.2007).

Xinhua 2007c: Xinhua, 30.4.2007: China's demand for natural gas to reach 100 bln cubic meters by 2010, in: http://www.uofaweb.ualberta.ca/chinainstitute/nav03.cfm?nav03=60097&nav02= 57488&nav01=57272 (Stand 30.5.2007).

Xinhua 2007d: Xinhua, 25.4.2007: Senior Chinese official highlights China-Africa trade, in: http://news.xinhuanet.com/english/2007-04/25/content_6023136.htm (Stand 5.5.2007).

Xinhua 2007e: Xinhua, 26.3.2007: Analysis of China's energy import and export, in: http://www.uofaweb.ualberta.ca/chinainstitute/nav03.cfm?nav03=58471&nav02=57277& nav01=57272 (Stand 14.5.2007).

Xinhua 2007f: Xinhua, 14.1.2007: China to host China-ASEAN peace-keeping workshops, in: http://news.xinhuanet.com/english/2007-01/14/content_5603710.htm (Stand 14.1.2007).

Xinhua 2007g: Xinhua, 15.1.2007: 2nd East Asia Summit closes with signing Cebu Declaration on Energy Security, in: http://news.xinhuanet.com/english/2007-01/15/content_5607756.htm (Stand 17.2.2007).

Xinhua 2007h: Xinhua, 8.1.2007: Hu urges Iran to respond to UN, in: http://english.people.com.cn/200701/06/eng20070106_338771.html (Stand 6.5.2007).

Xinhua 2007i: Xinhua, 23.5.2007: Roundup: China's special envoy visits Sudan's Darfur, in: http://english.people.com.cn/200705/23/eng20070523_377228.html (Stand 30.5.2007).

Xinhua 2007j: Xinhua, 26.3.2007: CNPC mulls over importing more oil from Venezuela, in: http://www.uofaweb.ualberta.ca/chinainstitute/nav03.cfm?nav03=58476&nav02=58460& nav01=57272 (Stand 6.7.2007).

Xinwen huiketing 2005: Xinwen huiketing: Zhong guo he zhangman kang ri xin (Zu Gast bei den Nachrichten: Die Schlüsselfigur der chinesischen Kernenergiebranche, Interview in der Sendung „Zu Gast bei Nachrichten", CCTV, 28.10.2005, in: http://china.sina.com.tw/news/c/2005-10-28/20108146482.shtml (26.6.2006).

Xu 1997: Xu, Yuanhui: Policies of Nuclear Energy Development in China, Vortrag auf der Konferenz "Energy Future and the Nuclear Fuel Cycle in the Asia/Pacific Region" (Industrial Liaison Program, 19th Annual Conference), University of California, Berkeley, 12.3.1997, in: http://tauon.nuc.berkeley.edu/asia/1997/97ILP_Xu.pdf (Stand 9.6.2006).

Xu 2000: Xu, Xiaojie: China and the Middle East: Cross-investment in the Energy Sector, in: Middle East Policy, Vol. 7, No. 3, S. 122–136.

Xu 2006: Xu, Yi-Chong: China Energy Security, in: Australian Journal of International Affairs, Vol. 60, No. 2, S. 256–286.

Yang 2006: Yang, Jianxiang: China Speeds Up Renewable Energy Development, in: China Watch, 26.10.2006, in: http://www.worldwatch.org/node/4691 (Stand 6.6.2007).

Yardley 2004: Yardley, Jim: China's Economic Engine Needs Power (Lots of It), in: New York Times, 14.03.2004, in: http://www.nytimes.com/2004/03/14/weekinreview/14yard.html? (Stand 15.3.2004).

Yardley 2005: Yardley, Jim: Vast dam proposal is a test for China, in: New York Times, 23.12.2005, in: http://www.iht.com/articles/2005/12/23/news/dam.php (Stand 12.12.2006).

Yergin 1991: Yergin, Daniel: The Prize. The Epic Quest for Oil, Money, and Power, New York/ London.

Zafar 2007: Zafar, Ali: The Growing Relationship Between China and Sub-Saharan Africa: Macroeconomic, Trade, Investment, and Aid Links, in: The World Bank Research Observer, Vol. 22, No. 1, S. 103–130.

Zeng 2007: Zeng, Candy: Driven by poverty, China's coal miners risk all, in: Asia Times Online, 3.5.2007, in: http://www.atimes.com/atimes/China_Business/IE03Cb01.html (Stand 4.5.2007).

Zha 2005: Zha, Daojiong: China's Energy Security and its International Relations, in: The China and Eurasia Forum Quarterly, Vol. 3, No. 3, S. 39–54.

Zhang 2003: Zhang, Zhongxiang: Why did the energy intensity fall in China's industrial sector in the 1990s? The relative importance of structural change and intensity change, in: Energy Economics, Vol. 25, No. 6, S. 625–638.

Zhang 2005: Zhang, Guobao: Jiakuai tiaozheng dianli jiegou, jiada shuidian hedian fazhang bizhong (Die Umstrukturierung des Stromsektors beschleunigen und das Gewicht des Atom- und Wasserstroms vergrößern, Auszüge der Rede von Zhang auf dem „China Stromforum 2005" in Beijing am 28. September 2005), in: http://info.electric.hc360.com/2005/09/28101842871.shtml (Stand 10.4.2006).

Zhao 2004: Zhao, Suisheng: Chinese Foreign Policy. Pragmatism and Strategic Behaviour, in: Zhao, Suisheng (Hg.): Chinese Foreign Policy. Pragmatism and Strategic Behaviour, New York, S. 3–20.

Zhao et al. 2006: Zhao, Yumen/Wu, Dacheng/Li Xudong: The Status of Photovoltaic Industry and market Development in China, in: www.martinot.info/Zhao_et_al_GWREF2006.pdf (Stand 5.5.2007).

Zheng 2005: Zheng, Yingying: Guojia fagaiwei jueding, tigao tianranqi jiage (Die Nationale Entwicklung- und Reformkommission entschied sich für eine Erhöhung der Gaspreise), in: http://news.enorth.com.cn/system/2005/12/26/001197610.shtml (Stand 13.8.2006).

Zhi 2004: Zhi, Gou S.: The recent Financial and Operational Situation Conditions of the Chinese Oil Majors, The Institute of Energy Economics, in: http://eneken.ieej.or.jp/en/data/pdf/232.pdf (Stand 25.4.2006).

Zhou 2005: Zhou, Yonggang: Zhongguo heneng yu shijian saipao (Kernenergie in China und der Wettlauf mit der Zeit), in: Zhonghua gongshang shibao (Chinesische Industrie Zeitung), 23.9.2005, in: http://www.bjx.com.cn/dl/news/116525.html (Stand 11.6.2006).

Zhu 2007: Zhu, Winnie: China plans oil buffer for 90 days of imports, in: Shanghai Daily, 26.5.2007, in: http://www.shanghaidaily.com/sp/article/2007/200705/20070526/article_317262.htm (Stand 7.6.2007).

Zweig/Bi 2005: Zweig, David/Bi, Jianhai: China's Global Hunt for Energy, in: Foreign Affairs, Vol. 84, No. 1, S. 25–38.

Abbildungsverzeichnis

Tabellenverzeichnis

www.ingramcontent.com/pod-product-compliance
Lightning Source LLC
Chambersburg PA
CBHW061751260326
41914CB00006B/1062